温州乡村振兴系列丛书

浙江省哲学社会科学重点研究基地
温州人经济研究中心

Research on Empowering
Rural Revitalization Through
Agricultural Digital
Transformation:
A Supply Chain Perspective

农业数字化转型赋能
乡村振兴研究：
供应链视角

白延虎　罗建利　◎著

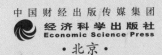

中国财经出版传媒集团
经济科学出版社
Economic Science Press
·北京·

图书在版编目（CIP）数据

农业数字化转型赋能乡村振兴研究：供应链视角／白延虎，罗建利著． -- 北京：经济科学出版社，2024．10.
ISBN 978 - 7 - 5218 - 6240 - 9

Ⅰ．F323

中国国家版本馆 CIP 数据核字第 2024B8E067 号

责任编辑：汪武静
责任校对：李　建
责任印制：邱　天

农业数字化转型赋能乡村振兴研究：供应链视角
NONGYE SHUZIHUA ZHUANXING FUNENG XIANGCUN ZHENXING YANJIU：
GONGYINGLIAN SHIJIAO

白延虎　罗建利　著
经济科学出版社出版、发行　新华书店经销
社址：北京市海淀区阜成路甲 28 号　邮编：100142
总编部电话：010 - 88191217　发行部电话：010 - 88191522
网址：www. esp. com. cn
电子邮箱：esp@ esp. com. cn
天猫网店：经济科学出版社旗舰店
网址：http：//jjkxcbs. tmall. com
固安华明印业有限公司印装
710 × 1000　16 开　15 印张　270000 字
2024 年 10 月第 1 版　2024 年 10 月第 1 次印刷
ISBN 978 - 7 - 5218 - 6240 - 9　定价：68. 00 元
（图书出现印装问题，本社负责调换。电话：010 - 88191545）
（版权所有　侵权必究　打击盗版　举报热线：010 - 88191661
QQ：2242791300　营销中心电话：010 - 88191537
电子邮箱：dbts@ esp. com. cn）

前言

　　乡村振兴战略是振兴乡村的重要举措，自党的十九大报告提出乡村振兴战略以来，对拉动中国农村经济发展，增加居民就业，促进农村人口回流等方面都起了积极效应。该举措对于改善农村经济发展及社会环境，促进国家经济和社会全面和谐发展有重要贡献。2017 年以来，对于乡村振兴战略的探索取得了显著进展，根本性地改变了我国农村面貌，农村基础设施的加强，农业生产效率的不断提高，相关产业的发展，为乡村注入了新的活力。在中国这个有着庞大农村人口的农业大国，乡村振兴战略是探索新时代解决中国"三农"问题的新思路、新方式，数字科技的注入将成为乡村振兴推动的重要动力，极大地推动我国产业结构的转型升级。

　　农业是农村经济发展的基础，同时也是中国广大农村实现乡村振兴的重要保障，这也就体现出农业在乡村振兴战略中处于极其重要的关键地位。促进农业经济发展，提高农业生产效率，有利于提高农村人口的收入，从整体上促进中国农业的发展。过去的传统农业中，存在着科技含量低、土地资源浪费、人工效率低、农产品的品控有限以及农户劳动强度高等诸多问题，随着经济的发展，传统农业的问题随着人口的增加被突出放大，中国的农业亟待转型。数字化转型是指将先进的后端监管技术引入到前端农业供应链的实际过程，目的在于实现农业全链条优化，提高效率，降低成本。在这一情形下，用数字技术赋能乡村农业发展无疑成为了转型的重要支点，加大数字农村基础设施建设，推进云计算、大数据以及区块链等数字技术在新型农业中的使用，切实解决了传统农业发展中所遇到的土地效率低，劳动力不足，品质无保证等问题。因此通过数字科技来赋能乡村建设，提高新型数字农业在农村的使用比率，加强基础数字信息设备的建设，一方面有利于提高农业的生产水平，增加中国粮食年产量；另一方面有利于改善居民的就业，增加农村居民就业率。

在数字农业不断推进的进程中，数字供应链这一概念被广泛提及，数字供应链在农产品生产、物流、消费、运输环节中起着至关重要的作用，贯穿着农产品从生产到销售的全过程。数字化供应链就是借助大数据、云计算、物联网、人工智能等现代信息技术手段，对供应链中的物流、信息流、资金流进行全面数字化改造和升级，实现供应链的各环节之间的无缝对接和高效协同。数字供应链将客户、农户、供应商、农业相关企业相互联系，从而实现了对信息的共享、协同工作与资源的优化配置。生产环节中，物联网技术可以实时监控并控制土壤等环境情况；消费环节中，网络平台可以直接对接消费者与农户，减少中间环节的损耗，增加农产品的信息透明度，解决农户的滞销问题；在运输环节中，冷链运输以及云端实时了解位置可以保证产品的新鲜程度，确保消费者购买的农产品能够在保鲜期内抵达。

随着人口问题不断加重，当前振兴农村已经逐渐成为全社会的共识。尤其是随着城市的发展，人们对于高质量食品的要求不断提高，对于农业以及农村的发展问题也更为迫切地需要解决。现有文献对于农业数字化以及乡村振兴的科技赋能有着深入的研究，但是对于供应链视角下农村数字化赋能乡村振兴的研究仍旧存在空白，同时对于供应链管理中的专家评价存在主观误差大的问题，基于数字孪生技术的供应链风险管理的研究较为欠缺。对于农村数字化在供应链各环节的作用的研究，有利于解决数字化投入不足，改善当前农产品加工水平落后，提高物流效率，解决农产品信息不透明问题。

本书采用演化博弈与案例分析的研究方法，对于供应链的各环节进行分析，共五个部分。

第一部分，包括第1章和第2章。第1章主要为研究主题提供了背景和方法论支持，提出了研究的整体框架，第2章则从概念和文献方面论述了研究基础，进一步完善了理论分析框架，为后续章节的研究奠定了理论基础。

　　第二部分，主要为第 3 章。从供应链不同环节研究农业数字化转型，包括生产、仓储、消费和零售等，运用案例分析和演化博弈方法，分析了现代信息技术在这些环节中的应用。具体而言，生产环节引入物联网技术提升了生产效率和质量，仓储环节通过冷链保鲜技术提高了存储效率和食品安全，消费环节则通过数字平台优化供应链，简化中间环节，降低成本等。

　　第三部分，主要为第 4 章。主要聚焦于农业供应链中的数字技术研究，尤其是区块链技术和数字孪生技术，这两项技术在农业供应链的全程数字化和智能化管理中起到了至关重要的作用。区块链技术为供应链的安全性和透明度提供了保障，减少了摩擦成本，提升了整个供应链的效率。数字孪生技术通过精准的风险管理和数据分析，提高了供应链管理的稳定性和风险防控能力。

　　第四部分，主要为第 5 章。从价值共创和多元共生的视角，通过多案例分析探析赋能乡村振兴的机制。从价值共创的视角来看，农业供应链的数字化转型通过引入现代信息技术，促进了农业生产各环节的协同与资源整合，实现了全供应链的效率提升，不仅提升了生产效率和资源配置优化，还增加了供应链透明度和可追溯性，确保了农产品质量。从多元共生的视角来看，农业供应链的数字化转型通过推动多方利益主体的协同合作，政府、企业、科研机构和农民等不同主体，利用数字技术实现信息共享和资源整合，共同提升农业供应链的管理水平和生产效率。

　　第五部分，主要包括第 6 章。提出了赋能乡村振兴的四条主要路径，包括政策扶持、企业主导、技术支撑和市场引领。政府通过制定政策、提供资金和基础设施支持，鼓励农场数字化转型，促进农业品牌的打造；企业通过整合农业产业链，逐步形成农业产业集群，实现规模化和专业化生产；通过科技成果的转化，提升农产品质量，推动产业升级，确保农业供应链的数字化转型；市场需求和数字化供销体系的升级，促进农业供应链的全链条耦合，提升农产品的市场竞争力和附加值。

　　整体而言，上述章节根据分工构成，第 1 章和第 2 章属于本书的铺垫性和研究准备阶段，第 3 章是关于供应链的各环节数字化转型的分析，第 4 章是对于农业相关的数字技术的研究分析，第 5 章是对于所收集的案例

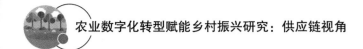

进行分析，深入研究赋能乡村振兴的机制，第6章与第7章是本书关于乡村振兴的路径及相关建议结论。本书深入探讨了乡村振兴对于助力中国发展的重要性，创新性地从供应链视角分析数字化赋能乡村振兴，同时对乡村振兴的路径进行了研究，为农业供应链数字化转型如何赋能乡村振兴提出了建设性的建议。希望本书的出版能够推动本领域的研究走向深入，为农业数字化转型与乡村振兴作出一定的贡献。

目　录

第1章
绪 论

1.1 研究背景及意义

1.1.1 研究背景

1. 乡村振兴

乡村振兴是指在保持乡村自然生态环境的前提下，通过优化农业产业结构、加强农村基础设施建设、振兴农村传统文化，来增加农民收入和增强农民的幸福指数，从而实现农村产业振兴、文化振兴、生态振兴及人才振兴，最终实现农村经济的可持续发展。2017 年党的十九大报告中明确指出实施乡村振兴战略：要坚持农业农村优先发展，按照产业兴旺、生态宜居、乡风文明、治理有效、生活富裕的总要求，建立健全城乡融合发展体制机制和政策体系，加快推进农业农村现代化。2018 年中共中央、国务院发布《中共中央 国务院关于实施乡村振兴战略的意见》，是改革开放以来第 20 个、21 世纪以来第 15 个指导"三农"工作的中央一号文件，对实施乡村振兴战略进行了全面部署。

乡村振兴战略实施以来，我国农村的面貌发生了根本转变。农村基础设施如道路、水电、通信等都得到加强；农机数智化的数量越来越多，加大了农业科技的投入，农产品质量得到保障，农业生产效率不断提高，农业综合生产能力逐步增强；地方政府充分利用农村的自然风光，历史文化及民俗活动发展旅游产业，为当地经济的发展注入活力；通过挖掘农村特色人文资源、开展传统文化教育，也推动了农村文化建设。

为更好推动乡村振兴战略，2024年发布中央一号文件《中共中央 国务院关于学习运用"千村示范、万村整治"工程经验有力有效推进乡村全面振兴的意见》（以下简称《意见》）。《意见》明确了建设农业强国的目标，以确保国家粮食安全和防止规模性返贫为底线，以提升乡村产业发展、乡村建设和乡村治理水平为重点。《意见》指出，通过强化科技和改革双轮驱动，实施农民增收举措，努力实现乡村全面振兴，建设宜居宜业的美丽乡村，加快农业农村现代化，推动中国式现代化建设。

2. 数字农业发展

农业是农村经济发展的基础，也是农村实现乡村振兴的保障。这里的农业指的是广泛的农业，包括种植业、林业、渔业及畜牧业等，有着悠久的历史，是千百年来农民生计的根本。虽然进入工业化时代，农业被弱化，但是农村提供的粮食及蔬菜是工业发展的前提，因此农业兴、乡村兴，国家才可以繁荣昌盛。

进入数字化时代，农业也需要发展现代农业，向数字农业改变。数字农业指利用物联网、人工智能等信息技术，实现农业生产、加工和销售的智能化和数字化，从而提高农业生产力、降低成本，包括引进和推广先进的数字技术，如设施农业、精准农业，充分利用互联网平台销售农产品等。为更好推进我国农业数字化转型，2020年1月，农业农村部、中央网信办联合发布《数字农业农村发展规划（2019—2025年）》，明确提出要加快农业生产精准化、农业经营网络化、乡村治理数字化，打造农业农村现代化新引擎。

农业从传统的耕种养向数字农业转变，单个农户经营规模得到扩大，劳动强度降低，农产品的品控得到加强，亩产盈利明显提升，进而增加了农户的收入，改善了农民的经济状况，扩大了消费，带动农村第三产业的发展，进而搞活了农村经济。因此，从这个逻辑上分析，数字农业切实激发了农民种地种粮的积极性，提高了农民的收入，繁荣了农村经济，有助于实现乡村振兴的目标。

3. 农业供应链数字化转型

数字供应链是将信息技术嵌入供应链的生产、加工、销售等环节，或者将信息技术贯穿供应链的全过程，将供应链的客户、供应商、相关企业密切联系起来，实现信息共享、协同工作和资源优化配置。同样，农业供应链的数字化是将数字技术或平台嵌入农业产业链全过程中，达到提高农业生产效率、降低成本，促进农村农业发展的目的。

在生产环节可以引入物联网技术，实时监测土壤湿度、温度、水肥情况等，从而实现精确农业，有针对性地提供生长过程中需要的营养，减少浪费，降低成本；在销售渠道方面，充分利用抖音、京东、拼多多等平台，直接将农产品销售给消费者，减少中间环节，既避免了中间环节的损失，又扩大了销量，农产品可以卖到全国各地；也可以利用网络销售的大数据，通过大数据分析，了解不同地域的消费偏好和需求，有针对性地开拓农产品市场，实现利益最大化。在农业供应链数字化转型过程中，农户既降低了成本，又扩大了销售数量，因此带动了农业产业的发展，农民明显增加了收入，赋能了乡村振兴。

1.1.2 研究意义

1. 提升农业生产效率

传统农业主要是通过人力进行粗放式生产加工，数字农业则是利用信息技术在客户端进行精准农业生产，明显提高了农业生产效率。在立体农业和设施农业中，农民应用人工智能技术采集温湿度、病虫害情况等信息，有效控制了病虫害；水肥一体化设施精准灌溉施肥，避免了水肥的浪费，促进了农作物的成长；机器人大量用在农业生产过程中，减少了人力成本，并且不受天气的影响，可以在恶劣天气和夜间持续工作，保证了生产加工过程的持续性，大大提高了农业作业效率。

农业数字化转型还促进了标准化，如同工厂生产一样，标准化后，便于大规模生产，提高了生产效率。例如，在农产品生产阶段，利用数字化设备进行监测和管理，结合物联网和人工智能等技术，保障农产品的形状、营养成本统一，达到了品控的要求，从而提升了农产品质量和在市场中

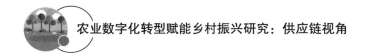

的竞争力，生产效率显著提高，直接增加利润，带动了农村经济的发展。

2. 促进农村电商发展

近几年，我国加大了农村网络基础设施的建设，农民的数字化素养也有了提高，物流公司如顺丰、京东等也在乡镇级别设立了物流点，促进了农村电商的发展。农民通过拼多多、抖音等平台，将农村的农产品直接销售给消费者，无须经过传统的批发、零售环节，大大减少了中间环节，降低了销售成本，提高了农民的经济效益。电商平台的大数据，也可以为农民提供精确市场分析、产品销售情况等，帮助农民更好地了解市场需求，提高农产品销售效率。例如，通过对消费者购买行为的分析，利用网络平台推荐客户喜欢的农产品，引导客户购买更多的农产品，从而提高农产品的销售额。因此，农业数字化推动了农村电商的发展，提升了农村信息化水平和农民的技术素养，对农民增收起到了重要作用，为乡村振兴提供了强有力的技术支撑和发展动能。

3. 提升农业抗风险能力

农业生产对天气等客观因素依赖比较强，不可测因素比较多，抗风险能力比较差。农业供应链数字化后，通过物联网和人工智能等数字技术，农民可以实时监测和分析天气、土壤、病虫害等农业信息，这种实时监测和预报功能使农民可以提前发现潜在的自然灾害和病虫害威胁，及时采取措施加以预防，从而减少不必要的损失。如数据监测有发生病虫害的情况，农民可及时喷洒农药，将病虫害死在萌芽中，以降低生产风险。农业保险是弥补农业损失的重要措施，利用区块链和气象数据可以制定更精确、高效的农业保险产品。例如，基于气象数据的天气保险，可以更有效地为农民提供赔付服务，降低天气灾害损失，增强了农产品的市场竞争力，助力乡村振兴。

4. 优化农产品物流管理

传统的物流管理，需要更多的人力、物力，不但效率低，而且经常出现错误，基于数字技术的物流管理有较大的优势。在运输过程中，通过GPS 定位技术、物联网传感器、大数据分析等方式，可以实时跟踪农产品的运输状态，运输过程变得更加可控，减少农产品腐烂变质率，能够在最短时间内到达目的地。基于大数据的仓储管理系统，能够实时监控库存用量，及时调配库存，减少无货的时间，增加农产品销售量，从而优化了仓库设施配置和出入库流程，既能减少人为操作的错误率，又能节省劳动力成本。智慧物流系统有效整合了农产品生产者、物流企业和零售商，他们之间可以实时交换信息，统一运输计划，避免了空载运输现象，再次降低了物流成本，提高了运输效率。我国提出"双碳"目标后，绿色物流越来越受到重视，数字化供应链还促进了绿色物流的发展。如通过数字技术优化供应和流通环节的各个细节，数字科技的运输工具可以降低碳排放和能源消耗等。因此，优化农产品物流管理，为农村经济增长和农民收入提供了坚实保障，从而推动了乡村振兴的全面实现。

5. 推动乡村人才培养

传统农业对劳动力的素质要求不高，而数字农业要求农民能够操作电子产品，掌握现代农业技术、数据分析和信息管理技术，因此新型农业人才需求巨大。一方面，从农村考入大中专院校的学生，发现回到农村有用武之地，大量受过良好教育的人返乡就业创业，带动了农村人才的发展。另一方面，地方政府也开设农村课程，农民通过学习视频、参加论坛和专家咨询等方式，不断提升自己的核心技术能力和市场竞争力，为乡村振兴提供了人才支持。

1.2 问题提出

1.2.1 数字设施投入不足

我国对农村基础设施建设的重视程度一直在提升，但在农业通信设备、数字信号等基础设施的建设方面仍有较大的差距（王染和杜红梅，2023；Chen et al.，2022）。在数字化设备及软件设施的建设和推广中，由于农户缺乏种植技术配套设备、物流设备，且其维护成本较高管理难度大，农产品在数字技术应用上良莠不齐，出现了不均衡的问题；农产品种植加工生产区域的场地、道路及仓储建设的基础数量及技术程度不能与需求相匹配。农产品的种植特殊性要求其配备个性化的生产模式，而政府主导的数字技术

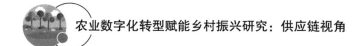

入户未能全面考虑因地制宜的问题，部分设备与农户实际需求以及农作物的生产流程不匹配。目前，我国不会上网的人群仍以农村地区为主，这将导致农产品数字化推进时间长、难度大，加工包装后的成品也就难以及时捕捉市场信息，提升种植采购效率，扩大规模等（肖涵和付裕琳，2024）。

在农产品的种植生产阶段，主要涉及农业散户、农业合作社、农业经营企业，缺少可以互相沟通的信息化平台。由于受到了地理环境、物流因素的影响，农产品生产资料供给环节分散，生产集中程度不高导致信息收集、管理难度增大，农户依据市场实时信息调整农产品产业结构的能力较差，很难继续推进优质品牌的建立及维系发展。由于缺少信息化平台，一方面，无法实现产业链上下游协作，社会资源无法进行高效整合配置，使各个环节的参与者呈割裂状态，统一协作度低（龚勤林，2004；殷浩栋等，2020）；另一方面，在传统农产品供应链中以连锁超市为核心的农产品供应链的贫困地区分散农户产品进入重要客户的渠道（KA）能力较弱，其自身发展仍有待加强。

1.2.2　数字化生产加工水平落后

由于农产品特殊的生物特质，不同的种类，需要不同的加工设备。农产品生产加工的标准和操作工艺，多是传统的人力为主，缺乏数字化的工艺流程，导致生产的农产品缺乏标准，质量监控不完善，甚至出现农产品质量问题。部分农产品由于其营养价值高，经过一定的加工程度后，能够提升其附加价值，需要进行精细加工，这就需要数字化的生产加工设备，也需要全流程的数字化监控系统（殷浩栋等，2020；Agapaki and Brilakis，2021）。在农村地区，这些设施非常不够，常出现农产品卖不出去的现象，致使农民亏损严重。

数字化生产加工需要依托大数据库，包括土壤信息、气象数据、作物生长数据等，农户因为管理不规范，对数据重视程度不够，甚至出现数据造假现象，也阻碍了数字化生产和加工（冯献等，2020）。同时，因为农业投入和产出不成正比，政府的财政支持力度不够，政策支持不足，也不利于农业数字化转型，阻碍了农村经济的发展。

1.2.3　农产品物流效率低

农贸批发市场是传统的农产品交易场所，有关数据显示，我国 80% 的农产品是通过农贸市场流通销售的，批发市场的销售渠道至今仍是老百姓农产品资源主要供给的途径之一（郑琛誉等，2018）。这些市场通常吸引农户数量较少、规模较小、专业程度低，无法有效整合、打通供应链，从而无法充分实现"小农户"和"大市场"的有效对接。核心企业、龙头组织、先进的农贸市场的数量又远远不够，导致现代农产品的发展仍旧陷入小生产、弱流通、贵流通的困境。

农产品在储存方面的特殊性对新鲜度的管理要求很高，流通过程中需要冷链体系的强力支撑（王建华等，2022；Wang et al.，2020）。近年来，随着物流配送技术的发展，特别是冷链物流的应用加深，使供应链逐步缩短，农产品能够送往全国各地。但是高水平冷链体系的覆盖率仍不高，当前生鲜冷链配送水平仍偏低，农产品对冷链物流的依赖性，进一步增加了成本。同时，消费者对农产品品质需求愈加提升、线上农产品消费快速发展的市场中，农产品的高效流通面临严峻挑战。

1.2.4　电商拓宽困难

近年来，随着电子商务的不断发展，出现了诸如天猫专卖店、京东卖场型旗舰店、拼多多专营店等数字化销售平台，为农产品的发展提供了新的销售途径（李国英，2015）。然而，新兴销售平台的出现也催生出一系列的问题。一些平台的高入场费，平台之间激烈的价格战等，让生产农产品的众多农户望而止步，原本看似是农特产品销售出路的电商平台，由于缺乏对农特产品发展现状、需求的全面分析，使生产农特产品的"小农户"无法对接"大市场"，处于发展的不利地位（Lazic et al.，2024）。最近几年，部分电商企业涌入农村地区，虽然这在一定程度上促进了农产品的销售，但由于农村地区土地规模小、分散化的特点，加之对于农产品信息资源的共享和数据的分析缺乏实时性，地区间往往产生低层次的竞争，产生了同质化竞争的消极现象，阻碍了相邻地区之间的技术、人才和资金

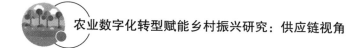

交流，影响了农户、企业应对市场变化的能力，最终造成农产品发展走向同质化发展的道路。

由于农产品大部分为生鲜果蔬，保质期限较短，在电商销售中，农户需要自己承担较高的物流运输、贮存成本，进一步加剧了农户进行农产品生产的总成本（尹瑶和叶敬忠，2024）。在成本提高而收益偏低的背景之下，许多农户面临着更换作物品种，这对于农产品的可持续发展带来了不小的考验。

1.2.5 农产品信息不透明

在农产品供应链的批发环节，有部分无良商家以次充好，导致终端消费者对交易产品信息不信任，加之原有线下的交易方式已经逐渐落后，人们把越来越多的目光投放到线上交易，但是在农产品的数字化信息不全的背景之下，信息不对称现象的产生使得消费者与生产者之间并不能建立起稳定的交易桥梁（邓悦等，2024）。追溯机制缺乏是目前农产品在销售环节存在的问题，而一旦发生质量问题，便难以确定是供应链的上游供给加工环节出现的问题还是其后物流等节点的责任。因此，农特产品的销售商就要承担相应的责任，这也使农产品的信任风险增加，其信息存在的不透明性和滞后性，不能保障农产品的质量，也对农产品在供应链中的可追溯性产生了严重的负面影响（宁家骏，2015）。

目前，我国农产品质量安全标准主要由国家、行业、地方和企业标准构成，而农特产品从生产到销售涉及农业、轻工、工商、质检、卫生等多个部门，在各部门目标不一致、标准不统一、监管执行力度不一致等条件限制下，很难实现供应链上各环节质量安全监管的有效性，降低了农特产品质量安全的监管水平和能力。

1.3 研究方法

1.3.1 演化博弈方法

演化博弈论提供了一种解释生物进化中互相学习、竞争与适应行为的框架，不同于传统博弈论主要关注静态均衡的分析，演化博弈论更加强调系统达到均衡的动态过程，包括均衡的形成过程及系统的具体演进与变化（Nowak and Sigmund，2004）。在对比传统博弈论所侧重的完美理性的前提下，演化博弈论中的参与者通常被视为具有有限理性，他们通过不断地试错、模仿和学习过程逐渐找到演化稳定策略。演化博弈论的应用范围十分广泛，例如，在生物学中，它可以描述种群遗传结构的演化动态，在社会科学中，它用于分析道德和信任的社会文化演化，在经济学领域，此理论同样适用于分析市场竞争、企业策略以及社会信任等现象（Binmore，1994）。

演化的观念在经济学中自早期便已开始研究，其中，那什（Nash）的"群体行为解释"被广泛认为是包含初步演化博弈理念的早期重要理论成果。在 20 世纪 70 年代，宾默尔和萨缪尔森（Binmore and Samuelson，1994）引入了"演化稳定策略（ESS）"的概念，这一理论的提出标志着演化博弈论的正式形成，进入 20 世纪 80 年代，演化博弈论开始被更多经济学者采纳，并融入经济学的多个分支研究中，自 20 世纪 90 年代起，演化博弈论进入了快速发展期，该理论得到了深入的完善与广泛的推广，并被应用于更广泛的研究领域，随着 21 世纪的到来，演化博弈论的应用领域继续扩大，成为多个学科交叉研究的热点领域（Mailath，1998）。同时，演化博弈论与计算机科学及人工智能领域的融合日益紧密，特别是在算法博弈论和机器学习策略演化方面，展现出显著的影响力和应用潜力。

演化博弈论在经济和管理学领域的应用极为广泛。该理论通过构建代理人模型来模拟市场参与者的策略选择与演化过程，提供了一个更加复杂和贴近现实的分析框架。在市场竞争分析方面，演化博弈论有助于解析市场结构、稳定性及其潜在的变动（Friedman，1998），企业可以借助演化博弈论来制定产品定价和营销策略，通过模拟消费者行为和竞争者动态来优化自身的策略。此外，演化博弈论在资源分配和战略管理方面也显示出其适用性，在资源受限的条件下，它能助力企业更高效地进行资源分配，从而提升整体效益。在战略管理的层面，演化博弈论能够预测市场发展的趋势，协助企业制定适应性战略。

运用演化博弈方法开展研究一般包括以下步骤：确立主题寻找博弈三方，建立三方演化博弈模型，进行假设，设置参数，计算三方混合策略博弈模型的收益矩阵；计算每个参与者的预期收益和复制动态方程，并对每个参与者进行稳定性策略分析；绘制雅克比矩阵与计算每种策略下的系统雅克比矩阵特征值，对系统稳定性进行分析；寻找真实数据整合，利用MATLAB 等软件进行系统稳定性和重要参数敏感性的仿真模拟并进行分析，最后总结结论进行讨论等。

1.3.2　案例研究方法

案例研究法，源于国外，是社会科学中的一种核心研究方法。艾森哈特（Eisenhardt，1989）对此方法给出了一个经典的界定：案例研究法通过深入地描述和厚重地阐述现实生活中的现象，构建出一幅完整的图景，以此探讨"为什么"和"如何"这类问题。斯卡彭斯（Scapens，1990）认为案例研究法基于五个主要类别：描述性研究、解释性研究、探索性研究、评价性研究以及案例本身的研究。尹（Yin，1994）进一步拓展了这一方法的理念，提出案例研究应包含丰富的经验性描述，并且研究者需要从广泛的证据和多样的数据来源中挖掘经验，以识别出潜在的模式。艾森哈特与格雷布纳（Eisenhardt and Graebner，2007）进一步指出，高质量的案例研究综述不仅需要独到的解释，还应基于强有力的归纳逻辑和理论验证。

案例研究方法经常被视作一种定性的研究手段，相较于定量研究方法，案例研究在构建新理论、吸引力、实用性和感知能力方面展现出明显优势。因此，该方法在社会学、人类学（包括民族学）、教育学、政治学和管理学等多个领域中得到了广泛的应用。案例研究法基于特定案例，旨在通过实证或非实证、定性或定量的逻辑来构建、检验或拓展理论，这种方法本质上关注于研究者感兴趣的案例，为满足研究需求，采用合适的方法进行数据的收集与分析，以获得可靠和稳定的结论。因此，案例研究法是一种综合性的研究方法，要求研究者在系统地收集数据和信息的基础上，深入探究特定现象或验证某些假设。这一方法根据研究目标和案例数量的不同可以进行分类。具体而言，依据研究目的，案例研究法可以分为探索性案例研究（陈春花和刘祯，2011）、描述性案例研究（闫梅，2012）和解释性案例研究（陈久美和刘志迎，2018）；而根据所研究的案例数量，

它又可划分为单案例研究（黄振辉，2011）、比较案例研究（吴高臣和刘爽，2011）和多案例研究（刘庆贤等，2009）。单案例研究突出其全面性，而多案例研究则通过对多个案例的比较与分析，增强了研究的可复制性和普适性。

1.4　研究框架

本书基于供应链视角，应用案例分析和演化博弈的研究方法，按照"背景介绍—供应链各环节数字化—数字技术—机制路径—结论建议"逻辑思路，对农业数字化赋能乡村振兴进行全景式描述和系统性研究。

第1章是绪论。主要是引出农业数字化转型这一主题，阐述了本书的研究背景、意义和方法，并给出了相应的研究框架。

第2章是概念界定和文献综述。对农业供应链、数字技术和数字技术在农业中的应用作出了相应的概念界定，讨论了乡村振兴、数字乡村和数字供应链方面的研究综述。

第3章是农业供应链各环节数字化转型。运用案例分析和演化博弈的方法，着重介绍了不同供应链环节当中数字化转型，并给出了建议。

第4章是赋能乡村振兴的数字技术研究。从区块链技术和数字孪生技术两个角度，讨论了数字技术如何赋能乡村振兴。

第5章是供应链数字化赋能乡村振兴的机制研究。从价值共创和多元共生两个角度，运用案例分析的方法，分析了农业数字转型赋能乡村振兴的机制。

第6章是供应链数字化赋能乡村振兴的路径研究。着重介绍了赋能乡村振兴的四条路径。

第7章是结论和政策建议。基于上文的研究分析做出总结并给出了相关的政策建议。

整体而言，上述章节按照分工构成，第1章到第2章属于铺垫性和研究准备阶段，第3章和第4章逐渐由农业数字化转型过渡到赋能乡村振兴的分析；第5章和第6章具体研究了赋能乡村振兴的机制和路径，第7章是收尾。具体框架见图1-1。

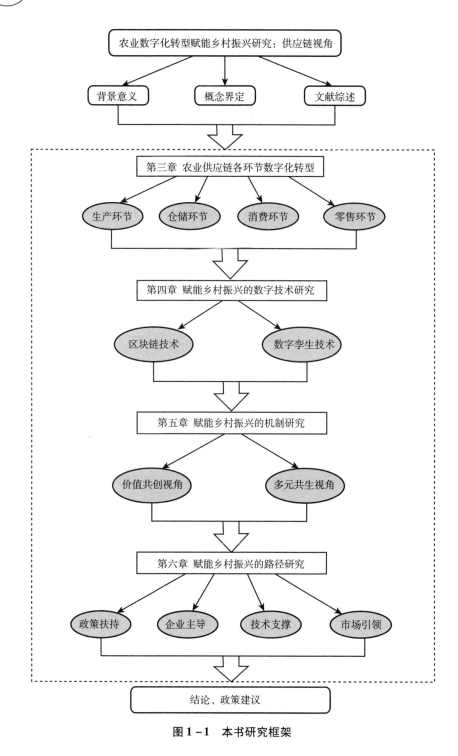

图1-1　本书研究框架

第2章
概念界定及文献综述

2.1 概念界定

2.1.1 农业供应链

农业供应链是将农产品从生产者送至消费者手中的一系列环节。它开始于田间地头的种植与养殖，涵盖了生产加工、分销物流，最终到达销售和零售阶段（叶飞等，2017；Lyu et al.，2024）。每一环节不仅对农产品本身的价值增加至关重要，而且直接关系到整个供应链的效率和质量。

1. 生产加工阶段

农业供应链的生产加工阶段是整个供应链中至关重要的环节之一，这个阶段包含了从原始农产品产出直至转变为可销售商品的一系列增值过程。具体可以分为种植与养殖、初级加工阶段、深加工阶段和质量检测控制环节。

种植与养殖是生产加工的起点，种植业包括选种、育苗、种植、田间管理、收获等环节。而养殖业则涉及动物饲养、繁殖、疾病防控、出栏屠宰等过程。现代农业供应链的生产环节可以实施精准农业，通过 GPS、遥感卫星、无人机等高科技手段实现精准播种、施肥、灌溉和病虫害防治，

提高农业生产效率和资源利用率（Zhu，2024）。

当农产品收获后，就进入了初级加工阶段。需要对农产品进行初步处理，例如，粮食的脱粒、晾晒、清理杂质，果蔬的清洗、分级、预冷保鲜，肉类的分割、冷藏等。值得注意的是，如何储藏保鲜农产品，确保农产品的品质是我们需要解决的问题。对于部分有深加工需要的农产品，需要进入生产加工阶段的第三个环节，即通过深加工将初级农产品转化为具有更高附加值的产品，如面粉加工自小麦，食用油提炼自油料作物，果汁饮料源自水果等。

质量检测控制也是农产品生产加工阶段不可忽视的重要环节（杨讷和罗永泰，2006）。在生产加工过程中，需要严格实施质量控制，在生产环节，需要注意包括对农药残留、重金属污染、微生物指标等可能破坏农产品质量的因素进行定期检测，确保产品达到食品安全和卫生标准，预防和控制潜在食品安全风险。

2. 分销和物流阶段

完成初级以及深加工后，农产品便进入了分销和物流阶段，该阶段是连接生产加工和销售零售的关键环节。主要包括仓储、冷藏、包装、运输等一系列活动。

在农产品分销阶段，大多数农产品会集中到产地批发市场或销地批发市场进行交易，这是农产品的大宗流转场所。批发商从生产者那里批量购买农产品，再分销给下游的零售商或进一步的加工商。分销中心负责接收、分拣、打包和重新装载农产品，以便更有效地向各个销售网点分配货物，实现快速周转和库存控制（Wang et al.，2024）。当然，随着科技进步与发展，农产品供应链的新业态新模式层出不穷，分销模式也呈现出多元化的特征。

物流阶段是确保农产品能够安全、及时地从产地转移到批发市场、零售商，或直接配送给消费者的保证。良好的物流体系有助于减少损耗、降低成本，并保障农产品的新鲜度和品质。在现代农业供应链体系中，物流阶段往往采用信息化管理系统，如 GPS 定位跟踪等，以提高物流效率，减少误差和延误，确保供应链信息透明，便于各方协调与决策。其中，对于生鲜农产品，冷链物流是至关重要的组成部分（罗千峰和张利库，2021）。

这包括全程的温度监控、冷链设施维护、冷链节点之间的交接管理等，以最大限度地延长农产品的保质期和新鲜度。

3. 销售和零售阶段

农业供应链的销售和零售阶段是农产品价值实现的最后一环，在促进农产品市场流通等发展方面发挥着核心作用。农产品经过分销物流阶段之后，最终进入零售商和超市销售阶段。其中，零售商包括各类实体店铺（如菜市场摊贩、果蔬店、超市、便利店）以及线上平台（如电商平台、社区团购等）。零售商根据消费者需求和市场趋势，采购各类农产品并进行展示销售，同时配合促销、折扣等活动吸引消费者购买（Yang and Yao，2024）。而此阶段的营销策略、价格设定和服务质量直接影响着消费者的购买决策和品牌信任度。此外，销售和零售阶段还包括售后服务，如退换货政策、投诉处理等。同时，通过对销售数据的分析，农产品供应链可以从零售端获得宝贵的市场信息，以此来指导上游的种植、加工和物流环节进行持续改进和优化，形成一个完整的从田间到餐桌的信息反馈闭环（张晓林和罗永泰，2012）。

2.1.2 数字技术

数字技术已成为现代社会发展的基石，对经济增长、创新驱动、产业融合、社会治理和国际竞争力等方面具有决定性的推动作用。目前的数字技术主要包括高性能计算、云计算、人工智能、数字孪生、物联网、区块链等，这些技术共同构成了支撑现代社会信息化和智能化发展的基础设施（夏显力等，2019）。本章将从物联网和人工智能、大数据分析和云计算、数字孪生和区块链三个板块展开简单介绍。

1. 物联网和人工智能

物联网（internet of things，IoT）的概念最早在 1999 年由美国麻省理工学院（MIT）的 Auto_ID 中心提出，当时主要围绕电子产品码（EPC）和射频识别（RFID）技术展开。该概念旨在通过互联网实现全球物品信息的实时共享，后来被广泛用来描述任何能够通过网络交换数据的物理对象和信息系统（Jang et al.，2024）。物联网是互联网、通信网、广电网、电力网等网络的融合，实现物与物之间的信息交互和通信，以实现智能化识别、定位、跟踪、监控和管理（汪旭晖和张其林，2016；Khan et al.，2024）。它通过嵌入传感器、软件和网络连接功能，将物理设备、车辆、家居用品等"事物"数字化，使它们能够收集、交换并处理数据。这个系统由智能设备、传感器、网络连接以及数据处理和存储四大要素构成。这些要素通过网络协议互相通信和交换数据，覆盖了从网络的数据传输和通信，到应用层的数据处理和用户互动，再到感知层的数据收集和初级分析等众多层次和维度。它的应用广泛，涵盖了智能家居、智能城市、医疗保健、农业等多个领域。物联网的目标在于实现物理世界与数字世界的无缝集成，以提高效率、节省资源、提升生活品质，并为未来的创新开启新的可能。

人工智能（AI）的概念最早于1956年提出，当时麦卡锡（John Mc-Carthy）、明斯基（Marvin Minsky）和其他科学家在美国达特茅斯学院召开会议，探讨了如何用机器模拟人类智能，并首次提出了"人工智能"这一术语。从早期的符号学习到现在的深度学习，AI发展经历多个阶段，其中机器学习使计算机能通过数据来学习、决策。人工智能是一门模拟、延伸和扩展人类智能的科学，涵盖机器学习、深度学习、计算机视觉等子领域。主要含义为由人造系统所表现出来的智能行为，并致力于创建能够执行认知功能的机器，而这些功能通常与人类智能相关，如学习、理解语言、识别声音和图像、解决问题等（曹静和周亚林，2018）。AI的应用广泛，如医疗诊断、自动驾驶、情报分析、金融分析等，正逐渐改变我们的工作和生活方式。特别是近几年，基于大规模模型的技术如GPT等兴起，使全球范围内对人工智能的关注和应用迅速升温，利用AI，能够以更快的速度、更高的准确度来收集和分析巨量的数据信息流，为决策者提供更精确、深入的情报支持，为不同行业注入了新的动力。

2. 大数据分析和云计算

大数据分析这一概念的起源可以追溯到20世纪90年代，当时数据仓库和在线分析处理（OLAP）技术开始发展。然而，直到21世纪初，随着互联网的普及和数据量的爆炸性增长，大数据分析才逐渐成为企业信息技术战略的核心（孟小峰和慈祥，2013）。它的含义主要是指通过对大规模数据集进行挖掘、分析和处理，并从中提取有价值的信息和知识。大数据分析在当代社会中扮演着关键角色，通过对海量、复杂数据的深度挖掘和实时分析，为企业提供了预测未来趋势、优化决策制定、提高效率和客户满意度的强大工具。随着5G、边缘计算和物联网等技术的发展，实时大数据分析变得至关重要（齐彦丽等，2018）。通过预测性、规范性、描述性和诊断性四种类型的分析，企业能够从多元数据源中提炼出有价值的见解，并据此提升盈利能力、改进业务流程和制定更具针对性的市场策略。

云计算的概念可以追溯到20世纪60年代的"分时系统"，但其现代概念是在21世纪初逐渐形成的，随着虚拟化技术和网络技术的发展，云计算开始成为信息技术的一个重要分支。它通过网络将计算资源集中起来，按需分配给用户使用，提供了一种灵活、可扩展的计算资源服务模式，用户可以根据需要随时增加或减少使用量，最终实现资源的共享和优化配置。云计算作为一种革命性的技术，其应用领域非常广泛，涵盖了基础设施即服务（IaaS）、平台即服务（PaaS）和软件即服务（SaaS）（陈全和邓倩妮，2009；Aljohani et al.，2024）。具体来说，云计算可以用于个人电脑的远程访问、智能手机的数据存储、智能设备的数据连接、企业应用的IT资源管理以及开发运维的代码部署等（袁峰等，2024）。此外，云计算还支持多种场景，如数据分析、视频制作、社交网络、游戏开发、电商和物联网等。通过提供成本效益、灵活性和可扩展性的优势，云计算正逐渐成为信息技术领域的重要支柱。

3. 数字孪生和区块链

数字孪生技术起源于对物理实体进行数字化模拟的需求，旨在构建一个与现实世界相对应的虚拟模型。它是一种基于物理实体构建的数字化镜像模型，通过收集、处理和模拟实体对象的数据，实现对实体全生命周期过程的实时监控、诊断和优化管理。这种技术在众多行业中展现出广泛的应用潜力（袁峰等，2024）。例如，在制造业中，数字孪生可应用于生产设备的预防性维护，通过实时捕捉和分析传感器数据，预测潜在故障，提高了生产线的运行效率和稳定性。在智慧城市和建筑设计领域，数字孪生城市和数字孪生建筑能够实现对城市系统、建筑物的多尺度模拟与优化，

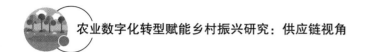

涵盖从微观的智能楼宇、智慧园区，到宏观的城市规划、环境监测等多个层面，助力实现城市管理和服务的精细化与智能化。

区块链技术起源于 2008 年，当时由一个使用化名的作者中本聪发布了一篇名为《比特币：一种点对点的电子现金系统》的论文，首次提出了区块链的概念。区块链技术是一种分布式数据库技术的一种革新形式，其核心在于共识机制、智能合约、分布式账本等技术的集成，具备去中心化、不可篡改和可追溯等特性。根据它的这些特性，区块链已经拓展到多个行业的应用中（张路，2019）。在金融领域，它重塑了交易、支付和清算流程，提升了效率与安全性；在供应链管理中，通过确保物流信息的透明性和不可篡改性，增强了商品追溯的能力；医疗健康方面，它为患者记录和药品追踪提供了安全的数据处理方式；而在版权保护领域，区块链助力于确权和打击侵权行为；食品安全则利用其可追溯特性，加强了食品监管和消费者信任（Jain and Jain，2019）。这些应用都展示了区块链技术在构建更为安全、高效和透明的系统中具有巨大潜力。

2.1.3　数字技术在农业中的应用

农业供应链作为连接生产者与消费者的关键环节，其运作的效率和质量直接影响农产品的价值实现和市场响应。在这一过程中，数字技术的应用成为了提升农业供应链性能的强大驱动力。以下三个部分将详细探讨数字技术如何在农业监控和管理、食品安全与溯源、智能物流三个不同的供应链环节中发挥作用，并促进整个农业产业的现代化进程。

1. 农业监控和管理中的应用

数字技术在农业监控与管理中扮演了重要角色，通过物联网、人工智能、云计算与数字孪生等技术，实现了农业生产从田间到餐桌全过程的精准化、智能化管理与决策。物联网（IoT）技术通过部署在农田中的各种传感器和智能设备，实时采集土壤湿度、光照强度、气温、病虫害等关键参数，结合 GPS 定位与遥感卫星数据，形成农田环境的立体化监测体系（李映祥等，2022）。借助人工智能（AI）算法，这些海量数据得以快速分析，为农事决策提供科学依据，如精准灌溉、施肥、病虫害预警与防治等，显著提升农业生产效率与资源利用率，践行绿色可持续农业理念（Dolev and Liber，2022）。同时，数字孪生技术为农业管理带来了全新的视角。通过构建与现实农场一一对应的虚拟模型，管理者可以模拟不同气候条件、种植方案与市场变化对农业生产的影响，进行风险评估与预案制定。实时监控与模拟相结合，使农业管理更加精细且具备前瞻性，有效应对气候变化、市场需求波动等不确定性因素。此外，云计算平台为农业数据的整合、存储与分析提供了强大的基础设施支持。农业管理部门、科研机构与农户可通过云服务便捷地获取、分享与分析各类农业数据，实现跨区域、跨季节的经验交流与知识共享，促进农业技术推广与创新。依托云平台的远程监控与智能预警功能，农业专家能够远程指导农户，及时发现并解决问题，有力提升农业服务水平。

从上面分析可知，数字技术通过实时环境监测、精准农事决策、虚拟模型模拟与云平台支持等方式，极大地提高了农业生产的效率、精准度与适应性，有力地推动了农业管理的现代化与精细化。

2. 食品安全与溯源的应用

食品安全与溯源是农业供应链中的重要环节，数字技术的应用极大提升了农产品的质量保障与消费者信任。数字技术如区块链、物联网与人工智能，确保了农产品全链条信息透明、真实可信，有效保障了农产品质量与消费者权益。

基于区块链技术的农产品溯源系统，以其去中心化、不可篡改与全程可追溯的特性，确保了从农田到餐桌每一个环节的信息透明与真实可信（Düdder et al.，2021）。每一批次农产品的生产日期、生长环境、加工过程、检验结果等关键信息均被加密记录在区块链上，消费者只需扫描二维码即可查询，有效防止假冒伪劣产品流入市场，保护消费者权益。物联网技术在田间地头的应用，如智能标签、RFID 等，实时记录农产品生长、采收、加工、运输等过程中的温度、湿度、时间等关键参数，确保符合食品安全标准。同时，AI 技术在质量检测中的应用，如机器视觉识别病虫害、异物等，大幅提高了检测精度与效率，减少了人工误判，保障农产品品质

（滕桂法，2022）。大数据分析则通过对农产品生产、加工、销售等全链条数据的深度挖掘，揭示潜在的质量风险与市场趋势，为监管部门提供精准执法依据，为生产者提供改进生产流程、提升产品质量的决策支持。通过构建食品安全风险评估模型，大数据分析还能提前预警潜在的食品安全问题，助力实现主动预防与快速响应。

可见，区块链技术的不可篡改与全程追溯特性、物联网的实时监控与AI的精准检测等数字技术，构建了从农田到餐桌的透明、可信食品安全体系，提升了农产品品质，增强了消费者信心。

3. 智能物流方面的应用

智能物流作为农业供应链的"血脉"，在数字技术的赋能下，实现了农产品高效、安全、低成本的流转。它得益于云计算、大数据、物联网与区块链技术的融合应用，实现了农产品高效、安全、低成本的流转与物流信息的透明化管理。

云计算与大数据技术支撑的物流管理系统，实时追踪农产品的位置、状态、温湿度等信息，通过优化路径规划、动态调度运力、预测需求波动，有效缩短运输时间，减少损耗，确保农产品新鲜送达（Wu et al.，2024）。冷链物流技术，尤其是物联网与AI技术的融合应用，实现了全程温度控制的自动化与智能化。智能冷藏车配备实时温控设备与监测系统，自动调节车厢温度，预防因温度异常导致的农产品变质。AI算法预测冷库存储量需求，动态调整冷藏设备工作状态，避免能源浪费，保障农产品长期储存品质。区块链技术在物流环节的应用，确保了物流信息的真实可靠，强化了供应链各参与方的信任基础（周丽娟和朱成燕，2024）。通过区块链记录的物流节点信息，一旦发生质量问题，可快速定位责任环节，有效解决纠纷，维护供应链稳定。此外，智能合约技术可根据物流状态自动触发支付结算，简化交易流程，提高资金周转效率。

云计算与大数据驱动的物流管理系统、物联网与AI赋能的冷链物流技术、区块链保障的物流信息真实性，共同优化了农产品运输效率，降低了损耗，确保了品质，强化了供应链信任与协作，促进了资金周转，提升了整个农业供应链的智能化水平。

2.2　文献综述

2.2.1　乡村振兴研究综述

1. 农民合作社与乡村振兴

在当前乡村振兴战略的背景下，优化和创新农民合作社的治理是推动农村发展的关键途径。实证研究显示，合作社在跨期贫困治理中发挥了重要作用（杨丹等，2023；张鸣和凌云，2023；Tang and Chen，2022），尤其是在政府干预下，由村党支部领办的合作社通过风险管理和生计资本提升更有效地帮助农户实现贫困治理。基于"复合经纪机制"的视角，土地股份合作社作为中介组织，通过连接各方利益，推动乡村振兴，并成为资本和项目进入乡村的关键组织（郑永君等，2021）；此外，一些学者从协同治理理论出发，探讨了农民合作社参与乡村治理的新路径，强调在优化乡村治理路径中需要发挥农民的主体作用，推动农民合作社规范化参与乡村治理（程慧和贾广宇，2022），案例研究进一步探讨了农民合作社在乡域治理中的自主嵌入路径及其影响因素，认为农民合作社已成为村治改良模式的新型因子，其中"产业兴旺"是关键要素之一（谢炜和赵烁，2022；Lazic et al.，2024）。

农民合作社的高质量发展备受关注。李晖等（2023）以北京市为例，通过问卷调查和实地访谈，运用二元逻辑回归模型分析了合作社高质量发展的影响因素，结果表明发展等级、内部管理、产业基础、认知度、宣传引导、激励和协作联动机制、政策环境等因素具有显著影响。对清水县18个乡镇的合作社进行了问卷和实地调研，发现了合作社存在规范化合作社稀缺、管理技术人才缺乏、贫困户受益率低、品牌培育意识不足、资金短缺等问题。为提升合作社的高质量发展，建议加强政府支持与监管、健全人才培养模式、转变经营模式、培育农业区域品牌（李玉玲，2022）。探索党支部引导合作社实现产业繁荣和农民收入增加的路径（刘凤霞，2023）及总结党支部领导合作社模式在农村集体经济中的成效也越来越受

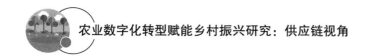

到重视（尚玉霜，2023）。

2. 家庭农场与乡村振兴

对家庭农场发展路径的研究显得尤为关键（武焱，2024）。姚封瑶等（2023）基于山东省家庭农场的状况，识别出主要发展难题，包括土地流转、农业技术推广、政府扶持和社会化服务不足，他们提出的解决策略包括改善土地流转制度、延伸产业链、提高农业技术水平、增强政府扶持和建立农业社会化服务组织，以推动乡村振兴。蒲文彬（2023）指出，尽管家庭农场前景广阔，但在高质量发展过程中仍面临诸多挑战，他认为高质量发展依赖于新型职业农民的角色、规范化管理、绿色和生态发展、产业链延伸、土地制度改革、融资渠道创新、农业保险体系和生产服务体系的完善。加强品牌建设、合作社对接、土地流转制度和社会服务体系的完善，也能促进家庭农场的进步（王欣等，2020）。

如何更好发挥家庭农场在乡村振兴中的作用，部分学者开展了大量研究。增加资金支持、提升技术水平和拓展市场渠道等对策能够推动家庭农场的可持续发展（陈雪娇，2021）。增强政府支援，提供更多培训和资金援助以及开拓销售渠道，能够解决人力短缺、资金限制和销售渠道受限的等问题（郑琪，2021）。吴征（2021）从党的十九大提出的乡村振兴战略视角，分析了家庭农场的现状，发现农场主职业素养不足、生产成本高和资金短缺等问题。他建议通过提升农场主职业素养、培育示范农场和完善土地流转制度等策略，促进家庭农场的发展。

3. 现代农业与乡村振兴

研究小农户与现代农业的有效衔接是提升农业发展质量的关键（刘兵，2022），李崇峰（2022）的研究指出，实现这一目标的核心在于完善面向小农户的农业社会化服务体系，改善其生产和生活条件，提升集体经济组织的服务能力，并培养能够连接小农户与现代农业的"三农"人才。曹斌（2019）通过分析日本的经验，提出了对我国乡村振兴的启示，认为我国应适时推动直接税制改革，强化乡村振兴立法保障，巩固农村经营制度，推进以农民为主体的政策机制，并增强对小农户的支持，以促进小农户与现代农业的有效衔接。鉴于小农户在现代农业产业体系中的结构性困境，乡村振兴中应重新认识小农户的作用，提高其组织化程度，促进其与现代农业的有机衔接（吴重庆和张慧鹏，2019）。

培养现代农业人才是乡村振兴战略关键（廖祥六，2023）。在新的发展阶段，培育这些人才面临诸多挑战，如资源匮乏和政策支持不足，为应对这些问题，政府需要加强总体规划和政策配合，推进人才供给侧的结构性改革，完善农村职业教育体系，并优化人才发展环境（王梦茜，2023）。学习动机、行为、教师素养、课堂教学、培养过程、学习环境等因素显著影响培养质量，提升教育环境和教学质量是提高培养效果的关键（卢筱磊和邱靖，2023）。因此，要加强乡村振兴的基础工程，统筹农村职业教育与培训，完善教育体系，以培养高素质的农业人才（张祺午，2020）。

2.2.2 数字乡村研究综述

1. 数字乡村与乡村振兴

在乡村振兴战略中，数字技术对现代农业和农村发展的重要性日益显著（毛春合和刘树，2024），田昕加和章刘程（2024）研究了数字经济对农村产业发展的影响，发现其提升了农村产业的数字生产能力、流通效率、分配机制和消费水平，表明数字经济成为推动农村产业高质量发展的新动力。通过 NCA 与 QCA 方法，研究了数字农村建设的多条件组合路径，确定了技术—组织联动型、优化型、共生型和环境融合型四条高质量建设路径（刘运青等，2024；Yi et al.，2023），农村产业振兴应通过加快数字基础设施建设，建立多元产业融合机制，培养数字专业人才，确保数据安全，实现数字技术赋能路径（李煜，2024），但是还需重视重塑社会信任、构建网络和完善规范，以实现高质量建设目标（沈费伟和方颖峰）。

康胜利（2020）通过文献综述和实地调研，分析了数字乡村治理的主要问题，指出数字化可以提升信息传递的效率、优化资源的配置和增强农民的参与度。他建议加强数字基础设施建设，并加快开发乡村数字应用系统，以提升治理效能。通过增加居民参与、促进数据共享、改善公共服务、加强安全监控、培养人才和发展农村金融，可以提高治理质量（曹蕾，2024），另有学者建议，通过完善法律、提高数据开放度、增强风险防范能力、转变思维方式、提升数字素养以及完善基础设施建设来缩小数字鸿沟（陈丽琴和张新政，2023）。刘敏钰（2023）基于数字治理的视角，研究了乡村建设的转型和挑战，认为未来的发展应以居民为核心，依靠人才和技术推动数字化和集约化的发展，其他研究显示，通过多种方法研究数字技术赋能乡村治理的路径，发现应推进数字基础设施建设、提高弱势群体的素养、增强服务意识、构建信息共享机制并加强风险防范，以支持乡村振兴（高梅玲，2023）。

2. 数字经济与乡村振兴

毕伶俐（2022）通过采用对比分析方法和定性方法，研究数字经济在广东地区乡村振兴中的作用，结果显示，通过赋能乡村产业、加强创新服务、助推乡风文明、开展人才培养和改善治理方式，数字经济显著促进乡村振兴。数字经济推动乡村振兴的机制表明通过促进产业多元化、农业智能化、观念现代化、治理数字化、流通效率化等方式，可以有效助力乡村经济的发展（谷彦芳和常婷，2023），同时通过文化整合、生态优化、产业发展、增收致富和治理规范效应等方式，能够有效赋能乡村振兴（赵静，2023；Guo et al.，2020）。

邓涛和游战武（2020）研究了数字经济赋能乡村产业振兴的实现路径，研究显示促进数字经济的赋能作用需建立完善的数字基础设施，构建多层次的保障体系，提升农户的数字素养，培育新时代数字农人，并推进一二三产业的深度融合。部分专家学者对乡村振兴的机制提出了建议，加强数字经济发展，培养数字经济专业人才，并完善政府的数字化治理模式（佳晓莉，2023）；强化组织保障，建构国家—地方—基层的三位一体的反馈架构，加强基础设施服务，夯实数字环境氛围，并加速数字经济与地方产业的融合度（王桂荣，2023）；加大乡村基础设施数字化建设，促进新兴产业发展壮大，加大数字经济人才培育（许春瑶，2022）。

3. 数字技术与乡村振兴

数字技术促进农村经济高质量发展的路径研究表明，推动数字技术全面发展，有利于农村经济高质量发展，这就需要对农村地区的数字技术进行周全规划，加强农村数字基础设施和人才队伍建设，进而推动多产业融合发展（陈登源和王赣闽，2023）。也需要加大资源投入，推动治理体系现代化和政策改革，激发社会参与热情，满足农民需求（王新波和陈祖海；Cao et al.，2023）。李煜（2024）分析了数字技术助力乡村产业振兴的路径，发现优化农业产业发展格局、加速数字设施建设、培养数字经济专业人才、构建产业融合机制、确保数据安全等是乡村发展的关键举措。也有研究表明，需要优化绿色低碳生态环境，推动生产空间功能转型发展，开展智慧宜居生活空间建设，提升社会治理的数字效能（黎家成，2023）。闫昊（2023）探讨了数字技术赋能乡村振兴的提升路径，指出政府不但要推进乡村数字基础设施建设，而且还需要实施人才引进政策，加强数字化惠农户体系建设，改善乡村治理的数字化水平。

数字技术在乡村振兴中的机理研究也较多，张雅婷和丁国胜（2024）在空间生产理论和乡村空间重构的数字化框架下，探讨了数字技术推动乡村空间重构的路径和机理，研究指出，数字技术能够绿化农村生态空间、高效化农业空间、提高生活空间品质和治理化社会空间，从而重构乡村空间。也有学者使用调节和门槛效应模型研究了数字技术促进乡村振兴的机制，研究显示，数字技术提升了乡村发展水平，激活了农村创业活力，并促进了农村金融发展，从而推动乡村振兴（谢国根等，2023；Yi et al.，2023）。研究也发现数字技术为乡村治理转型提供动力，为经济发展赋予乘数效应，为农村文明建设提供支持，为绿色低碳提供助力，从而赋能乡村振兴（李健，2022），数字技术也通过扩大生产可能性边界，缓解获得的信息不对称，节约生产销售成本，推动产业向新产业、新结构、新模式转变，从而赋能农村产业发展（温群旺，2023）。

2.2.3 数字供应链研究综述

1. 企业中数字供应链

在数字经济的驱动下，企业供应链的弹性得到了显著增强。钱秋兰和罗双成（2024）的研究表明，数字经济通过减少交易成本、提高产业链运作效率等多种办法，增强了产业链的协同效应及其整体韧性。这一观点得到了研究证实，研究发现，在数字经济时代中，体育用品制造业要提高供应链韧性，需要加大数字基础设施建设和推进产学研融合（张勇等，2024）。相似地研究发现，数字经济通过推动信息交流和提升可用资源配置效率，来增强制造业的供应链韧性（简冠群和苗雨欣，2024）。郑宇峰和王友发（2024）利用组态视角和 QCA 方法进行的研究发现，数字技术通过推进内外部信息共用和推动企业数字化发展，加强了制造企业供应链的韧性，同时研究也表明，智慧物流通过开拓市场布局和提高周转效率，促进了供应链弹性的提升（张树山等，2023；Hebert and Di Cerbo，2019）。

2. 区块链驱动企业数字化转型研究

在区块链技术促进企业数字化转型的研究领域，众多研究展示了区块链如何助力供应链管理和提高企业的运营效率。周允旭和高红伟（2020）通过应用非合作纳什博弈的理论模型分析了区块链在供应链数字化转型中的作用，发现该技术能为供应链参与者提供透明、正确、可靠的信息，从而促进技术的积累和供应链的数字化发展，李治宇（2023）的研究进一步证明了区块链技术在增强软件供应链安全性能方面的有效性，通过实施去中心化存储、数据的不可篡改性、隔离性、可追溯性和可审计性极大提高了软件开发的安全性。也有学者研究了区块链在制造业供应链管理中的应用，指出推进供应链的透明化、智能化制造及物流安全性的提升是关键途径（汪大兰和左小明，2022；Xu et al.，2020），因此，区块链技术通过促进供应链各节点的信息共享和交易信息透明化，有效地推动了企业供应链管理的整体提升（戴美想，2021）。

3. 农业中数字供应链

（1）数字供应链驱动农业的路径研究。黄庆华与王浩力（2023）的研究表明，为了增强农产品供应链的安全性与稳定性，必须通过数字技术创造智能化的农产品产业链模式，将数字技术整合到传统农产品供应链，建立数字化的农产品电子商务供应链，并加固供应链的数字金融保障体建设。为了优化农产品供应链体系，需要构建农产品的标准化体系，增强对智能冷链物流系统的财政支持，搭建由政府监管主导的数字信息平台，并强化供应链的核心能力建设（白世贞和黄绍娟，2021；Addo-Tenkorang et al.，2017）。也有学者从数字经济的视角分析了促进农业供应链现代化的创新路径，认为需要建立新的农业产业供应链架构，扩展数字平台的服务边界，拓宽数字合作的领域，并促进数字应用的创新转化（李健，2023）。

（2）数字金融在农业供应链中的研究。尹燕飞与吴比（2020）的研究指出，为了充分利用数字金融在农业供应链中的潜能，必须促进公共数据资源的整合与共享，强化技术监管与风险评价，助推农业供应链金融新基础设施的建设，并通过立法及规范化措施提高各参与者的活跃度。数字金融的实施可以提升农业供应链的智慧化水平，拓宽金融供应主体和服务范围，从而促进农业供应链融资圈的构建和发展（郭苏豫，2021；Medina et al.，2023）。为了推广数字农业供应链金融的覆盖范围，需要推进农业供应链的全面发展，完善供应链金融生态系统，并增强政策层面的支持。邓壹仁（2023）的研究指出，增强农业供应链金融的有效性需要推动农业产业数字化基础设施的建设，优化供应链金融的信誉环境，因此也有学者探讨了数字金融助力优化农业供应链融资的途径，发现这需要建立完善的数字金融服务体系（Gomm，2010），并推动数字金融资源在农业供应链的全流程中进行深入融合。

第3章
农业供应链各环节数字化转型

在全球化和信息化的今天，农业供应链的数字化转型成为赋能乡村振兴的关键举措。近几年农业科技高速发展，不仅揭示了传统农业供应链的低效和高成本，也导致了资源浪费和收益不均等问题愈发明显。数字化转型是指将先进的后端监管技术引入前端农业供应链的实际过程，目的在于实现农业全链条优化，提高效率，减少成本。乡村一直以来存在基础设施薄弱、信息闭塞等问题，数字化转型将显著提高农业供应链效率和安全性，从而促进乡村经济发展，增加农民的收入，进一步缩小城乡差距。本章探究了生产、仓储、消费、零售等供应链环节的数字化转型，通过全面的数字化转型，乡村经济将迎来新的增长点，农民将实现显著的增收，乡村振兴才能真正实现。

3.1 生产环节数字化转型

在农业供应链中，生产环节扮演着核心角色，直接影响农产品的质量和数量，通过实施生产环节的数字化，不仅可以显著提高生产效率和效果，而且支持乡村振兴战略的核心目标，推动农村经济的发展和农民的增收，还助力于整个农业供应链的现代化和效率提升，为乡村振兴提供了强有力的支撑。本章基于资源编排理论，选取 4 家家庭农场，采用多案例分析方法，探讨了不同资源对家庭农场生产环节的影响，提出了家庭农场生产环节数字化转型的解释框架。

3.1.1　理论基础

农业是自然资源最密集和对气候最敏感的部门（Al Dirani et al.，2021），家庭农场作为新型农业经营主体之一，当前面临着气候变化所带来的如极端事件更加频繁、病虫害和作物病害不断增加、粮食安全形势更加严峻等（Marchant Santiago et al.，2021）巨大挑战。为了应对这些挑战，党的二十大提出要"巩固和完善农村基本经营制度，发展新型农村集体经济，发展新型农业经营主体和社会化服务，发展农业适度规模经营（Liu，2022）"，这一政策为家庭农场指引了发展方向、注入了发展动力。考虑到这些气候变化给家庭农场带来的严峻威胁，家庭农场生产环节实现数字化转型至关重要。此外，家庭农场生产环节实现数字化转型还具有提高农业生产效率和质量（Zhou et al.，2022）、减缓家庭农场生产环节的工作量等优势。

资源编排是一种专门的、以资源为中心的活动（Cui et al.，2017）。瑟蒙等（Sirmon et al.）基于资源整合和管理的思想提出了资源编排理论，该理论的核心框架包括资源结构化、能力化和杠杆化三个关键要素。将资源编排理论融入家庭农场生产环节数字化转型的过程中，资源主要指土地、资本、劳动力和技术四类。

资源结构化以创造资源组合为中心。在家庭农场生产环节数字化转型的过程中，土地、资本、劳动力和技术等资源的投入，可称为"资源禀赋"，即对各种资源的相对丰度及其赋予的比较优势的概括（Xu and Deng，2022）。资源禀赋的变化往往会在短期内存在明显的资源替代（Wang et al.，2022b）。土地与资本、土地与劳动力、土地与技术、资本与劳动力（Alvarez-Cuadrado et al.，2017）、资本与技术等资源之间均存在替代关系，其中，劳动力与技术资源之间的替代尤为显著（Zhu et al.，2016）。李等（Li et al.，2021）证实了农业机械设备替代劳动力的效应呈"U"形。王等（Wang et al.，2021）也证实了现代信息技术可以通过"以机器代替人类"的思路来替代劳动力。资源禀赋的变化在长期则对技术变革具有深远的影响。一些学者主张，技术变革源于科学知识的自主进步，独立于经济和社会变革。索罗（Solow, 1956）的研究表明，除了资本和劳动力之外，技术还是一个对经济增长有重要贡献的外生变量。另一些学者则认为，技术变革反映了经济转型过程中资源禀赋的变化和不断变化的需求。速水佑次郎（Hayami, 2009）的研究表明，资源禀赋的变化会引起资源价格的相对变化，理性的农业生产者会选择使用丰裕的、相对价格较低的资源，节约稀缺的、相对昂贵的资源，进而引发资源替代，长此以往农业将会向着节约相对昂贵资源的技术变革方向发展。

资源能力化是从资源组合过渡到能力开发的关键步骤（Sirmon et al., 2007）。在家庭农场生产环节数字化转型的过程中，土地、资本、劳动力和技术等资源的组合，直接关系到家庭农场数字化能力的形成，具有深刻改变农业生产的潜力。例如，通过卫星遥感、无人机等工具，可以采集农作物种植状况和生长状况以及自然灾害预测等相关数据和图像；通过智能手机、计算机等设备，可以进行远程实时监控和跟踪，实现对农业生产的实时感知。

资源杠杆化是利用能力创造价值和传递价值。家庭农场生产环节实现数字化转型是现代信息技术与传统农业实践深度融合的重要趋势，也是家庭农场积极适应数字化进步的时代背景的必然结果。这可以有效地解决家庭农场生产环节的两个重大难题：一是"如何生产"的问题，家庭农场生产环节实现数字化转型意味着家庭农场不再沿用传统生产方式，而是利用大数据、云计算、传感器和物联网等现代信息技术逐步实现农业生产全程实时感知、智能决策、精准管控三大功能；二是"谁来生产"的问题，家庭农场生产环节实现数字化转型意味着家庭农场劳动力不再只是单纯劳作，而是利用大数据、云计算、传感器和物联网等现代信息技术解放自我、激发潜能。

总之，有关资源编排、家庭农场及其数字化转型的文献是有限的。然而，通过整合农业数字化的相关见解，结合资源编排相关理论，我们可以初步勾勒出家庭农场生产环节数字化转型的理论框架（见图 3 - 1）。具体而言，家庭农场对土地、资本、劳动力和技术等资源的投入塑造了其资源禀赋。资源禀赋的变化在短期内存在导致明显的资源替代，在长期则影响技术变革。因此，通过适应数字化进步，家庭农场可以逐步形成数字化能力，从而推动家庭农场生产环节实现数字化转型。

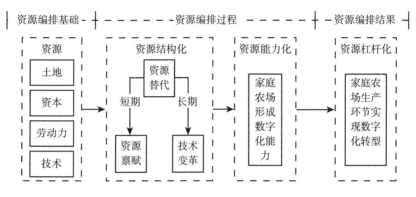

图 3-1　理论框架

3.1.2　案例介绍

1. 案例来源

本章节通过多层次多数据源的资料搜集方法形成三角验证以增强研究结果的准确性（见表 3-1）。具体如下：一是半结构化访谈，对家庭农场生产环节数字化转型的相关情况进行访谈；二是参与式观察，包括参观宣传栏等；三是内部资料，包括年度总结、档案材料等；四是外部资料，包括媒体公开报道、官方网站信息等；五是一些非正式的信息获取渠道，通过电话、微信等形式与访谈对象进一步核实信息。

表 3-1　　　　　　　　　　案例样本的资料收集

资料类型		资料来源
一手资料	半结构化访谈	访谈对象，如家庭农场主等
	非正式访谈	电话、微信等
	参与式观察	宣传栏等
二手资料	内部资料	年度总结、档案材料等
	外部资料	媒体公开报道、官方网站信息等

具体的案例分析过程为：第一步，独立整理每个案例样本的资料形成

单个资料文档，针对每个案例样本收集到的一手、二手资料建立一个初始文档，并对每个案例样本生产环节的数字化转型进行梳理；第二步，分析每个案例样本在土地、资本、劳动力和技术等资源的投入，进行单案例分析，识别出每个案例样本与本章研究问题相关的理论概念、关系；第三步，遵循复制逻辑的原则，进行跨案例分析，探讨家庭农场生产环节的数字化转型；第四步，在理论、资料和文献中反复穿梭，完善研究发现并与现有理论建立联系，讨论不同的资源对家庭农场生产环节的影响，并提出家庭农场生产环节数字化转型的解释框架。

2. 案例介绍

（1）土地禀赋型的家庭农场。A 家庭农场位于浙江省温州市，土地资源相对丰裕。第一，它以丁岙杨梅为主要经营作物。丁岙杨梅肉柱饱满圆钝、柔嫩而脆不刺口，独享"红盘绿蒂"的美誉，深受消费者喜爱，具有较大的市场需求。第二，它独创"大罗山盘盘红"的杨梅品牌，具有良好的品牌溢价能力。第三，它的土地规模达 200 多亩，杨梅树近 2000 株，其中，丁岙杨梅 150 亩，柑橘 35 亩，桂花、卉花 15 亩。

A 家庭农场积极适应数字化进步的时代背景，对各类农时操作、产量和产品销售等数据和信息进行及时记录并妥善保存 1 年以便利可追溯检查，同时加入了"浙江省农业主体追溯管理系统"以保证农产品的可追溯性，2016 年被评为温州市示范性家庭农场。

（2）资本禀赋型的家庭农场。B 家庭农场位于浙江省绍兴市，资本资源相对丰裕。它累计投资 1000 多万元，先后建设水池 1 个，喷施管设施面积 200 亩，沼液消纳池 132 立方米及管网 8500 多米，硬化基地道路 1000 多米，建设山地运输轨道两条 1000 米，购置运输车 1 辆，保鲜冷库 100 立方米，农业机械设备多套，信号塔 2 座，农场内水、路、电、网线等配套设施基本齐全。此外，它得到国家和政府的大力支持，如《2018 年绍兴市大学生农创客创新创业扶持项目》获补助 2 万元，《2022 年"三农"高质量发展政策传承发展市树（香榧）产业奖励资金》获补助 2 万元等。

B 家庭农场积极适应数字化进步的时代背景，依托丰富的资源生态资源、林业资源和旅游资源，围绕生态良好、产业兴旺和乡村振兴，探索出了一条以科学种养、生态旅游为主线的成功之路，2018 年被认定为浙江省示范性家庭农场，2019 年被命名为浙江省农业科技示范基地。

（3）劳动力禀赋型的家庭农场。C 家庭农场位于浙江省宁波市，属于大学生创业，劳动力资源相对丰裕。首先，该场主子承父业，接手 3 亩梨园后加入了一家农民专业合作社，并通过土地流转方式将梨园面积扩大到 120 亩。其次，该场主通过不懈努力对蜜梨、葡萄钻研出了一套独有的改良方法，并严格按照农产品标准化生产操作和无公害生产基地认定要求操作。最后，该场主通过口口相传、电商直播等方式，将销售渠道拓展至北京、福建和嘉兴、象山等地，彻底改变以往父辈上街吆喝的买卖模式。

C 家庭农场积极适应数字化进步的时代背景，发展成为集参观、考察、采摘、休闲于一体的生态型观光农业示范基地，2017 年被认定为余姚市示范性家庭农场，2019 年被评为宁波市示范性家庭农场。

（4）技术禀赋型的家庭农场。D 家庭农场位于浙江省金华市，技术资源相对丰裕，整体采用浙江创基电子有限公司的"智慧农业管控系统"，不仅提高了农业生产效率和质量，而且减缓了家庭农场生产环节的工作量。为了应对气候对农业造成的严峻挑战，它建成智能管控设施大棚万余平方以预防冻害、培育壮苗。为了减轻病虫害对农业的影响，它安置粘虫板、太阳能杀虫灯和防鸟网等。为了提高蔬果种植的质量，它既采用水肥一体化浇灌，又使用地膜防草保湿，还保证光照、科学施肥。该场主指出，"底肥要用有机肥，根据土壤配方施肥，减少氮肥的使用可以提升口感"。为了提高水产养殖的效率，它引入数字渔业平台及陆基循环水养殖系统以实现实时感知、智能决策和精准管控。

D 家庭农场积极适应数字化进步的时代背景，摒弃过去那种粗放、传统、零散的管理模式，实现标准化生产、集约化管理、规模化种养，在提高农场竞争力的同时，做大做强高效农业设施生产业，着力建设原生态农场，发展现代农业。

3.1.3　跨案例分析

随着现代信息技术的快速发展，越来越多的家庭农场开始适应数字化时代的进步，日渐完善道路交通、沟渠水利、仓储晒场等农业基础设施，不断创新拖拉机、耕整机、旋耕机、播种机等农业机械设备，逐步建设温室、大棚、渔业养殖用房等设施农业。越来越多的家庭农场也在生产环节实现数字化转型，数字化大棚是其中一项重要的创新，它通过大数据、云计算、传感器和物联网等现代信息技术对家庭农场的温度、湿度、酸碱度等指标进行远程和实时的监测和控制，为农作物创造良好的生长环境，不仅可以提高农业生产效率和质量，而且还能减缓家庭农场生产环节的工作量。

通过对浙江省4个家庭农场的多案例分析，我们可以发现家庭农场生产环节的数字化转型主要集中于三个方面（见表3-2）：第一，智能化种植。家庭农场将现代信息技术与农业机械设备相结合，全方位深入"耕、中、管、收"各个节点，创新自动播种机、自动喷灌设备、无人机等智能化农业机械设备，自动完成农业生产中的各项任务。第二，专业化培育。家庭农场将现代信息技术与现代农业技术相结合，持续引入和推广优新品种和先进技术，培育专业化农业生产。此外，家庭农场还将现代信息技术与劳动力资源相结合，使家庭农场劳动力学习、掌握并贯彻现代信息技术，培育专业化家庭农场劳动力。第三，信息化管理。家庭农场利用现代信息技术可以实现农业生产全程实时感知、智能决策和精准管控。安传感器可以实时获取和监测温度、湿度、酸碱度等指标，监控摄像头可以远程监控农作物的病情与生长过程等信息，利用这些数据和信息，既能够有效调节灌溉、施肥等措施，从而提高农业生产效率和质量，还可以使家庭农场劳动力实现足不出户远程监管，从而减缓家庭农场生产环节的工作量。

表3-2　　　　　　　　　　案例样本的数字化变革

家庭农场	例证援引	结果
A 家庭农场	目前正在做数字化大棚，能控制施肥、温度、湿度等	信息化管理
B 家庭农场	无人机授粉	智能化种植
	应用林下套种等先进种植模式和绿色无公害生产栽培技术	专业化培育
	装有监控摄像头	信息化管理
C 家庭农场	严格按照农产品标准化生产操作和无公害生产基地认定要求操作	专业化培育
D 家庭农场	采用水肥机主控制程序、超高压喷雾系统等作用于施肥、自动打药操作	智能化种植
	建成智能管控设施大棚万余平方，数字化渔场高位养殖池20座	专业化培育
	采用"智慧农业云管控系统"实现农业生产全程实时感知、智能决策、精准管控三大功能	信息化管理

1. 土地

土地资源对家庭农场生产环节的影响主要包括三个方面：第一，家庭农场的经营作物。一般而言，大田作物适合全程、全面机械化，而蔬果类的农作物对农业机械设备的应用要求高、难度大，难以进行机械化生产；第二，家庭农场所处的地形地貌。一般而言，平原地区适合全程、全面机械化，而山地、丘陵地区更适合小型机械作业；第三，家庭农场的土地规模。家庭农场土地规模较大，需要借助现代信息技术填补劳动力的数量缺口并提高农业生产效率和质量，整体数字化程度较高。家庭农场土地规模较小，一般很少使用农业机械设备，整体数字化程度较低，原因在于：一是现有的劳动力足够完成家庭农场生产的各项任务，引入现代信息技术的成本远远大于所能带来的效益；二是现有的土地规模无法承载大型的农业机械设备。

在特定的区域内，家庭农场所处区域的地形地貌相差不大，适宜的经营作物也相差无几。因此，不同家庭农场土地资源的差异主要在于土地规模，少则二三十亩，多则百余亩。家庭农场土地规模的变动，大多依靠以出租为主的土地流转。土地流转可以促进规模经营、提高规模效益。但是，家庭农场目前存在土地流转"难""贵""慢"等问题。第一，由于土地权属模糊、土地市场不发达和社会保障缺乏等原因，农户对土地出租的意愿较小，造成"宁可抛荒也不愿转租"的现象，导致土地流转进行困难；第二，由于土地的自然增值、外地农户流入租地以及工商资本进入农业领域引发的市场竞争等原因，导致土地流转价格提高；第三，由于土地流转相关信息的不对称性，导致土地流转进展缓慢。为了解决这些问题，我们可以引导与数字化相关的土地资源在家庭农场之间的投入，例如，搭建并完善相应的数字化平台规范土地流转的管理，战略性地破解土地流转"难""贵""慢"等问题，从而推进家庭农场生产环节实现数字化转型。

2. 资本

家庭农场资本，即周转循环于家庭农场生产环节的以货币资金、实物资本和无形资产等形式存在的各种资产的总和。家庭农场从自筹资金和私人借款所能获取的资本有限，更多地在于金融机构和政府的支持。

金融支持促进了家庭农场基础设施的完善和技术的引进，从而推动了家庭农场生产环节实现数字化转型。目前，家庭农场从银行、证券、保险、信托等金融机构获得资金支持存在困难，原因在于：第一，传统家庭农场主不了解贷款政策，倾向于自筹资金和私人借款，缺乏主观意愿进行贷款融资；第二，受农业特性的制约，家庭农场的有效抵押资产不足，耕地承包权、设施用房等无法作为抵押物，且易受干旱、洪涝等自然灾害的影响，家庭农场的抗风险能力较弱；第三，由于市场信息的不对称性，存在逆向选择和道德风险问题，即金融机构难以识别家庭农场的信用风险，家庭农场与金融机构之间存在较大的潜在信用危机。

政府补贴对家庭农场生产环节的影响可以分为两条路径：一是直接路径。目前，国家和政府对家庭农场的支持力度较大，在建设农业基础设施、购买农业机械设备、引进优新品种和推广先进技术方面都存在相应的财政补贴、税收优惠、信贷支持、农业保险等，为家庭农场减轻了不小的资金压力。二是间接路径。政府补贴对于提升家庭农场信贷可得性具有显著影响，由此可以缓解家庭农场在金融支持方面所存在的困难。目前，不同的家庭农场获得的政府补贴存在明显的差异，一些家庭农场能够得到较为可观的政府补贴，另一些家庭农场则很少甚至没有得到政府补贴，原因在于：第一，家庭农场主不了解政府补贴项目的申报，或家庭农场自身情况未达到准入门槛；第二，不同市区县的补贴和奖励政策大不一样，不同经营作物的家庭农场的准入门槛大不相同。

3. 劳动力

家庭农场的生产环节以家庭成员为主要劳动力，不排除少量雇佣劳动力。基于这一特征，家庭农场区别于一般农场，劳动力数量基本不超过10人。随着数字化时代的来临，越来越多的劳动力倾向于从事第二和第三产业，选择从事家庭农场工作的劳动力较少。在这一背景下，家庭农场的劳动力存在老龄化的趋势，临时雇佣劳动力的老龄化问题尤为突出。因此，家庭农场面临劳动力短缺日益严峻的问题。对此，部分学者认为可以通过增加替代性资源投入缓解劳动力资源投入不足的问题，其中，技术变革对缓解劳动力短缺具有重要意义。

家庭农场劳动力的质量一般指劳动力的健康水平、文化水平、技术水平、劳动熟练程度等。目前，不同家庭农场的劳动力质量存在明显的差异：一些家庭农场劳动力受教育程度不高，缺乏现代化的管理知识和专业化的现代农业技术，对现代信息技术怀有偏见，缺乏意识和能力接受数字化产品和服务；另一些家庭农场则属于大学生创业，掌握现代化的管理知识和专业化的现代农业技术，为家庭农场生产环节的数字化转型提供了人才支撑。家庭成员是家庭农场利润的剩余索要者，相较于雇佣劳动力具有更强的动机来提高农业生产并且需要更低的监测成本。因此，家庭农场劳动力质量的提高关键在于家庭农场主，其应自觉学习掌握现代化的管理知识和专业化的现代农业技术，积极融入现代信息技术的适应和使用。

4. 技术

技术是第一生产力，没有技术的支撑，家庭农场生产环节的数字化转型也就失去了赖以生存的基础和根本。技术资源主要包括农业机械设备、现代农业技术和现代信息技术，在家庭农场的生产环节发挥着至关重要的作用。

农业机械设备能显著降低生产成本、提高生产效率、增加发展效益。拖拉机、耕整机、旋耕机、播种机等农业机械设备在家庭农场中被广泛应用，不仅可以提高农业生产效率和质量，而且可以减缓家庭农场生产环节的工作量。例如，拖拉机加快了田间工作，耕耘机改善了土壤条件，先进的播种设备确保了种植的精准性。

家庭农场是推动现代农业技术直接应用于生产的主力军。现代农业技术包括优新品种和先进技术。优新品种的引进对于提高农业生产质量有积极作用，如 A 家庭农场引进的丁岙杨梅具有投产早、产量高、品质优等特点。先进技术的推广则对于提高农业生产效率有积极作用，如 D 家庭农场推广的水肥一体化技术可以实现水循环利用、抵销生产成本并促进更大的可持续性。但是，由于优新品种和先进技术的引进和推广需要消耗大量的人、财、物，只有少数的家庭农场能够引进和推广优新品种和先进技术。

大数据、云计算、传感器和物联网等现代信息技术的应用对家庭农场的社会带动能力具有显著的正向作用。这些技术在家庭农场生产环节的作用主要有三个方面：一是为家庭农场生产环节提供丰富的数据和信息，如品种选择、预期产量等；二是为家庭农场生产环节提升信息化管理的效能，如家庭农场劳动力通过相应数字化平台足不出户了解农作物的病情和生长情况等；三是为家庭农场生产环节提供方便快捷的服务，如专家通过相应数字化平台进行技术指导。

3.1.4　小结

本节通过多案例研究分析发现，家庭农场生产环节数字化转型的过程也是资源编排的过程（见图 3 - 2）。土地、资本、劳动力和技术等多类资源的组合和可用性即"资源禀赋"，决定了一个家庭农场资源的相对丰度和效率。资源禀赋的短期变化存在明显的资源替代，长期变化则可能影响技术变革。目前，越来越多的家庭农场通过智能化种植、专业化培育和信息化管理三个关键途径形成数字化能力，从而实现家庭农场生产环节的数字化转型，这可以有效应对气候变化所带来的严峻挑战，提高农业生产效率和质量以及减缓家庭农场生产环节的工作量，还可以助力乡村振兴战略的实施。

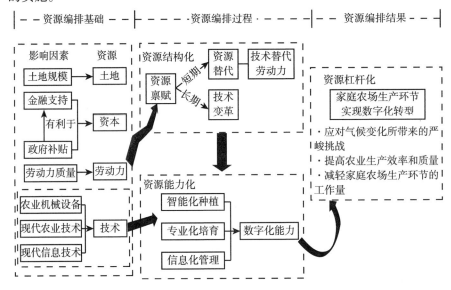

图 3 - 2　家庭农场生产环节数字化转型的解释框架

在家庭农场生产环节的数字化转型过程中，土地、资本、劳动力和技术等各类资源都有各自的影响因素。例如，土地资源通常受限于规模，资本资源主要受限于财政支持和政府补贴，劳动力资源通常受限于质量，技术资源主要受限于农业机械设备、现代农业技术和现代信息技术。考虑这些因素之间的平衡协同作用至关重要，任意一个因素的变化都会对家庭农场的整体运作产生重大影响。因此，如果一个家庭农场在某一资源上比较缺乏，可以增加另一个替代资源的投入，从而减少家庭农场生产环节数字化转型过程中所面临的阻力。

在数字化进步的时代背景下，农业生产环节的数字化转型赋能乡村振兴，技术资源变得尤为重要。随着"机器取代人力"和"电脑强化人脑"等趋势日益显著，家庭农场既可以从外部直接引入新的现代信息技术和其他差异化资源，形成自己的数字化能力，也可以将土地、资本和劳动力等资源与现代信息技术结合，从传统农业逐步转变为数字化实体。这使得现有资源和其他差异化资源得以持续整合、扬长避短，形成独特的数字化能力，为乡村振兴注入新的动力和活力。

3.2　仓储环节数字化转型

在乡村振兴战略的推动下，仓储环节作为农业供应链的关键组成部分，其数字化转型不仅提升了存储效率和食品安全，还直接关联到农民的经济收益和消费者的消费体验。通过演化博弈理论分析，本章展示了地方政府、农业种植大户及产地批发市场如何通过合作提高农产品数字化仓储的建设，强调了政府政策的支持和市场机制的优化对于激励相关投资的重要性，此从而达到提升整个农业供应链效率和响应速度的目标，助力乡村振兴。

3.2.1　理论基础

随着现代农业的不断发展，农产品的仓储冷链保鲜逐渐成为世界各国保障农产品质量、提高农产品附加价值的重要环节。加强建设农业仓储也是目前在全球农业一体化趋势加快的情况下，提升农业国际竞争力的有效手段。发达国家在农业仓储冷链建设方面，已有较为成熟的经验，而中国的农业仓储设施需求缺口巨大，农产品贮藏保鲜的需求满足比例不超过20%。据测算，中国生鲜农产品的产后损失率占整体耗损的 20%～25%。完善产地预冷保鲜在整个冷链运输链条中，成本较低并且效果较好（马祖军和王一然，2024）。并且随着以 5G 为代表的新基建新技术不断发展，现代化的农业供应链正朝着数字化和智慧化的方向发展，传统的农产品仓储技术已经无法完全满足农业仓储作业的整体效率以及社会经济效益。因此，发展以数字化产地仓储为重点的农产品供应链对降低农产品的产后耗损、促进农民增收、满足消费升级、提升人民的生活水平有着重大意义（Zhao et al.，2022）。

近些年来，中国政府十分重视农产品数字化仓储的建设（Zhang et al.，2019）。在"十三五"期间，中国开始关注"最先一公里"的问题。多次出台政策法规均涉及农产品"最先一公里"的产后预冷、保鲜、储藏等问题。2019 年，财政部、商务部联合发布相关通知，鼓励农户和市场进行合作，利用数字化手段共同解决农业农产品保鲜问题。在 2020 年的中央经济工作会议上，再次将农产品仓储冷链建设作为重点，2020 年中央一号文件《中共中央 国务院关于抓好"三农"领域重点工作确保如期实现全面小康的意见》表明国家需加强统筹规划，并注重标准制定以规范市场（李鸿冠，2020）。然而，即使在国家政策的推动之下，要改变中国的农产品产地仓储建设的现状绝非易事。一方面，由于政府给出直接的补贴，没有考虑到中国农户较为分散、知识水平较为落后的现状，自主开展数字化产地仓储存在困难。以"机会主义"为导向的农户，缺乏足够的内生动力进行保鲜建设，这将减弱政府政策的效用。另一方面，从市场端而言，政府忽视田间市场的作用。通过市场机制的调节，农户与产地批发市场自发进行的合作，对于产地预冷的建设有重要意义。

基于现实考虑，分散的农户以及小规模的收购商是没有足够的资金投入数字化仓储建设。而农业种植大户大部分立足于本地，已采取过与冷链相关的技术与服务。并在当地冷链建设中，具备一定的号召力，有利于形成产地规模经济，获得效益（连茜平，2021）。从市场端进行考虑，在中国，产地批发市场占农产品批发市场的70%（张有望，2016）。它作为农民和销地批发市场的中间环节，在提高农产品利用效率上发挥着至关重要的作用（Reardon，2015）。并且若是充分发挥产地批发市场与农业种植大户的协同作用，不仅有利于解决产地农产品标准化处理、冷藏等难题，也为当地农产品提供一个平台，解决产地农产品积压问题，吸引更多外地的冷链物流企业（张振，2014），为数字化仓储的建设提供市场推动力。但在这个过程中若缺乏政府的引导与调节，农业种植大户和产地批发市场作为经济市场中的非理性人，在合作中将会面临诸多的利益分配问题、责任分摊问题等，不利于数字化仓储的长期合作发展。因此，为更好地解决这个问题，需要政府、农业种植大户以及产地批发市场的共同参与。

3.2.2 模型构建

假设3.2.1：基于中国产地预冷现状以及数字化仓储建设现状，设置演化博弈模型中参与主体的行为和收益如下：农业种植大户［大型家庭农场、参与农业生产的规模企业］为参与人1，产地批发市场为参与人2，政府相关部门为参与人3。

参与人1的策略空间为 =（运用数字化仓储，不运用数字化仓储）

参与人2的策略空间为 =（与农户合作，不与农户合作）

参与人3的策略空间为 =（奖励政策，惩罚政策）

假设3.2.2：农业种植大户运用数字化仓储的概率为 x（$0 \leq x \leq 1$），不运用数字化仓储的概率为 $1 - x$；产地批发市场为与农户合作进行数字化仓储的概率 y（$0 \leq y \leq 1$），选择不与农户合作进行数字化仓储建设的概率为 $1 - y$；政府相关部门采取奖励性政策支持农业种植大户与产地批发市场合作进行数字化仓储建设的概率为 z（$0 \leq z \leq 1$），不支持农业种植大户预冷处理行为的概率为 $1 - z$。

假设3.2.3：农业种植大户和产地批发市场使用数字化仓储系统以及开展大规模冷藏设施建设，需要付出一定的成本。无论农业种植大户是否选择产地批发市场共建，只要进行数字化仓储建设，即可获得由农产品预冷保鲜水平提升带来的正面社会效益 E_f。u 是双方合作共建的投入程度。农业种植大户建设数字化仓储建设承担的成本为 uC_1，产地批发市场合作时的投入程度为 $(1-u)C_1$。农业种植大户由此产生的收益为 R_1，产地批发市场由此产生的收益为 R_3。当农业种植大户选择不进行数字化仓储的建设，此时农业种植大户取得的收益为 R_2。但此时因为没有进行数字化产地仓储，而造成的农产品流通中的损耗以及额外进行保鲜处理，种植大户需要额外支付的费为 D_n。并且由于农业种植大户未进行相关的保鲜操作，农产品的质量难以保证，产地批发市场需要进行再筛选与保鲜处理，对此产生的额外费用为 E_h。

假设 3.2.4：农业种植大户与产地批发市场不进行合作时，农业种植大户若选择数字化仓储的建设，此时承担的成本为 C_2。但此时若产地批发市场不考虑与农户进行合作，此时将减少一笔投入基础设施建设以及调动人力物力所产生的成本，完成与农业种植大户的原交易，产生一笔收益 R_4。但同时会增加一笔新的保鲜处理支出，并且要对农产品质量进行监管，产生相应的后续成本为 C_3。

假设 3.2.5：政府激励引导政策促进农业种植大户与产地批发市场的合作，此时产生的正面效益为 E_1，aC_j 是政府对农业种植大户和产地批发市场双方合作的奖励，a 为政府的激励强度。当农业种植大户与产地批发市场不进行合作时，政府会对农产品的质量加强监管，b 是政府的惩罚强度，此时的监管成本为 bH，由此获得的社会效益为 E_2。若产地批发市场为获得政府补助，上报虚假信息，谎称双方达成合作，此时政府的惩罚为 bE_g。

假设 3.2.6：w 是农业种植大户与产地批发市场在合作过程前就已确定的政府补贴分配系数。若双方合作共同展开数字化仓储的建设，农业种植大户分配到的政府补贴为 waC_j，产地批发市场分配到的政府补贴为 $(1-w)aC_j$。

根据以上假设，农业种植大户、产地批发市场、政府的三方博弈支付矩阵如表 3 - 3 所示。

表 3-3　　农业种植大户、产地批发市场和政府的三方混合策略博弈模型

项目		产地批发市场 （y）	政府（z）	
			奖励政策 z	惩罚政策 1-z
农业种植大户（x）	运用数字化仓储 x	与农户合作 y	$R_1 - uC_1 + E_f + waC_j,$ $R_3 - (1-u)C_1 + (1-w)aC_j,$ $-aC_j + E_1$	$R_1 - uC_1 + E_f,$ $R_3 - (1-u)C_1,$ $-bH + E_2$
		不与农户合作 1-y	$R_1 - C_2 + E_f,$ $R_4 - C_3,$ E_1	$R_1 - C_2 + E_f,$ $R_4 - C_3 - bE_g,$ $-bH + E_2 + bE_g$
	不运用数字化仓储 1-x	与农户合作 y	$R_2 - E_h - D_n,$ $-E_h,$ $E_1 - G$	$R_2 - E_h - D_n,$ $-E_h,$ $-bH + E_2 - G$
		不与农户合作 1-y	$R_2 - E_h - D_n,$ $R_4 - C_3 - E_h,$ $E_1 - G$	$R_2 - E_h - D_n,$ $-bE_g - E_h,$ $-bH + E_2 - G + bE_g$

3.2.3　模型稳定性分析

1. 每个参与主体的预期收益和复制动态方程

根据表 3-3 的收益矩阵，我们假设 E_{ij} 和 E_i 分别代表参与主体的期望收益和平均收益，$i=1$，2，3 分别代表农业种植大户、产地批发市场和政府，$j=1$，2 代表参与主体的两种不同决策。对于农业种植大户、产地批发市场和政府来说，不同选择的预期收益如下：

$$E_{11} = (R_1 - uC_1 + E_f + waC_j)yz + (R_1 - C_2 + E_f)(1-y)z + (R_1 - uC_1 + E_f)y(1-z) + (R_1 - C_2 + E_f)(1-y)(1-z)$$

$$E_{12} = (R_2 - E_h - D_n)yz + (R_2 - E_h - D_n)(1-y)z + (R_2 - E_h - D_n)y(1-z) + (R_2 - E_h - D_n)(1-y)(1-z)$$

$$E_{21} = [R_3 - (1-u)C_1 + (1-w)aC_j]xz + [R_3 - (1-u)C_1]x(1-z) + (-E_h)(1-x)z + (-E_h)(1-x)(1-z)$$

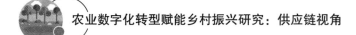

$$E_{22} = (R_4 - C_3)xz + (R_4 - C_3 - bE_g)x(1-z) + (R_4 - C_3 - E_h)(1-x)z + (-bE_g - E_h)(1-x)(1-z)$$

$$E_{31} = (-aC_j + E_1)yx + E_1(1-y)x + (E_1 - G)y(1-x) + (E_1 - G)(1-y)(1-x)$$

$$E_{32} = (-bH + E_2)yx + (-bH + E_2 + bE_g)(1-y)x + (-bH + E_2 - G)y(1-x) + (-bH + E_2 - G + bE_g)(1-y)(1-x)$$

据上面的公式，可以得到三个参与主体的平均期望收益如下：

$$E_1 = xE_{11} + (1-x)E_{12}$$

$$E_2 = yE_{21} + (1-y)E_{22}$$

$$E_3 = zE_{31} + (1-z)E_{32}$$

根据三个参与主体的期望收益，计算复制动态方程如下：

$$F(x) = -x(x-1)(D_n - C_2 + E_f + E_h + R_1 - R_2 + C_2 y - C_1 uy + C_j awyz)$$

$$F(y) = -y(y-1)(E_g b + C_3 x - C_1 x + C_3 z + R_3 x - R_4 x - R_4 z - E_g bz + C_1 ux - C_3 xz + R_4 xz + C_j axz - C_j awxz)$$

$$F(z) = -z(z-1)(E_1 - E_2 - E_g b + H_b - E_1 y + E_g by + E_1 xy - C_j axy)$$

2. 演化博弈的稳定性分析

（1）每个参与者的稳定性分析。

对于农业种植大户，产地批发市场和政府的稳定性分析策略如下：

首先对于农业种植大户而言，我们根据复制动态方程得出以下结论：

当 $\dfrac{(C_1 + R_m - D_n - E_p - F_k - R_e - S_1) \times z + D_n + C_1 + E_b - E_p - F_k + R_m}{C_1 - D_n + E_b - E_p - F_k + R_m} <$

$y < 1$ 时，则 $\left.\dfrac{d(F(x))}{dx}\right|_{x=1} > 0$，$\left.\dfrac{d(F(x))}{dx}\right|_{x=0} < 0$。在该种情况下，可得 $x = 0$，是农业种植大户的稳定点，表明农业种植大户从选择进行预冷处理到选择不进行预冷处理，并且在选择不进行预冷处理的时候趋于稳定。

当 $0 < y < \dfrac{(C_1 + R_m - D_n - E_p - F_k - R_e - S_1) \times z + D_n + C_1 + E_b - E_p - F_k + R_m}{C_1 - D_n + E_b - E_p - F_k + R_m}$

时，则 $\left.\dfrac{d(F(x))}{dx}\right|_{x=1} < 0$，$\left.\dfrac{d(F(x))}{dx}\right|_{x=0} > 0$。在该种情况下，可得 $x = 1$，是农业种植大户的稳定点，表明农业种植大户从选择从不进行预冷处理到选择进行预冷处理，并且在选择进行预冷处理的时候趋于稳定。

当
$$\frac{(C_1 + R_m - D_n - E_p - F_k - R_e - S_1) \times z + D_n + C_1 + E_b - E_p - F_k + R_m}{C_1 - D_n + E_b - E_p - F_k + R_m} = y$$

时，则 $F(x) \equiv 0$，该结果表明农业种植大户选择进行预冷处理的收益和选择不进行预冷处理的收益相同，所有 x 稳定演化。

接着对于产地批发市场而言，我们根据复制动态方程分析，得出以下几个结论：

当 $\dfrac{(R_1 - R_h) \times x - C_s + C_e}{R_t} < z < 1$ 时，则 $\dfrac{d(F(y))}{dy}\Big|_{y=1} > 0$，$\dfrac{d(F(y))}{dy}\Big|_{y=0} <$

0。在该种情况下，可得 $y = 0$，是产地批发市场的稳定点，表明产地批发市场从选择与农户合作进行预冷处理到不与农户合作进行预冷处理，同时对不与农户合作也进行预冷处理。

当 $0 < z < \dfrac{(R_1 - R_h) \times x - C_s + C_e}{R_t}$ 时，则 $\dfrac{d(F(y))}{dy}\Big|_{y=1} < 0$，$\dfrac{d(F(y))}{dy}\Big|_{y=0} >$

0。在该种情况下，可得 $y = 1$，是产地批发市场的稳定点，表明产地批发市场从选择不与农户合作进行预冷处理到与农户合作进行预冷处理，并且在与农户合作进行预冷处理的时候趋于稳定。

当 $\dfrac{(R_1 - R_h) \times x - C_s + C_e}{R_t} = z$ 时，则 $F(y) = 0$，该结果表明产地批发市场选择与农业种植大户合作进行预冷处理的收益和选择不与其合作进行预冷处理的收益相同，所有 y 稳定演化。

最后对于政府而言，我们根据复制动态方程分析，得出以下几个结论：

当 $\dfrac{E_b + E_c - F_k - C_j - (R_e + S_1) \times x}{R_t} < y < 1$ 时，则 $\dfrac{d(F(z))}{dz}\Big|_{z=1} > 0$，

$\dfrac{d(F(z))}{dz}\Big|_{z=0} < 0$。在该种情况下，可得 $z = 0$，是政府相关部门的稳定点，表明政府相关部门选择支持产地预冷到不支持产地预冷，并且在不支持产地预冷的时候趋于稳定。

当 $0 < y < \dfrac{E_b + E_c - F_k - C_j - (R_e + S_1) \times x}{R_t}$ 时，则 $\dfrac{d(F(z))}{dz}\Big|_{z=1} < 0$，

$\dfrac{d(F(z))}{dz}\Big|_{z=0} > 0$。在该种情况下，可得 $z = 1$，是政府相关部门的稳定点，表明政府相关部门选择支持产地预冷到不支持产地预冷，并且在不支持产

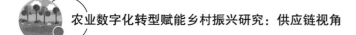

地预冷的时候趋于稳定。

当 $\dfrac{E_b + E_c - F_k - C_j - (R_e + S_1) \times x}{R_t} = y$ 时，则 $F(z) = 0$，该结果表明政府相关部门选择支持产地预冷处理的收益与选择不支持产地预冷处理的收益相同，所有 z 稳定演化。

（2）系统稳定性分析。

由上述分析可得 8 个局部稳定点（见表 3-4），（0，0，0），（0，1，0），（0，0，1），（0，1，1），（1，0，0），（1，1，0），（1，0，1），（1，1，1）。此时仍无法确定均衡点是否为渐进稳定，只有同时满足纳什均衡和纯策略纳什均衡时，才可确定复制动态方程的演化稳定点（ESS），为分析农业种植大户、产地批发市场和政府相关部门之间的演化和稳定的趋势，建立雅可比矩阵。分别对 $F(x)$，$F(y)$ 和 $F(z)$ 求 x，y 和 z 的一阶偏导，我们可以得到雅克比矩阵的特征值。

$$J = \begin{pmatrix} a_{11} & a_{12} & a_{13} \\ a_{21} & a_{22} & a_{23} \\ a_{31} & a_{32} & a_{33} \end{pmatrix} = \begin{pmatrix} \dfrac{\partial D(x)}{\partial x} & \dfrac{\partial D(x)}{\partial y} & \dfrac{\partial D(x)}{\partial z} \\ \dfrac{\partial D(y)}{\partial x} & \dfrac{\partial D(y)}{\partial y} & \dfrac{\partial D(y)}{\partial z} \\ \dfrac{\partial D(z)}{\partial x} & \dfrac{\partial D(z)}{\partial y} & \dfrac{\partial D(z)}{\partial z} \end{pmatrix}$$

$a_{11} = -(2x-1)(D_n - C_2 + E_f + E_h + R_1 - R_2 + C_2 y - C_1 uy + C_j awyz)$

$a_{12} = -x(x-1)(D_n - C_2 + E_f + E_h + R_1 - R_2 + C_2 y - C_1 u + C_j awz)$

$a_{13} = -x(x-1)(D_n - C_2 + E_f + E_h + R_1 - R_2 + C_2 y - C_1 uy + C_j awy)$

$a_{21} = -y(y-1)(E_g b + C_3 - C_1 + C_3 z + R_3 - R_4 - R_4 z - E_g bz + C_1 u - C_3 z + R_4 z + C_j az - C_j awz)$

$a_{22} = -(2y-1)(E_g b + C_3 x - C_1 x + C_3 z + R_3 x - R_4 x - R_4 z - E_g bz + C_1 ux - C_3 xz + R_4 xz + C_j axz - C_j awxz)$

$a_{23} = -y(y-1)(E_g b + C_3 x - C_1 x + C_3 + R_3 x - R_4 x - R_4 - E_g b + C_1 ux - C_3 x + R_4 x + C_j ax - C_j awx)$

$a_{31} = -z(z-1)(E_1 - E_2 - E_g b + H_b - E_1 y + E_g by + E_1 y - C_j ay)$

$a_{32} = -z(z-1)(E_1 - E_2 - E_g b + H_b - E_1 + E_g b + E_1 x - C_j ax)$

$a_{33} = -(2z-1)(E_1 - E_2 - E_g b + H_b - E_1 y + E_g by + E_1 xy - C_j axy)$

表 3 - 4 均衡点稳定性分析

均衡点	特征值 λ_1, λ_2, λ_3
(0, 0, 0)	$D_n - C_2 + E_f + E_h + R_1 - R_2$, $E_g b$, $E_1 - E_2 - E_g b + Hb$
(0, 1, 0)	$D_n + E_f + E_h + R_1 - R_2 - C_1 u$, $-E_g b$, $Hb - E_2$
(0, 0, 1)	$D_n - C_2 + E_f + E_h + R_1 - R_2$, $C_3 - R_4$, $E_2 - E_1 + E_g b - Hb$
(0, 1, 1)	$D_n + E_f + E_h + R_1 - R_2 - C_1 u + C_j a w$, $R_4 - C_3$, $E_2 - Hb$
(1, 0, 0)	$C_2 - D_n - E_f - E_h - R_1 + R_2$, $C_3 - C_1 + R_3 - R_4 + E_g b + C_1 u$, $E_1 - E_2 - E_g b + Hb$
(1, 1, 0)	$R_2 - E_f - E_h - R_1 - D_n + C_1 u$, $C_1 - C_3 - R_3 + R_4 - E_g b - C_1 u$, $E_1 - E_2 - C_j a + Hb$
(1, 0, 1)	$C_2 - D_n - E_f - E_h - R_1 + R_2$, $C_3 - C_1 + R_3 - R_4 + C_j a + C_1 u - C_j a w$, $E_2 - E_1 + E_g b - Hb$
(1, 1, 1)	$R_2 - E_f - E_h - R_1 - D_n + C_1 u - C_j a w$, $C_1 - C_3 - R_3 + R_4 - C_j a - C_1 u + C_j a w$, $E_2 - E_1 + C_j a - Hb$

若雅可比矩阵的特征值中有正实根，则特征值不稳定。若雅可比矩阵中的特征值中全为负实根则该点是渐进稳定的，若特征值为 0，则该点的稳定性无法判断，需要加以分类讨论。为使 (1, 1, 1) 点渐进稳定，必须使它的三个均衡点均小于 0。下面是具体分析：

以上八个点代表 8 种不同的情况。

情形 1：(0, 0, 0) 表示农业种植大户选择不运用数字化仓储，产地批发市场不选择与农业种植大户合作，政府采取惩罚政策。此时 $\lambda_2 = E_g b < 0$，若满足 $D_n - C_2 + E_f + E_h + R_1 - R_2 < 0$，$E_1 - E_2 - E_g b + Hb < 0$，则 (0, 0, 0) 是均衡点，若不满足，则 (0, 0, 0) 不是均衡点。

情形 2：(0, 1, 0) 表示农业种植大户选择不运用数字化仓储，产地批发市场选择与农业种植大户合作，政府采取惩罚政策。此时 $\lambda_2 = -E_g b < 0$，若满足 $D_n + E_f + E_h + R_1 - R_2 - C_1 u < 0$，$Hb - E_2 < 0$，则 (0, 1, 0) 是均衡点，若不满足则 (0, 1, 0) 不是均衡点。

情形 3：(0, 0, 1) 表示表明农业种植大户选择不运用数字化仓储，产地批发市场不选择与农业种植大户合作，政府选择采取奖励政策。此时 $\lambda_2 < C_3 - R_4$，若满足 $D_n - C_2 + E_f + E_h + R_1 - R_2 < 0$，$E_2 - E_1 + E_g b - Hb < 0$，则 (0, 0, 1) 是均衡点，若不满足则 (0, 0, 1) 不是均衡点。

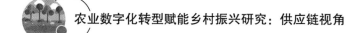

情形4：（0，1，1）表示农业种植大户选择不运用数字化仓储，产地批发市场选择与农业种植大户合作，政府选择采取奖励政策。此时 $\lambda_2 < R_4 - C_3$，若满足 $D_n + E_f + E_h + R_1 - R_2 - C_1 u + C_j aw < 0$，$E_2 - Hb < 0$，则（0，1，1）是均衡点，若不满足则（0，1，1）不是均衡点。

情形5：（1，0，0）表示农业种植大户选择运用数字化仓储，产地批发市场选择不与农业种植大户合作，政府采取惩罚政策。此时 $\lambda_3 < E_1 - E_2 - E_g b + Hb$，若满足 $C_2 - D_n - E_f - E_h - R_1 + R_2 < 0$，$E_1 - E_2 - E_g b + Hb < 0$，则（1，0，0）是均衡点，若不满足则（1，0，0）不是均衡点。

情形6：（1，1，0）表示农业种植大户选择运用数字化仓储，产地批发市场选择与农业种植大户合作，政府采取惩罚政策。此时 $\lambda_3 < E_1 - E_2 - C_j a + Hb$，若满足 $R_2 - E_f - E_h - R_1 - D_n + C_1 u < 0$，$E_1 - E_2 - C_j a + Hb < 0$，则（1，1，0）是均衡点，若不满足则（1，1，0）不是均衡点。

情形7：（1，0，1）表示农业种植大户运用数字化仓储，产地批发市场选择不与农业种植大户合作，政府采取奖励政策。$\lambda_3 < E_2 - E_1 + E_g b - Hb$，若满足 $C_2 - D_n - E_f - E_h - R_1 + R_2 < 0$，$C_3 - C_1 + R_3 - R_4 + C_j a + C_1 u - C_j aw < 0$，则（1，0，1）是均衡点，若不满足则（1，0，1）不是均衡点。

情形8：（1，1，1）表示农业种植大户选择运用数字化仓储，产地批发市场选择与农业种植大户合作，政府选择采取奖励政策。

情形1：（1，1，1）是稳定演化点，根据表3-4建立不等式组，可得

① $R_2 - D_n - E_h < R_1 + E_f + C_j aw - C_1 u$。

② $R_4 - C_3 < R_3 + (1 - w)C_j a + (1 - u)C_1$。

③ $E_2 - H_b < E_1 - C_j a$。

通过上述几个不等式可得，在政府选择采取支持性的政策之下，农业种植大户以及产地批发市场会得到产地预冷建设的相关补贴以及会得到相应的激励，政府也会因为公共形象的提升而得到正面收益，因此政府选择支持这个决策。并且若是农业种植大户以及产地批发市场不选择进行智能数字仓储的建设，他们会因为农产品在运输过程中的损耗，产生成本，造成损失。并且政府会对不符合预冷标准的农产品进行惩罚，也会给二者带来损失。因此作为理性人的农业种植大户和产地批发市场选择共同采用智能仓储的决策。

3.2.4　仿真分析

1. 初始变量与赋值依据

本部分将讨论关键参数对在演进过程中，对不同主体的影响。关键参数包括产地预冷处理正面效益、产地批发市场与农户合作进行预冷处理成本、政府对农业种植大户的补贴与激励。在讨论特定参数的影响，将保持其他参数不变。

根据目前中国农产品冷链建设的实际情况与农产品产地预冷状况，结合相关的国家政策以及行业政策，选择以及计算几个重要参数。初始数据根据类推设置，再结合实际数据按比例调整。为提高文章数据的普遍性，演化博弈分析的典型参数如下。

本章在仿真模拟过程中所选取的数值主要参考各省份的《中国统计年鉴》、地方省份以及农产品行业公布的相关标准，如《中华人民共和国供销合作关于生鲜农产品预冷、温控等行业标准》《关于冷链物流发展的若干实施方案》，以及由中国物流与采购联合会冷链物流专业委员会发布的《农产品产地冷链研究报告》。并且通过实地走访25家农业种植大户（大型家庭农场、参与农业生产的规模企业等），通过向管理人员询问建设产地预冷系统的成本为150万元，其中部分由政府承担。由数据调查显示，种植产地一年的物流营业额达4000万元，10%~30%出自产地预冷环节。种植产地预冷通过冷库预冷、自然降温预冷、真空预冷、压差预冷、水冷预冷等方式，在3千克的农作物里物流成本为55元，包装成本为20元、人工成本为10元，而一个大型农业种植基地预计产量为2.6万吨。政府对不超过建设设施总造价的30%进行补贴，脱贫县不高于40%，单个主体补贴规模最高不超过100万元，具体补贴标准视各地具体情况而定，原则上第一年安排补助资金2000万元。

为了科学地评估产地预冷建设带来的正面效益以及其产生的社会效益，减少主观因素的影响，邀请12位供应链、农业、冷链以及经济学领域的专家，并将专家随机分成4个小组，对相关参数进行评估。具体的操作流程分成以下几个步骤。

第1步：根据现实依据讨论参数设置的合理性，用关键参数对模型进行解释；

第 2 步：对参数进行匿名估值，并优化参数以及参数数值；

第 3 步：在组内进行第一次评估；

第 4 步：将结果交给其他小组，要求专家对这些数值进行判断以及评价；

第 5 步：讨论参数值的科学性，对参数进行总结并不断优化；

第 6 步：计算最终参数的平均值。

综上所述，本章对数据进行简化，具体如表 3 - 5 所示。

表 3 - 5　　　　　　　初始变量赋值依据　　　　　　单位：万元

参与者	参数	变量	价值
农业种植大户	建设数字化仓储所用总成本	C_1（相关文献）	350
	使用数字仓储由此产生的收益	R_1（调研采访）	165
	不与产地批发市场合作独自使用数字仓储成本	C_2（相关文献）	200
	使用数字仓储获得的正面效益	E_f（调研采访）	70
	不采取数字化仓储由此带来的损失	D_n（调研采访）	80
	不采取数字化仓储获得的收益	R_2（调研采访）	140
	双方合作共建农业种植大户的投入程度	u（专家估值）	0.4
	农业种植大户采取的政府补贴分配系数	w（专家估值）	0.6
产地批发市场	与农户合作进行数字化仓储建设的收益	R_3（相关文献）	160
	不与农户合作进行数字化仓储建设产生的成本	C_3（调研采访）	220
	不与农户合作进行数字化仓储建设的收益	R_4（调研采访）	80
	农业种植大户不使用数字化仓储获得负面效益	E_h（专家估值）	60
	双方合作共建产地批发市场的投入程度	$1-u$（专家估值）	0.6
	产地批发市场采取的政府补贴分配系数	$1-w$（专家估值）	0.4
政府	对双方合作运用数字化仓储的奖励	C_j（政府文件）	280
	政府实施激励引导政策取得的社会效益	E_1（政府文件）	180
	对产地批发市场提供劣质农产品罚款	E_g（政府文件）	30
	政府实施惩罚政策取得的社会效益	E_2（政府文件）	55
	农产品保鲜效果未到位政府的损失	G（政府文件）	60
	进行严格监管的成本	H（专家估值）	50
	政府的激励强度	a（专家估值）	0.5
	政府的惩罚强度	b（专家估值）	0.5

根据对农业种植大户、产地批发市场、政府的调研，对 ESS（1，1，1）进行仿真模拟。图 3 - 3 模拟了三方不同初始意图变化对最终稳定演化结果的影响。改变各方主体的初始值，可以得出在不同强度的初始值下，农业种植大户选择进行产地预冷，产地批发市场选择与农户合作，并且政府选择支持预冷建设的概率都为趋近 1，最后都将稳定于（1，1，1）。同时由图 3 - 3 可得，当农业种植大户进行产地预冷建设的意愿越强，收敛的速度越快。并且农业种植大户进行产地预冷的意愿趋同速度明显大于产地批发市场与政府的趋同速度。

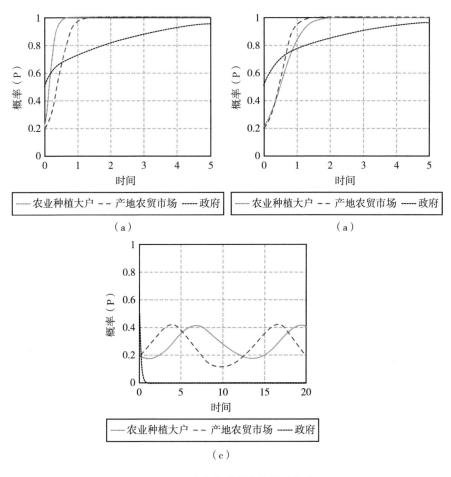

图 3 - 3　政府激励强度的影响仿真

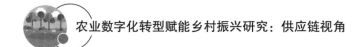

2. 关键变量对博弈结果的模拟

（1）政府激励强度的影响。

通过实地走访调研、结合各地的农业预冷发展的相关报告以及政府出示的相关公报。并且把各个参数的赋值等比例缩放，由此将农业种植大户通过产地预冷建设获得的正面效益 E_p 的初始值设置为 10。为讨论研究农业种植大户进行预冷处理获得正面效益对博弈结果的影响，根据相关文献以及调研，增设正面效益 $E_p = 3$，$E_p = 9$，$E_p = 15$。仿真结果如图 3 – 3 所示。

由图 3 – 3 可以明显得出，随着农业种植大户获得的正面效益增加，农业种植大户选择合作的收敛性明显增强。但是政府的博弈轨迹却更为缓慢地收敛于 1。正面效益的增减对于产地批发市场的博弈轨迹影响较小。这是因为在农业种植大户正面效益增加的情况下，种植大户是最为直接的利益受益者。获得的正面效益越大，对于消除农户进行预冷处成本的影响有着更加显著的作用。并且这有利于改善种植大户支出成本与收入报酬不匹配的现状，增强其进行预冷处理的意愿。该参数的调整对产地批发市场的影响程度不大，产地批发市场与种植大户的是否合作的决定性因素不是农业种植大户所获得的正面收益。但是在此情况下，产地批发市场仍然要选择与农业种植大户进行预冷处理的合作才能做到效益最大化。而政府趋于 1 的概率更为缓慢，是因为政府需要通过相关的补贴政策、奖励政策等支持农户进行产地预冷，以增强农业种植大户所获得正面效益。如在打造农业种植大户预冷果蔬良好品牌的同时，政府需要支付一定的成本使公众了解预冷品牌，并且要对预冷的过程进行监管，其付出的监管成本与之增加。但是在农户获得正面效益的同时，政府也会获得一定的正面效益。所以政府仍然会选择支持农业种植大户进行产地遇冷，曲线最后趋近于 1。

（2）政府惩罚强度的影响。

通过实地走访调研、结合各地的农业预冷发展的相关报告以及政府出示的相关公报。并且把各个参数的赋值等比例缩放，由此将产地批发市场与农户合作进行预冷处理成本的初始值设置为 10。为讨论研究产地批发市场与农户合作进行预冷处理成本对博弈结果的影响，根据相关文献以及调研，增设预冷处理成本 $C_e = 3$，$C_e = 9$，$C_e = 15$ 仿真结果如图 3 – 4 所示。

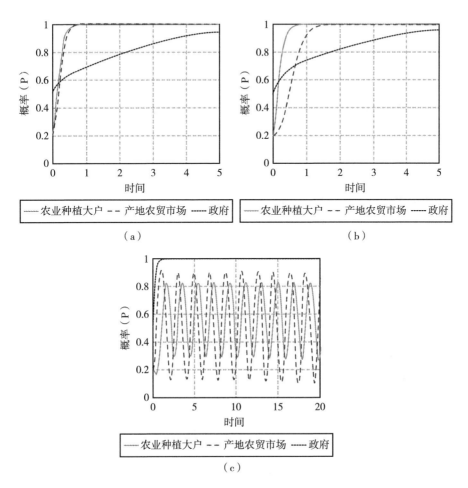

图 3 - 4　政府惩罚强度的影响仿真

由图 3 - 4 表示，随着产地农贸市场承担与农业种植大户合作的成本增多，农业种植大户以及政府的博弈轨迹以更快的速度趋向于 1。这表明，在一定范围内由产地农贸市场承担与农户一起建设产地预冷的费用越多，农业种植大户进行产地预冷系统建立的意愿越强。并且由政府财政进行的补助可适当减少，减轻政府的财政压力。并且在此图中，政府对于产地农贸市场合作成本变化比农业种植大户更加敏感。说明在产地预冷建设过程中，政府的支持与否起到重要作用。农业种植大户与产地农贸市场的合作中由于建设冷链所需要付出的巨大成本，没有政府主体的参与，是难以实现的。种植大户与产地农贸市场达成的合作有利于增强冷链产品的链式增益能力，降低了前端农产品流通的损耗率以及腐损率。但是伴随成本增加，产地农贸市场支出的费用大于其与农产品种植大户合作的成本。即使产地农贸市场的冷链储运对农业种植大户意义重要，但是为了自身的利益，农贸市场会选择不与农业种植大户合作，博弈趋势会趋近于0。

（3）双方合作共建投入程度的影响。

通过中国政府的公示、相关的补贴政策以及实地调研的情况，设置政府激励的初始强度 a 为 0.5，为讨论政府激励强度对三方博弈结果的影响，增加政府激励的强度为 $a = 0.2$，$a = 0.4$，$a = 0.8$，表明 20%、40%、80% 用于政府支持产地预冷的财政支出。仿真结果如图 3-5 所示。

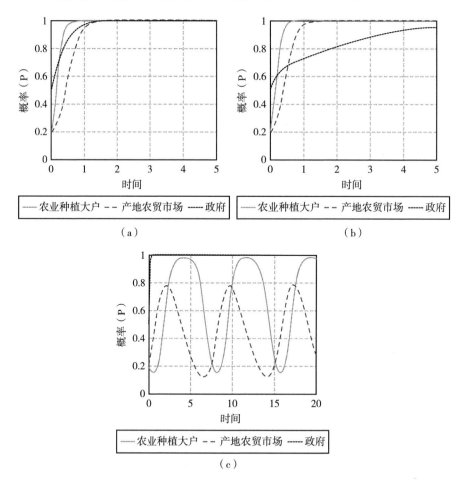

图 3-5 双方合作共建投入程度仿真

从图 3 – 5 中可得，随着政府支持产地预冷力度的加大，政府补贴的增加，三方博弈曲线的趋势发生改变。在政府补贴强度 $a = 0.2$ 时，激励性政策对农业种植大户和产地农贸市场的激励性作用不大。在政府激励政策的作用之下，农业种植大户选择进行产地预冷，产地农贸市场选择与农业种植大户合作，做出符合自身利益的相关选择。当政府的激励强度增强，政府投入占财政政策40%的资金，农业种植大户进行产地预冷的意愿以及产地批发市场与其合作的意愿逐渐增强。但是随着政府补贴、激励性政策的力度加大，政府支出的成本增加。当支出的激励性财政超过一定程度后，随着时间的推移，农业种植大户以及产地批发市场的敏感性不再有明显的增加，政府支持产地预冷的财政性支出的边际效用下降。当政府的激励效用小于政府支持预冷的成本时，政府会选择不支持进行产地预冷建设来减轻自身的财政支出负担。

3.2.5 小结

1. 分析

农业种植大户、产地批发市场和政府是促进农产品"最先一公里"预冷建设的重要主体。通过构建农业种植大户、产地批发市场和政府三方博弈演化模型，对解决中国农产品冷链前端建设问题的决策进行初步研究。结果表明，产地预冷处理的正面效益、产地批发市场与农户合作进行预冷处理成本、政府激励作用这三个关键参数会对各个主题选择是否进行产地预冷建设的决策产生影响。传统的冷链物流建设通过调整供应商和物流服务商的关系，已经可以基本实现减轻农产品在运输过程中的损耗。但是农产品在"最先一公里"的产地损耗问题还是无法有效处理。作为冷链前端最重要的主体，农业种植大户的意愿对是否进行预冷处理至关重要。农业种植大户产地预冷处理的正面效益大于进行预冷建设的损失时，即上面论述中显示 E_p 值在增大时，农产品种植大户的意愿更加强烈。在农产品冷链建设时，离不开讨论冷链节点主题的协同合作问题。积极展开建设农产品冷链物流重要节点的大规模冷藏设施建设，特别要强调仓储保鲜冷链系统之间的协作与配合。合作中产生的成本问题，则是影响合作是否成功的关键所在。这个过程离不开政府的有效引导与监管，政府通过采取补贴等激励政策与改变激励强度，来影响产地批发市场与农业种植大户是否合作以及农业种植是否主动进行建设。当政府投入 40% 财政收入用于支持产地预冷建设，此时产地批发市场愿意承担更高的产地预冷建设成本 C_e，此时农业种植大户建设所获得正面效益 E_p 增加。政府作为产地冷链建设的外部主题，其激励性政策如财政补贴、奖励政策、土地优惠等在一定程度上增加其他两个直接主体的建设意愿。农业种植大户和产地批发市场之间也应建立内部合作机制，来共同处理农产品冷链变化。

2. 结论

基于演化博弈理论，本章构建农业种植大户、产地批发市场和政府的三方博弈演化模型。本章模拟政府不同强度的激励政策、农业种植大户产地预冷处理的正面效益、产地批发市场与农户合作进行预冷处理成本三个关键参数，探索关键参数的变化对三方决策的影响。得到的结果如下：

当 $R_m - D_n - bC_1 < E_p + aS_1 - C_1$ 时，农业种植大户进行产地预冷建设的综合收益大于未进行产地预冷综合收益。此时政府提供相关补贴，并且适当增加激励强度可以增强农业种植大户进行预冷建设的意愿。同时，产地批发市场对于与农业种植大户合作的意愿增强。在政府的引导和监管之下，农业种植大户和产地批发市场建设产地预冷系统的利益得到一定程度的平衡。

首先，我们需要优化农产品并完善产地预冷仓储基础设施建设。农产品冷链物流包括产地预冷、运输仓储等多个环节，为推进农产品冷链建设形成统一的物流网络体系，尤其需要重视冷链建设较为薄弱的产地预冷环节。在产地预冷方面，政府与一些农业合作机构加大对预冷仓储等基础设施的投入，统筹协调农业种植大户、产地批发市场等进行预冷基础设施建设，配合国家大型冷链基地形成规模化冷藏设施建设。同时，政府应加强落实农业贷款、财政补贴政策以及土地优惠政策。通过提供低利率农业贷款的方式，鼓励农业大户进行预冷系统的建设。可对农业种植大户提供自行进行预冷设施购置、配送、安装调试相关方面的财政补贴。政府对预冷系统建立所需的土地实行土地优惠政策，帮助农业种植大户建立大型公共冷库。并且鼓励其购买先进优质的冷链基础设施，满足农业种植大户在农产品制冷及温度控制的基本要求，为农产品在冷链流通的下一个环节提供质量保障。政府可设置专项资金资助产地预冷建设，设定量化指标，对采取产地预冷系统处理农产品达到一定数量标准的农业种植大户，采取分级奖励。

其次，需要完善农产品产地市场，建设鼓励多主体参与。政府市场管理部门，鼓励组织引导产地批发市场经营户、大型流通企业与农业种植大户、规模化种植企业、普通农户等精准对接，帮助实现产地——市场之间稳定的交易关系，使产地种植主体和产地交易主体都参与到产地交易市场中。政府同时应完善产地市场的基本交易准则。积极推动产地批发市场与农业种植大户展开产地预冷合作，促成两者之间缔结弹性契约，形成良好的互助关系。农产品种植大户生产的农产品一旦确定成熟时间，农产品批发市场经营户可第一时间进入田间，按照产地预冷标准进行农产品采摘，开展产品代为预冷或者收购后直接预冷的服务。及时展开分拣、产地冷库储存、物流冷链运输等措施，开辟冷鲜农产品的运输快速通道，形成农产品从产地到产地市场的冷链通路。产地批发市场与农业种植大户不仅在产地预冷服务方面达成供给与需求的基本关系，在产地预冷设施基本建设方面，产地批发市场可与农业种植大户共建预冷产地市场冷库，进行公共贮存。并增加冷藏车辆数量，形成区域性低温冷链处理系统，加强瓜果蔬菜、禽类肉类重点农产品冷链集散中心建设。

最后，仍需加强政府监管机制，统一产地预冷标准。政府应提高对冷链食品安全质量的重视程度，制定、更新有关产地预冷的相关法律，完善控温系统、公共冷库的建设统一标准。明确农产品从田间到冷库再到产地市场的实施标准，并且加强监管，确保执行的力度以及效果。由政府主导建立公共冷链信息追溯平台，采用 GPS、区块链等信息追溯系统监管产地预冷以及冷链物流的前端环节，助力政府形成有效的动态监管，提升政府的监管效率。政府对预冷相关农产品质量监管活动纳入部门考核，实行政府间的问责制度以及绩效考核制度。同时，政府需监管农业种植大户和产地批发市场间的预冷服务定价。对双方签订的冷链价格以及提供服务的标准加以监管与调整。政府可进行监管方式创新，扩展监管辐射面。以政府为监管信息转化中枢，引入行业协会和消费者披露机制。通过行业内的规章制度，对产地预冷行为加之约束，进行部分内部监管。政府实施消费者举报制度，广泛倾听收集消费者意见，形成全民监督体系，提高低质量农产品预冷企业的信誉损失成本。

3.3 消费环节数字化转型

农业供应链包括从原材料生产到最终消费者手中的一系列环节，每个环节都对整个食品的质量和安全性起着至关重要的作用，随着电商的发展，特别是直播带货这一新兴电商模式的兴起，供应链环节得到了显著简化，农产品可以从生产者直接运送到消费者手中。这种模式近年来越来越受到消费者的喜欢，因为它不仅减少了中间环节，降低了成本，还增加了购买过程的透明度和互动性，从而提高了消费者的购买体验和满意度。本章以直播带货为例，探讨了如何有效缓解农产品滞销问题，特别是在中国乡村振兴的大背景下，通过建立家庭农场、网红公司和政府之间的三方演化博弈模型，分析了直播带货在农产品销售中的各种行为策略。

3.3.1 理论基础

近年来，随着科技的不断发展，机械化在生产中变得越来越普遍，生产成本随之降低的同时产品质量也不断提高。而农产品却因其生产成本高、销售渠道少、保存期短等各种原因出现滞销。农产品的销售是农业发展的重要环节，农产品滞销是影响农民增收的主要原因，也是农业发展的关键制约因素（Yi，2016）。主要生产者盲目跟风种植、惜售等因素，还有商贩上门收购少等销售因素、自然灾害、技术等因素的影响导致农产品滞销，所以促进农产品畅销从销售端出发很重要。此外，互联网技术不断进步，使人们足不出户就可以购买心仪产品。截至 2021 年 12 月，中国网络购物用户规模达 8.42 亿，较 2020 年 12 月增长 5968 万，占网民整体的 81.6%，网红经济应运而生。① 随着油管（YouTube）等在线视频内容的日

---

① 2021 年我国网络购物用户规模 8.42 亿 占网民整体 81.6% ［EB/OL］. 中商产业研究院. 2022 – 03 – 17. https：//www. askci. com/news/chanye/20220317/1635411746234. shtml.

益普及，网红公司已经出现。网红公司即 MCN 机构，是指签约有各种类型的内容创作者的公司，他们支持制作、推广、版权管理、货币化，并分享部分收入（Choi and Kim，2020）。目前，众多品牌与各类网红公司达成合作，目的是通过其直播推广鼓励消费者购买，使产品畅销。早在 2013 年，农民直播就已经在中国形成，但受技术、影响力等因素的限制下效果并不理想。

中国政府对农产品滞销问题十分重视。2007 年 12 月，中华人民共和国商务部举办"农产品网上购销对接会"，为部分农民解决了农产品"卖难"，提高了农产品流通效率，增加了农民收入。2011 年 10 月，商务部对滞销农产品高度重视，迅速启动"滞销救助机制"，实现网上对接、农超对接和农批对接。2016 年 10 月，国务院发布《关于进一步搞活农产品流通的通知》，提出进一步完善农产品放管结合的购销政策，促进农产品流通。2020 年 2 月，商务部办公厅发布了《关于进一步做好疫情防控期间农产品产销对接工作的通知》，提出应切实保障农产品正常销售，畅通农产品"出村进城"渠道。2022 年 2 月，中共中央、国务院发布了一号文件《中共中央 国务院关于做好 2022 年全面推进乡村振兴重点工作的意见》，指出实施"数商兴农"工程，促进农副产品直播带货规范健康发展。虽然，政府对于打通农产品销售端的堵点颁布了各种政策，但是农产品可替代性强（Wang et al.，2022a）、农产品市场信息渠道狭窄（Lashgarara et al.，2011）、运输途中质量问题（Sun and Shu，2023）等各种原因使得许多农产品仍处于滞销状态。

目前，农产品滞销问题越来越凸显，但是相关研究较少。现有研究主要集中在以下三个方面。第一，从最终的消费者出发，研究消费者对农产品的态度及影响。消费者是否购买该农产品首先会根据自己现有了解，比如是否为知名品牌，品牌认知度与消费者购买意愿呈正相关。其次，在缺少了解的情况下，消费者倾向选择具有鲜活特征的农产品（Guo et al.，2022），例如，他们会选择色佳、味甜等特征的产品。此外，服务质量、网站质量等对消费者满意度有显著影响。第二，通过研究农产品滞销的众多案例，以农业生产资料的供应商为始点的供应链一方角度出发研究问题。布提亚和木拉（Bhutia and Mula，2022）指出农户应发挥主动性，积极应对，借鉴网上预售、网络团购、微博营销等网络营销策略在农产品销售中的运用，以期减少农产品滞销发生造成的损失。王和刘（Wang and Liu，2023）从中间商购销行为的视角，提出解决农产品"卖难买贵"难题，应搭建农产品市场信息平台，强化产销对接功能，促进农产品批发主体的规范化发展。李和胡（Li and Hu，2017）等从运输端出发，指出农产品运输始终是当前的问题，解决或改善当前的物流环境，可以增加农民的收入。第三，在农业数据共享开放不足、信息孤岛、数据壁垒（Peng et al.，2018）、数据碎片（Ravi and Hong，2014）和信息不对称等问题大量存在的情况下，利用好大数据等显得尤为重要。有学者提出应合理利用大数据做好市场预测工作，引导农业生产者理性选择种植方向。此外，可以实施数字智能技术以显著提高劳动生产率和作物产量，并降低能源和材料成本（Zhu and Li，2018）。最后，可以通过农产品及其电子商务和精准挖掘算法，构建了消费者偏好模型的特征信息，从供需角度缓解农产品滞销问题。

近年来，中国农业迅速发展，农产品数量持续增长，但农产品滞销始终是政府关注的热点问题之一。因此，建立一个家庭农场、网红公司、政府三方合作的模型对解决农产品滞销问题非常重要。图3-6展示了农产品的三个利益相关主体逻辑关系情况。

图 3 - 6　三方主体逻辑关系

家庭农场：家庭农场是现代农业的主要经营方式，在中国农业农村现代化进程中具有巨大的发展空间，2019 年 8 月，经国务院同意，中央农办、农业农村部等 11 部门和单位联合印发《关于实施家庭农场培育计划的指导意见》，指出对家庭农场应高度重视、加快培育。在政策的激励下，家庭农场选择生产各类农产品，以实现增加收入的目标。家庭农场不断生产农产品，但是，受到农产品价高、品牌竞争力弱、农产品滞销监测困难、社会组织主动性弱和农村数字鸿沟等各种原因的影响，农产品并不畅销。考虑到贮存时间长农产品质量下降（Ranjan，2017），开始新一轮种植需要资金等因素，家庭农场不得不降价销售以减少损失，缓解经济上的困难。家庭农场将为农产品滞销严峻形势付出沉重的代价。

网红公司：在互联网持续的技术赋权作用下，中国的网红从大众网红逐渐迭代为圈层网红，圈层内外明显的知识与审美隔阂极大增强了圈层网红与粉丝之间的黏性，同时也造成了圈层内外的明显区隔，基于此，中国网红经济也从早期聚焦注意力营销的"流量"模式，逐渐向以产品销售为最终诉求的"带货"模式演化，形成了以圈层为基础的"新网红经济"（Zhu and Li，2018）。网红公司与品牌方合作，通过旗下网红直播带货特定产品获得收益。滞销的农产品属于薄利多销的产品，本身利润较低，网红公司出于利益考虑，会放弃农产品选择其他高利润产品进行直播带货。

政府：政府是促进农产品畅销的引导者。党的二十大报告指出全面推进乡村振兴：全面建设社会主义现代化国家，最艰巨最繁重的任务仍然在农村；坚持农业农村优先发展，坚持城乡融合发展，畅通城乡要素流动；加快建设农业强国，扎实推动乡村产业、人才、文化、生态、组织振兴。在农产品滞销影响农民收入问题的情况下，政府积极采取措施，一方面，呼吁政府工作人员等购买相关农产品，通过"以买代帮"的方式缓解家庭农场的滞销压力，帮助其渡过难关；另一方面，积极帮家庭农场寻找市场，找到销路，解决农产品滞销问题。近年来，政府对农村的相关措施已经从消费扶贫到消费帮扶。虽然政府已经采取了各种措施帮助农产品销售，但是农产品滞销仍然存在。

3.3.2　模型假设及构建

演化博弈模型中参与者的行动和收益假设如下：

假设3.3.1：家庭农场为参与人1，网红公司为参与人2，政府为参与人3。三方主体均为有限理性，并具有持续学习的能力。

假设3.3.2：家庭农场的策略空间 $\alpha = (\alpha_1, \alpha_2) = $（采用数字化销售，不采用数字化销售），并以 x 的概率选择 α_1，以 $(1-x)$ 的概率选择 α_1，$x \in [0,1]$；网红公司的策略空间为 $\beta = (\beta_1, \beta_2) = $（宣传带货，不宣传带货），并以 y 的概率选择 β_1，以 $(1-y)$ 的概率选择 β_2，$y \in [0,1]$；政府的策略空间 $\gamma = (\gamma_1, \gamma_2) = $（严格监管，宽松监管），并以 z 的概率选择 γ_1，以 $(1-z)$ 的概率选择 γ_2，$z \in [0,1]$。

假设3.3.3：家庭农场生产农产品的固定成本为 C_0，家庭农场自产自销时农产品的价格为 P_a，在此价格下的销售量为 Q_a，意向数字化销售的成本为 H，与网红公司达成合作后，给予其农产品的优惠价格为 P_b（$P_a > P_b$），家庭农场用于支付网红公司的基本酬金为 R_e，提成为销售额的 θ_1（$0 < \theta_1 < 1$）。

假设3.3.4：网红公司经营的固定成本为 C_1，意向销售农产品的各种成本为 C_2，用于支付负责网红的底薪为 R_f，提成为销售额的 θ_2（$0 < \theta_2 < \theta_1 < 1$）。在家庭农场所给的价格下的销售量为 $\mu + \sigma P_b$（μ 表示现有推广努力程度、平台知名度下的基本销售量，σ 表示销售量对优惠价格的敏感程度）。当网红公司拒绝带货农产品时，其资源会转移至带货其他产品，设从中获得的收益为 E_m。无论选择哪种策略，都需向政府缴纳所得税 T_1。

假设3.3.5：当政府选择宽松监管时，仅为意向数字化销售的家庭农场及意向宣传带货的网红公司提供简单的行政支持 G；当政府选择严格监管时，会为意向数字化销售家庭农场提供额外的优惠政策和补贴，将其统一视为 W，补贴系数为 δ，则政府提供的额外援助为 δW，同理，对于意向宣传带货的网红公司，政府会给予额外援助 εY。

假设3.3.6：当家庭农场选择数字化销售、网红公司选择销售农产品时，有利于将农产品宣传至各地，促进农产品的销售，从而利于农业经济的发展，为政府带来社会收益 E_n。当家庭农场选择数字化销售而网红公司拒绝销售农产品时，可能会造成农产品滞销、农民收入微薄等问题，为促进农业健康稳定发展，政府需要花费一定的资金助力家庭农场，设成本为 C_3。当政府严格监管时会收到来自上级政府的补贴，记为 E_c。

基于上述假设，家庭农场、网红公司、政府三个主体之间的混合策略博弈矩阵如表 3 − 6 所示，具体变量符号和含义如下。为简化表格，设 $A = (1 - \theta_1)(\mu + \sigma P_b)P_b$，$B = (1 - T_1)(\theta_1 - \theta_2)(\mu + \sigma P_b)P_b$，$C = (\theta_1 - \theta_2)(\mu + \sigma P_b)P_bT$。

表 3 − 6   三方混合策略博弈模型

网红公司			政府	
			严格监管 z	宽松监管（$1-z$）
家庭农场	采用数字化销售 x	宣传带货 y	$P_aQ_a + A - C_0 - H - R_e + G + \delta W$, $R_e + B - C_1 - C_2 - R_f + G + \varepsilon Y$, $E_n + E_c - 2G - \delta W + C_1 - \varepsilon Y$	$P_aQ_a + A - C_0 - H - R_e + G, R_e + B$ $- C_1 - C_2 - R_f + G, E_n - 2G + C$
		不宣传带货（$1-y$）	$P_aQ_a - C_0 - H + G + \delta W + C_3$, $(1 - T_1)E_m - C_1 - R_f$, $T_1E_m + E_c - G - \delta W - C_3$	$P_aQ_a - C_0 - H + G + C_3$, $(1 - T_1)E_m - C_1 - R_f, T_1E_m - G - C_3$
	不采用数字化销售（$1-x$）	宣传带货 y	$P_aQ_a - C_0, \varepsilon Y - C_1 - C_2 - R_f + G$, $E_c - G - \varepsilon Y$	$P_aQ_a - C_0, - C_1 - C_2 - R_f + G, - G$
		不宣传带货（$1-y$）	$P_aQ_a - C_0, (1 - T_1)E_m - C_1 - R_f$, $T_1E_m + E_c$	$P_aQ_a - C_0, (1 - T_1)E_m$ $- C_1 - R_f, T_1E_m$

3.3.3 演化模型分析

1. 每个参与主体的预期收益和复制动态方程

根据表 3 − 6 的收益矩阵，我们假设 E_{ij} 和 $\overline{E_i}$ 分别代表参与主体的期望收益和平均收益，$i = 1$，2，3 分别代表家庭农场、网红公司和政府，$j = 1$，2 代表参与主体的两种不同决策。对于家庭农场、网红公司和政府来说，不同选择的预期收益如下：

$$E_{11} = C_3 - C_0 + G - H + P_aQ_a - yC_3 - yR_e + \mu yP_b + z\delta W + \sigma yP_b^2$$
$$- \theta_1\sigma yP_b^2 - \theta_1\mu yP_b \quad\quad\quad (3-1)$$

$$E_{12} = yz(P_aQ_a - C_0) + y(1 - z)(P_aQ_a - C_0) + (1 - y)z(P_aQ_a - C_0)$$
$$+ (1 - y)(1 - z)(P_aQ_a - C_0) \quad\quad\quad (3-2)$$

$$E_{21} = G - C_1 - C_2 - R_f + xR_e + z\varepsilon Y + (\theta_1 - \theta_2)(\sigma xP_b^2 + \mu xP_b$$
$$- \mu xP_bT_1 - \sigma xP_b^2T_1) \tag{3-3}$$

$$E_{22} = E_m - C_1 - R_f - T_1E_m \tag{3-4}$$

$$E_{31} = xy[E_n + E_c - 2G - \delta W + (\theta_1 - \theta_2)(\mu + \sigma P_b)P_bT_1 - \varepsilon Y]$$
$$+ x(1-y)(T_1E_m + E_c - G - \delta W - C_3) + (1-x)y(E_c - G - \varepsilon Y)$$
$$+ (1-x)(1-y)(T_1E_m + E_c) \tag{3-5}$$

$$E_{32} = xy[E_n - 2G + (\theta_1 - \theta_2)(\mu + \sigma P_b)P_bT_1] + x(1-y)(T_1E_m$$
$$- G - C_3) + (1-x)y(-G) + (1-x)(1-y)T_1E_m \tag{3-6}$$

据上面的公式，可以得到三个参与主体的平均期望收益如下：

$$\overline{E_1} = xE_{11} + (1-x)E_{12} \tag{3-7}$$

$$\overline{E_2} = yE_{21} + (1-y)E_{22} \tag{3-8}$$

$$\overline{E_3} = zE_{31} + (1-z)E_{32} \tag{3-9}$$

根据三个参与主体的期望收益，计算复制动态方程如下：

$$F(x) = \frac{dx}{dt} = x(E_{11} - \overline{E_1})$$
$$= x(x-1)(E_{12} - E_{11})$$
$$= x(x-1)(H - G - C_3 + C_3y + R_ey - \mu P_by - \delta Wz$$
$$- \sigma P_b^2y + \theta_1\sigma P_b^2y + \theta_1\mu P_by) \tag{3-10}$$

$$F(y) = \frac{dy}{dt} = y(E_{21} - \overline{E_2}) = y(1-y)(E_{21} - E_{22})$$
$$= y(1-y)[G - E_m - C_2 + R_ex + E_mT_1 + \varepsilon Yz$$
$$+ (\theta_1 - \theta_2)(\sigma P_b^2x + \mu P_bx - \mu T_1P_bx - \sigma T_1P_b^2x)] \tag{3-11}$$

$$F(z) = \frac{dz}{dt} = z(E_{31} - \overline{E_3})$$
$$= z(1-z)(E_{31} - E_{32}) = z(z-1)(\varepsilon Yy + \delta Wx - E_c) \tag{3-12}$$

2. 演化博弈的稳定性分析

（1）每个参与者的稳定策略分析。

当复制动态方程等于 0 时，意味着（x，y，z）不再随时间变化，即每个参与者的选择都是最优的。根据微分方程稳定性原理，当复制动态方程为 0 且其一阶导数小于 0 时，复制动态系统达到稳定状态。因此，家庭农场、网红公司和政府的稳定策略分析如下：

首先，对于家庭农场而言，我们可以根据式（3-10）分析得出以下结论：

第一，当 $0 < z < \dfrac{H - G - C_3 + C_3 y + R_e y - \mu P_b y - \sigma P_b^2 y + \theta_1 \sigma P_b^2 y + \theta_1 \mu P_b y}{\delta W}$

时，则 $\dfrac{d(F(x))}{dx}\bigg|_{x=1} > 0$，$\dfrac{d(F(x))}{dx}\bigg|_{x=0} < 0$。可以得到 $x = 0$ 是家庭农场的演化稳定点，家庭农场的策略由"采用数字化销售"向"不采用数字化销售"转变，最终得到了稳定的"不采用数字化销售"策略。

第二，当 $z = \dfrac{H - G - C_3 + C_3 y + R_e y - \mu P_b y - \sigma P_b^2 y + \theta_1 \sigma P_b^2 y + \theta_1 \mu P_b y}{\delta W}$ 时，

则 $F(x) = 0$。可以得到家庭农场选择采用数字化销售和不采用数字化销售的收益相同，所有的 x 都是演化稳定的。

第三，当 $\dfrac{H - G - C_3 + C_3 y + R_e y - \mu P_b y - \sigma P_b^2 y + \theta_1 \sigma P_b^2 y + \theta_1 \mu P_b y}{\delta W} < z < 1$

时，则 $\dfrac{d(F(x))}{dx}\bigg|_{x=1} < 0$，$\dfrac{d(F(x))}{dx}\bigg|_{x=0} > 0$。可以得到 $x = 1$ 是家庭农场的演化稳定点，家庭农场的策略由"不采用数字化销售"向"采用数字化销售"转变，最终得到了稳定的"采用数字化销售"策略。

其次，对于网红公司而言，我们可以根据式（3-11）分析得出以下结论：

第一，当 $0 < z < -\dfrac{G - E_m - C_2 + E_m T_1 + R_e x + (\theta_1 - \theta_2)(\sigma P_b^2 + \mu P_b - \mu T_1 P_b - \sigma T_1 P_b^2) x}{\varepsilon Y}$

时，可以得到 $\dfrac{d(F(y))}{dy}\bigg|_{y=1} > 0$，$\dfrac{d(F(y))}{dy}\bigg|_{y=0} < 0$。可以得到 $y = 0$ 是网红公司的演化稳定点，网红公司的策略由"宣传带货"向"不宣传带货"转变，最终得到了稳定的"不宣传带货"策略。

第二，当 $z = -\dfrac{G - E_m - C_2 + E_m T_1 + R_e x + (\theta_1 - \theta_2)(\sigma P_b^2 + \mu P_b - \mu T_1 P_b - \sigma T_1 P_b^2) x}{\varepsilon Y}$

时，则 $F(y) \equiv 0$。可以得到网红公司选择"宣传带货"和"不宣传带货"的收益相同，所有的 y 都是演化稳定的。

第三，当 $-\dfrac{G - E_m - C_2 + E_m T_1 + R_e x + (\theta_1 - \theta_2)(\sigma P_b^2 + \mu P_b - \mu T_1 P_b - \sigma T_1 P_b^2) x}{\varepsilon Y} <$

$z < 1$ 时，可以得到 $\left.\dfrac{\mathrm{d}(F(y))}{\mathrm{d}y}\right|_{y=1} < 0$，$\left.\dfrac{\mathrm{d}(F(y))}{\mathrm{d}y}\right|_{y=0} > 0$。可以得到 $y = 1$ 是网红公司的演化稳定点，网红公司的策略由"不宣传带货"转变为"宣传带货"，最终获得了稳定的"宣传带货"策略。

最后，对于政府而言，我们可以根据式（3-12）分析得出以下结论：

第一，当 $0 < y < \dfrac{E_{\mathrm{C}} - \delta Wx}{\varepsilon Y}$ 时，可以得到 $\left.\dfrac{\mathrm{d}(F(z))}{\mathrm{d}z}\right|_{z=1} < 0$，$\left.\dfrac{\mathrm{d}(F(z))}{\mathrm{d}z}\right|_{z=0} > 0$。可以得到 $z = 1$ 是政府的演化稳定点，政府的策略由"宽松监管"向"严格监管"转变，最终得到了稳定的"严格监管"策略。

第二，当 $y = \dfrac{E_{\mathrm{C}} - \delta Wx}{\varepsilon Y}$ 时，则 $F(z) \equiv 0$。可以得到政府选择严格监管和宽松监管的收益相同，所有的 z 都是演化稳定的。

第三，当 $\dfrac{E_{\mathrm{C}} - \delta Wx}{\varepsilon Y} < y < 1$ 时，则 $\left.\dfrac{\mathrm{d}(F(z))}{\mathrm{d}z}\right|_{z=1} > 0$，$\left.\dfrac{\mathrm{d}(F(z))}{\mathrm{d}z}\right|_{z=0} < 0$。可以得到 $z = 0$ 是政府的演化稳定点，政府监管部门的策略由"严格监管"转变为"宽松监管"，最终获得了稳定的"宽松监管"策略。

（2）系统稳定性分析。

根据上述分析，可得到 8 个均衡点：$E_1(0,0,0)$，$E_2(0,0,1)$，$E_3(0, 1,0)$，$E_4(1,0,0)$，$E_5(0,1,1)$，$E_6(1,1,0)$，$E_7(1,0,1)$，$E_8(1,1,1)$。此时，我们无法判断均衡点的稳定性。为了分析家庭农场，网红公司和政府之间的演化和稳定趋势，我们建立了如式（3-13）所示的雅克比矩阵。通过分别对 $F(x)$，$F(y)$ 和 $F(z)$ 求 x，y 和 z 的一阶偏导，我们可以得到雅克比矩阵的特征值。

$$J = \begin{bmatrix} \dfrac{\partial F(x)}{\partial x} & \dfrac{\partial F(x)}{\partial y} & \dfrac{\partial F(x)}{\partial z} \\[3mm] \dfrac{\partial F(y)}{\partial x} & \dfrac{\partial F(y)}{\partial y} & \dfrac{\partial F(y)}{\partial z} \\[3mm] \dfrac{\partial F(z)}{\partial x} & \dfrac{\partial F(z)}{\partial y} & \dfrac{\partial F(z)}{\partial z} \end{bmatrix} \qquad (3-13)$$

在它们之中：

$$\left\{ \begin{aligned}
\frac{\partial F(x)}{\partial x} &= (2x-1)(H-G+C_3y+R_ey-\mu P_by-\delta Wz-\sigma P_b^2y \\
&\quad +\theta_1\sigma P_b^2y+\theta_1\mu P_by) \\
\frac{\partial F(x)}{\partial y} &= x(x-1)(C_3+R_e-\mu P_b-\sigma P_b^2+\theta_1\sigma P_b^2+\theta_1\mu P_b) \\
\frac{\partial F(x)}{\partial z} &= x(x-1)(-\delta W) \\
\frac{\partial F(y)}{\partial x} &= y(1-y)(R_e+\theta_1\sigma P_b^2-\theta_2\sigma P_b^2+\theta_1\mu P_b-\theta_2\mu P_b-\theta_1\mu T_1P_b \\
&\quad +\theta_2\mu T_1P_b-\theta_1\sigma T_1P_b^2+\theta_2\sigma T_1P_b^2) \\
\frac{\partial F(y)}{\partial y} &= (1-2y)(G-E_m-C_2+R_ex+E_mT_1+\varepsilon Yz+\theta_1\sigma P_b^2x-\theta_2\sigma P_b^2x \\
&\quad +\theta_1\mu P_bx-\theta_2\mu P_bx-\theta_1\mu T_1P_bx+\theta_2\mu T_1P_bx-\theta_1\sigma T_1P_b^2x \\
&\quad +\theta_2\sigma T_1P_b^2x) \\
\frac{\partial F(y)}{\partial z} &= y(1-y)(\varepsilon Y) \\
\frac{\partial F(z)}{\partial x} &= z(z-1)(\delta W) \\
\frac{\partial F(z)}{\partial y} &= z(z-1)(\varepsilon Y) \\
\frac{\partial F(z)}{\partial z} &= (2z-1)(\varepsilon Yy+\delta Wx-E_c)
\end{aligned} \right.$$

$$(3-14)$$

以平衡点(0,0,0)为例,讨论了该系统的稳定性。因此,该系统在(0,0,0)处的雅可比矩阵为:

$$J = \begin{bmatrix} G-H & 0 & 0 \\ 0 & G-E_m-C_2+E_mT_1 & 0 \\ 0 & 0 & E_c \end{bmatrix}$$

因此,这个平衡点的特征值为

$$\lambda_1 = G-H$$
$$\lambda_2 = G-E_m-C_2+E_mT_1$$
$$\lambda_3 = E_c$$

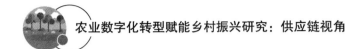

同理，分析各均衡点的特征值，如表 3 - 7 所示。

表 3 - 7　　　　　　　　　　　均衡点稳定性分析

平衡点	雅可比矩阵特征值 λ_1，λ_2，λ_3	实部符号	稳定性结论
$E_1(0,0,0)$	$G - H, G - E_m - C_2 + E_m T_1, E_c$	（ + , + , + ）	不稳定
$E_2(0,0,1)$	$G - H + \delta W, G - E_m - C_2 + \varepsilon Y + E_m T_1, - E_c$	（ + , + , - ）	不稳定
$E_3(0,1,0)$	$G - C_3 - H - R_e + \mu P_b + \sigma P_b^2 - \mu \theta_1 P_b - \sigma \theta_1 P_b^2,$ $C_2 + E_m - G - E_m T_1, E_c - \varepsilon Y$	（ s , s , + ）	不稳定
$E_4(1,0,0)$	$H, G - E_m - C_2 + R_e + E_m T_1 + (\theta_1 - \theta_2)(\mu P_b + \sigma P_b^2$ $- \sigma T_1 P_b^2 - \mu T_1 P_b), E_c - \delta W$	（ + , s , + ）	不稳定
$E_5(0,1,1)$	$G - C_3 - H - R_e + \mu P_b + \delta W + \sigma P_b^2 - \mu \theta_1 P_b - \sigma \theta_1 P_b^2,$ $C_2 + E_m - G - \varepsilon Y - E_m T_1, \varepsilon Y - E_c$	（ s , s , - ）	鞍点或不稳定点
$E_6(1,1,0)$	$C_3 - G + H + R_e - \mu P_b - \sigma P_b^2 + \mu \theta_1 P_b + \theta_1 \sigma P_b^2,$ $C_2 + E_m - G - R_e - E_m T_1 - (\theta_1 - \theta_2)(\mu P_b + \sigma P_b^2$ $- \sigma P_b^2 T_1 - \mu P_b T_1), E_c - \delta W - \varepsilon Y$	（ s , s , + ）	不稳定
$E_7(1,0,1)$	$H, G - E_m - C_2 + R_e + \varepsilon Y + E_m T_1 + (\theta_1 - \theta_2)$ $(\mu P_b + \sigma P_b^2 - \sigma T_1 P_b^2 - \mu T_1 P_b), \delta W - E_c$	（ + , s , - ）	不稳定
$E_8(1,1,1)$	$C_3 - G + H + R_e - \mu P_b - \delta W - \sigma P_b^2 + \mu \theta_1 P_b + \theta_1 \sigma P_b^2,$ $C_2 + E_m - G - R_e - \varepsilon Y - E_m T_1 - (\theta_1 - \theta_2)(\mu P_b + \sigma P_b^2$ $- \sigma T_1 P_b^2 - \mu T_1 P_b), \delta W - E_c + \varepsilon Y$	（ s , s , - ）	鞍点或不稳定点

根据李亚普诺夫间接法：若雅克比矩阵的特征根实部均为负数，则均衡点是渐进稳定的；若特征根中有正实部，则均衡点不稳定；若特征根中有实部为 0，且无正实部，则均衡点的稳定性无法判断。根据分析，可能的稳定点为（0，1，1）和（1，1，1）。为了实现这两种理想状态，（0，1，1）和（1，1，1）2 个均衡点的特征值必须满足小于 0 的条件。具体分析如下：

情形 1：（0，1，1）是演化稳定点。根据表 3 - 7 可以建立不等式组（3 - 15）。结果表明家庭农场选择数字化销售获得的收益低于其成本，所以家庭农场选择不采用数字化销售；网红公司选择不带货农产品所获得的收益低于带货农产品的收益，所以网红公司选择带货农产品；政府严格监管的收益高于宽松监管的收益，所以政府选择严格监管。

$$\begin{cases} G + \mu P_b + \delta W + \sigma P_b^2 < C_3 + H + R_e + \mu \theta_1 P_b + \sigma \theta_1 P_b^2 \\ E_m - E_m T_1 < C_2 + G + \varepsilon Y \\ \varepsilon Y < E_c \end{cases} \qquad (3-15)$$

情形 1 表明，当政府选择严格监管时，当家庭农场选择数字化销售时但仍存在农产品滞销情况下，政府会对其进行助力，但由于助力成本较小，家庭农场仍选择不适用数字化销售。而政府严格监管下，网红公司从其他收益所得不如助力农产品，因此选择直播带货农产品。为了验证这一结论，我们使用 Matlab 软件模拟了家庭农场、网红公司和政府策略的演变过程，如图 3 - 7 （a）所示。

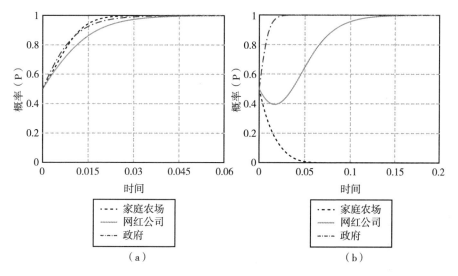

图 3 - 7　情形 (0, 1, 1) 和 (1, 1, 1) 的演化轨迹

情形 2：(1, 1, 1) 是演化稳定点。根据表 3 - 7 可以建立不等式组 (3 - 16)。结果表明家庭农场选择数字化销售获得的收益高于其成本，所以家庭农场选择采用数字化销售；网红公司选择不带货农产品所获得的收益低于其成本，所以网红公司选择带货农产品；政府严格监管的收益高于宽松监管的收益，所以政府选择严格监管。

$$
\begin{cases}
C_3 + H + R_e + \mu\theta_1 P_b + \theta_1 \sigma P_b^2 < G + \mu P_b + \delta W + \sigma P_b^2 \\
C_2 + (1 - T_1) E_m + (\theta_1 - \theta_2) \sigma T_1 P_b^2 + (\theta_1 - \theta_2) \mu T_1 P_b \\
< G + R_e + \varepsilon Y + (\theta_1 - \theta_2) \mu P_b + (\theta_1 - \theta_2) \sigma P_b^2 \\
\delta W + \varepsilon Y < E_c
\end{cases}
\quad (3-16)
$$

情形 2 表明，当政府严格监管时，对家庭农场和网红公司的额外补贴力度较大，家庭农场在这一补贴下，选择数字化销售所带来的收益较大，因此会更倾向于选择数字化销售；同理，网红公司选择带货农产品所受补贴也较大，因此会选择直播带货农产品。模拟情况如图 3-7（b）所示。

根据对家庭农场、网红公司和政府的调查，他们对两种策略保持中立，因此，假设三者的初始选择概率为 0.5，表示初始状态对两种策略不敏感。在满足不等式（3-15）的条件下，系统稳定在（0，1，1）；在满足不等式（3-16）的条件下，系统稳定于（1，1，1）。

3.3.4　仿真分析

1. 初始变量

（1）案例选择。

葡萄作为世界最古老的果树树种之一，其果实可用作生食、制葡萄干或酿酒等。21 世纪后，随着设施栽培的发展和新品种的推广，我国葡萄产业开始快速扩张，目前我国葡萄种植面积为 72.62 万公顷，产量为 1419.54 万吨（Yuan et al.，2020）。阳光玫瑰作为网红水果，因其颗粒饱满、口感甜蜜、略带玫瑰香等深受大众喜欢。新疆维吾尔自治区是我国葡萄产业规模最大的省域，其种植面积为 210.9 万亩，占全国葡萄种植总面积的 19.36%，阳光玫瑰产量也远高于国内其他省域（Ouf，2007）。因此，我们选择新疆维吾尔自治区作为主要参数数据的来源。

（2）数据来源。

本章通过三个通道获得了参数的初始值。第一，政府颁布的相关政策以及法律。根据《中华人民共和国农村土地承包法》第十六条规定，一般承包 100 亩以上耕地用于农业生产的，就可以享受政府每亩 200 元左右的补贴。商务部办公厅指出产生农产品滞销时，政府需要花费一些资金购买解决农民收入微薄问题。农业补贴资金是中央财政公共预算安排的专项转移支付资金，按照《中华人民共和国企业所得税法》，企业需缴纳 25% 的所得税，而参与助农项目可免征、减征企业所得税。第二，网络上公开的数据，新疆维吾尔自治区举办农产品直播促销活动超 300 场次，直接带动农产品销售 3 亿元以上。网红公司根据自身条件来定基础底薪，一般 3000 ~ 5000 元的基础底薪，但是收益分配一般都是"五五开"。某网红公司跟商家合作带货，商家需要一定数额的服务费，此外佣金比例为销售额的 20%。阳光玫瑰每亩产量在 1500 千克左右，市场价格在 50 ~ 60 元/斤。[①] 第三，阅读经典文献，直播带货通过价格对比，直播时通常砍价到原价的一半甚至更低，增加顾客的购买欲望。

　　为了验证该模型的有效性，我们进一步研究了该模型中相关参数的不同设置对每个参与者的进化博弈过程的影响。虽然（1，1，1）在满足一定条件时是一个渐进稳定点，但这些稳定策略已经是我们希望的平衡状态；因此，我们将不再进一步讨论这一点。而（0，1，1）点代表了家庭农场不采用数字化销售，网红公司选择宣传带货和政府选择严格监管的策略集，对解决农产品滞销具有更重要的参考价值。因此，我们对（0，1，1）中设置的参数进行了模拟和分析，以获得各变量对各方策略的影响。模拟参数的灵敏度时，我们保持其他参数不变。

　　基于所有来源的信息，我们简化了数据处理，如表 3 - 8 所示。

表 3 - 8　　　　　　　　　　　　所有变量初始值

参与者	参数	变量	数值
家庭农场	自产自销时农产品价格	P_a [46]	60
	自产自销时的销售量	Q_a [43]	60
	意向数字化销售的成本	H [45]	50
	给予网红公司的优惠价格	P_b [47]	10
	支付网红公司的酬金	R_e [45]	250
	支付网红公司的提成系数	θ_1 [45]	0.4
	意向销售农产品的成本	C_2 [45]	50

---

　　① 一亩阳光玫瑰葡萄成本多少，利润是多少，市场前景如何？［EB/OL］. 农村网，2024 - 09 - 06. http://www. nongcun5. com/jishu/37564. html.

续表

参与者	参数	变量	数值
网红公司	支付网红的底薪	R_f	100
	支付网红的提成	θ_2	0.2
	一定平台下基本销售量	μ	10
	销售量对优惠价格的敏感程度	σ	2.5
	带货其他产品的收益	E_m	200
政府	简单的行政支持	G	50
	提供给家庭农场的额外援助	δW	15
	网红公司正常所得税率	T_1	0.25
	给予网红公司额外援助	εY	100
	数字化销售带来的经济效益	E_n	500
	上级政府的补贴	E_c	250
	政府助力成本	C_3	200

2. 不同变量改变的模拟

（1）给予网红公司的优惠价格的影响。

我们设置给予网红公司的优惠价格 P_b = 0，10，13，20，即优惠价格为原来的0，100%，130%，200%，模拟结果如图3-8（a）~图3-8（c）所示。图3-8（a）表示给予网红公司的优惠价格变化对家庭农场策略演变的影响，仿真结果表明，提高给予网红公司的优惠价格力度会降低家庭农场选择数字化销售意愿。图3-8（b）表示给予网红公司的优惠价格变化对网红公司策略演变的影响，仿真结果表明，提高给予网红公司的优惠价格力度会增加网红公司直播带货农产品的意愿。图3-8（c）表示给予网红公司的优惠价格变化对政府策略演变的影响，仿真结果表明，提高给予网红公司的优惠价格力度会增加政府严格监管的意愿。

给予网红公司的优惠价格与政府选择严格监管意愿和网红公司选择直播带货意愿呈正相关，即优惠力度越大，政府选择严格监管意愿和网红公司选择直播带货意愿积极演变为1的速度越来越快。而给予网红公司的优惠价格与家庭农场选择数字化销售意愿呈负相关，即优惠力度越大，家庭农场选择数字化销售意愿演变为0的速度越来越快。引入直播带货这一销售环节，家庭农场给予网红公司一定的优惠力度后，虽然销售量随之增加，但是家庭农场利润却不那么理想，因此，家庭农场会选择不使用数字化销售。

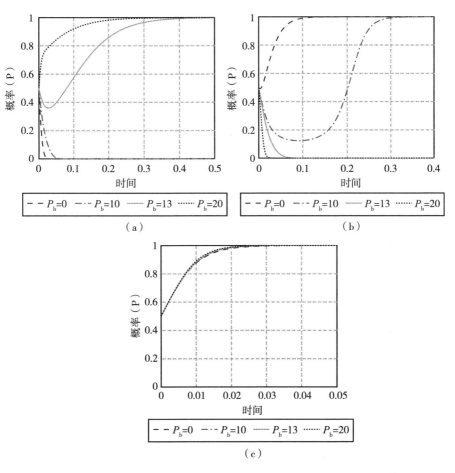

图 3-8　给予网红公司的优惠价格的影响

（2）上级政府补贴的影响。

我们设置上级政府的补贴 $E_c = 0$，90，260，450，即上级政府的补贴为原来的0，36%，104%，180%，模拟结果如图3-9（a）至图3-9（c）所示。图3-9（a）表示上级政府的补贴变化对家庭农场策略演变的影响，仿真结果表明，增加上级政府的补贴会提高家庭农场选择数字化销售意愿。图3-9（b）表示上级政府的补贴变化对网红公司策略演变的影响，仿真结果表明，增加上级政府的补贴反而会降低网红公司直播带货农产品的意愿。图 3 - 9 （ c ） 表示上级政府的补贴变化对政府策略演变的影响，仿真结果表明，增加上级政府的补贴会增加政府严格监管的意愿。

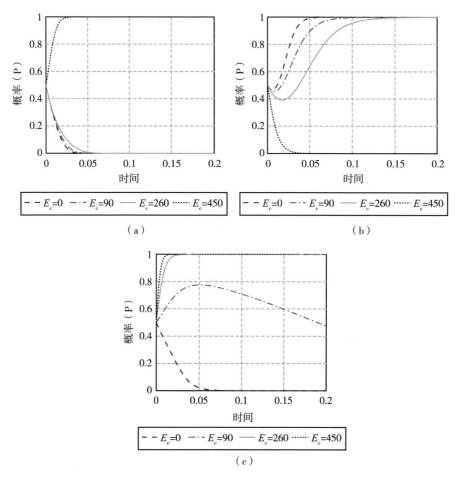

图 3 - 9　上级政府补贴的影响

　　上级政府的补贴与政府选择严格监管意愿和家庭农场选择数字化销售意愿呈正相关，即补贴越多，政府选择严格监管意愿和家庭农场选择数字化销售意愿积极演变为 1 的速度越来越快。而上级政府的补贴与网红公司选择直播带货农产品意愿呈负相关，即补贴越多，网红公司选择直播带货意愿演变为 0 的速度越来越快。虽然政府获得上级政府补贴不断增加，应该会有更多资金补贴给家庭农场和网红公司，但是可能因为对网红公司补贴的力度较小，所以尽管补贴不断增加，网红公司仍不选择直播带货农产品。

（3）简单行政支持的影响。

我们设置政府的简单行政支持 $G=0$，50，100，150，即政府的简单行政支持为原来的0，100％，200％，300％，模拟结果如图3-10（a）至图3-10（c）所示。图3-10（a）表示简单行政支持变化对家庭农场策略演变的影响，仿真结果表明，增加简单的行政支持会提高家庭农场选择数字化销售意愿。图3-10（b）表示简单行政支持变化对网红公司策略演变的影响，仿真结果表明，增加简单的行政支持会降低网红公司直播带货农产品的意愿。图3-10（c）表示简单行政支持变化对政府策略演变的影响，仿真结果表明，增加简单的行政支持会提高政府严格监管的意愿。

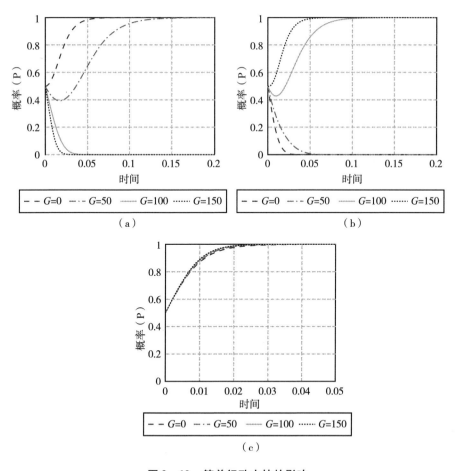

图3-10　简单行政支持的影响

简单的行政支持与家庭农场选择数字化销售意愿和网红公司选择不直播带货农产品意愿呈负相关。也就是说简单的行政支持越高，家庭农场增加数字化销售意愿和网红公司增加不直播带货意愿演变为1的速度越来越快。反之，家庭农场增加数字化销售意愿和网红公司增加不直播带货意愿积极演变为0的速度就越快。原始的简单行政支持不足以弥补家庭农场意向数字化销售的成本，因此，尽管政府严管监管存在额外补贴，家庭农场仍不选择数字化销售。

（4）所得税率的影响。

我们设置所得税率 $T_1 = 0$，0.2，0.4，0.6，即所得税率为原来的0，80%，160%，240%，模拟结果如图3-11（a）至图3-11（c）所示。图3-11（a）

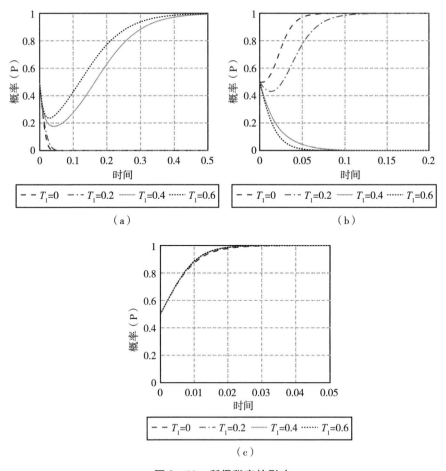

图 3-11　所得税率的影响

表示所得税率变化对家庭农场策略演变的影响，仿真结果表明，增加所得税率会提高家庭农场选择数字化销售意愿。图 3-11(b)表示所得税率变化对网红公司策略演变的影响，仿真结果表明，增加所得税率会降低网红公司直播带货农产品的意愿。图 3-11(c)表示所得税率变化对政府策略演变的影响，仿真结果表明，增加所得税率会提高政府严格监管的意愿。

所得税率与家庭农场选择数字化销售意愿和网红公司选择不直播带货农产品意愿呈正相关。也就是说所得税率越高，家庭农场增加数字化销售意愿和网红公司增加不直播带货意愿演变为 1 的速度越来越快。反之，家庭农场增加数字化销售意愿和网红公司增加不直播带货意愿积极演变为 0 的速度就越快。过高的税率会打击网红公司直播带货的积极性，过低的税率会打击家庭农场数字化销售的积极性。因此政府可寻找所得税率在 0.2~0.4 的平衡点。

3.3.5　小结

1. 分析

大多数农户没有实现收入多样化，农业仍是农户的主要收入来源。各种形式的贫困在农户中普遍存在，包括收入贫困，尤其是发展中国家的农户，因此如何缓解农产品滞销以增加农户收入具有很重要的现实意义。

前几年，在新型冠状病毒的肆虐下，各国对交通运输采取了严格的管控，在农产品销售方面，因行政管制，导致了不同程度的供应链受阻。疫情对包括餐饮旅游在内的服务业的影响，传导至农产品消费，造成部分农产品在黄金销售期滞销。农民收入也因此受到严重的影响。各个国家对农产品滞销问题也非常重视，日本农民协会为农民提供生产信息、技术指导、销售和农村医疗保险等服务，降低农产品滞销对农民的损害；美国农业合作社统一收购农产品，进行整合销售，使农产品具有更高的利润率；希腊政府通过国有保险公司监管农业生产，为民众提供强制性公共保险，避免农民在农产品滞销时损失惨重。中国政府也积极采取措施，要求各地商务主管部门对于加强主要消费城市与周边产区的对接，开辟农产品运送绿色通道，保证农产品能够及时运送出去，而消费者也能够购买到新鲜的农产品，同时也要求各物流企业引导物流资源向滞销地区倾斜，针对滞销产品，适当降低物流运送费用，此外，商务部也要求各大电商平台开辟专业通道，为种植户提供方便。

农户以生产农产品为主要的收入来源，如何打通销售端的堵点，实现农产品畅销是我们应该重视的问题。不可否认的是，政府应该在其中有所作为，但是如果只靠政府购买滞销农产品或者补贴农户容易促使农户产生依赖性，不仅会增加政府的政治成本，而且并不能从根源上解决问题。如何有效地帮助农户销售农产品，形成政府补贴和农民积极销售的机制，是一个必须得到重视的问题。一些学者认为，通过互联网销售农产品正成为一种越来越频繁的销售手段。还有学者通过数字营销投入产出效率的测量指出互联网销售可以改善和减少绿色产品的垄断和低价，提升生态经营者的效益。因此政府应该从数字化转型方面尝试去助力农产品销售，激发农产品本身的活力。在这个直播带货盛行的时代，网红利用自己本身的影响力引导大家购买各种产品，实现产品的畅销。在农产品本身竞争力不高的情况下，利用一些有知名度的网红把农产品带入大众的眼中可以在一定程度上拓宽其销售渠道，促进农产品的销售。农户采用数字化销售，与网红公司达成合作，但是由于佣金较高，若收益增加幅度不明显，则农户可能还是会选择传统销售，因此，此时就需要政府在两者之间进行必要的调节，促进合作，实现农产品畅销。

2. 结论

本章以直播带货为例讨论了农业消费环节数字化转型赋能乡村振兴，考虑到农产品滞销的一些影响因素，基于演化博弈论，构建了家庭农场、网红公司和政府的演化博弈模型，模拟了关键参数变化对家庭农场、网红公司和政府战略演变轨迹的影响。主要结论有四点。

第一，直播带货受欢迎有其价格较低的原因，许多产品低至原价的50%及以下。家庭农场给予网红公司优惠价格时薄利多销，但价格较低不利于总收入的增加，会削弱其生产的积极性，从而选择传统销售方式。家庭农场给予网红公司优惠价格较高时无法吸引消费者购买，网红公司和家庭农场两者从中获取的利益均较少,不利于农产品销售,为了支持乡村振兴,所以应该选择一个合适的价格,合适价格应在市场价的18%~23%。

第二,上级政府补贴使得更多的资金可以投入解决农产品滞销问题,在一定程度上会缓解政府的监管压力,但政府需要注意合理分配给家庭农场和网红公司。这不仅能直接助力农产品销售,还能推动乡村振兴。家庭农场本身受消息闭塞、交通落后等各种因素的影响,在销售农产品上存在劣势。政府应助力其数字化销售,使农产品畅销,从而促进农村经济发展。网红公司销售其他更吸引消费者的产品可以收益更多,因此政府也应补贴网红公司,使其助力农产品销售,最终实现乡村振兴的目标。

第三,政府的简单行政支持会影响家庭农场和网红公司是否合作,过多或过少都不利于两者合作,而合理的支持力度能够促进双方的有效合作,推动农产品畅销,从而助力乡村振兴。最佳支持应为原来的100%~200%,此时能最大限度地促进农产品销售,提升农村经济活力,推进乡村振兴战略的实现。

第四,企业应缴纳所得税,当政府以降低所得税税率的方式作为网红公司直播带货农产品的额外补贴时,在一定程度上可以激发网红公司选择销售农产品的积极性,从而推动乡村振兴。在中国,企业一般缴纳25%的所得税,当政府降低税率至20%左右时效果最好。

3.4 零售环节数字化转型

乡村振兴的背景下,农业供应链零售端的数字化转型显得尤为必要,这不仅能够提升农产品的市场竞争力,还能有效促进农村经济的整体发展。农贸市场作为零售端的重要组成部分,其数字化转型使得农产品能够通过电子商务平台直达消费者,缩短供应链,减少中间环节,从而降低成本和提高效率。本章以农贸市场为例,针对信息不对称导致的市场失灵问题,本章引入数字追溯技术,构建了由地方政府、农贸市场以及消费者组

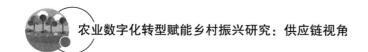

成的演化博弈模型，利用复制动态方程分析了不同情形下系统的均衡点和演化稳定策略，并进行数值仿真模拟。

3.4.1 理论基础

食品安全是关系国计民生的重大问题，与人民群众的生产生活，与社会经济稳定发展密切相关。而农贸市场是民生工程的重要组成部分，在人们的日常生活中占据着重要地位（马翠平，2018）。作为消费者直接获取食物的重要渠道，农贸市场具有保障食品供应、稳定食品价格、维护食品质量安全等重要功能，在保障和改善民生方面发挥着重要作用，所以其提供食品的安全状况对人们的身体健康会造成直接影响。为减少食品安全问题、保障消费者享有安全食品权利，融合物联网、区块链的数字追溯技术在食品安全领域发挥着关键作用。

食品供应链数字化追溯体系的建设是农业数字化转型过程中的一个重要应用场景，不仅能够有效防范食品质量安全隐患，解决食品质量安全信息不对称问题，还能监督农贸市场、食品生产企业合法经营，促进食品行业健康发展（杨正勇和侯熙格，2016）。数字追溯技术的开放性、可靠性及不可篡改性特点，能够与食品供应链的多主体相结合，具有形成安全可靠的食品溯源体系的天然优势。农贸市场因食品安全问题备受诟病，而数字追溯技术能够为其提供变革思路。同时，在农贸市场的食品生产、运输和销售各环节上涉及消费者和政府等多个主体，而其也是农贸市场食品溯源体系建设的核心主体，消费者的利益保障取决于农贸市场提供的产品质量和政府的监管力度。

政府是食品供应链的重要外部制衡力量，如何有效监管有机产品，促使生产商和中间商积极履行社会责任，对促进食品监管市场具有重要意义（Ma et al.，2021）。它作为食品安全监管的一个关键主体，在食品安全监管方面发挥了巨大作用。因此很多文章都是从政府规制角度展开研究，寻找解决食品安全质量监管问题和食品追溯问题的解决方法。一方面，有研究提出政府需要进行积极监管（Yang et al.，2016a），提到由于在中国诸多食品企业缺乏意愿和信用，因此，政府主导的监管在农产品食品安全保障中发挥了重要作用。政府是技术扩散绩效不佳的关键性因素，政府对农业食品生产过程中的必要监管力度不够，导致生产者容易进行非法生产，相关技术推广部门的实施还是不够完善（Cui et al.，2019）。政府市场监管部门定期对农贸市场进行检查和巡查。而政府部门对食品安全的监管问题仍然不够重视（边红彪，2021）。另一方面，部分研究以政府惩罚机制为视角，通过对政府监管食品安全质量信息的披露研究，提出加大政府处罚力度，减轻政府监管成本，强化社会监督的相关措施（Yinghua et al.，2018）。有研究提出食品安全问题可由可信的食品安全追溯系统解决，可以跟踪和监控食品生产的整个生命周期（Zeng et al.，2023）。而数字追溯系统作为一种革命性的信息通信技术，可解决食品安全监管过程中产生的额外成本、透明度缺乏以及效率下降等一系列相关问题。在食品供应链管理过程中具有完整性、可信度、真实性等属性，可以有效地实现食品安全质量追溯（Rogerson and Parry，2020）。并且诸多研究表明消费者对追溯食品的认知和激励评价的关注度提高，并且可追溯性有望增强消费者对食品系统的信心，特别是与其他质量保证相关联的（Bosona and Gebresenbet，2013）。

3.4.2　模型构建

1. 模型假设

弗里德曼（Friedman，1998）认为演化博弈理论和经典博弈理论最大的区别在于博弈行为的参与者是否为有限理性。因此，本章根据农贸市场食品供应链涉及的对象，设置了三个参与主体，分别为农贸市场、消费者和政府监管部门，同时设定三方参与主体都是有限理性的，由此提出以下假设：

假设 3.4.1：农贸市场为参与人 1，消费者为参与人 2，政府监管部门为参与人 3

参与人 1 的策略空间为 $S_f =$ （发布真实信息，发布虚假信息）

参与人 2 的策略空间为 $S_c =$ （举报，忍耐）

参与人 3 的策略空间为 $S_g =$ （严格监管、宽松监管）

假设 3.4.2：农贸市场选择发布真实食品溯源信息的概率为 x（$0 \leqslant x \leqslant 1$），选择发布虚假食品溯源信息的概率为 $1-x$；消费者群体面对虚假食品溯源信息选择举报的概率为 y（$0 \leqslant y \leqslant 1$），选择忍耐的概率为 $1-y$；政府监管部门对于农贸市场选择严格监管的概率为 z（$0 \leqslant z \leqslant 1$），选择宽松监管的概率为 $1-z$。

假设 3.4.3：农贸市场食品发布虚假的可追溯信息的成本为 C_o，发布真实的食品可追溯信息的成本为 C_f。由于市场的恶性竞争和农贸市场经营者道德标准的缺乏，显然是 $C_f > C_o > 0$。当农贸市场严格管理食品溯源信息，提供优质服务时，消费者会得到积极效用 U_p，一般不会选择向相关部门报告。如果因为消费者与农贸市场经营者之间的不当关系，农贸市场被消费者恶意举报，政府会对消费者处以 F_i 的处罚；当农贸市场选择提供虚假的食品追溯信息以牟取私利的方式引诱消费者，消费者会得到负面效用 U_c，如果消费者选择举报，举报成本为 C_m。

假设 3.4.4：政府管制的成本和惩罚取决于农贸市场和消费者的策略选择。政府严格监管的成本是 C_g，政府宽松监管的成本是 C_k，显然 $C_g > C_k > 0$。一经查实或举报农贸市场发布虚假食品安全溯源信息，经政府监管部门核查后，以罚款 F_m 进行处罚。当事件圆满解决时，消费者将得到额外的附加效用 U_s。

假设 3.4.5：农贸市场食品溯源信息管理的数字追溯系统由政府监管部分负责承建，其附加成本为 C_b。在实践中，消费者对食品安全的满意度越来越受到政府部门的重视。因此，如果政府监管部门监管宽松，对农贸市场的违法行为不加以制止或处罚，消费者对政府的信任就会下降，并将其扩散，从而给政府监管部门带来负面效应 D_g；当政府监管部门严格监管，将获得正面效应 P_g，一般而言，政府的负效应比正效应传播范围和速度更大，因此 $D_g > P_g$。

假设 3.4.6：当消费者感知到农贸市场的违法行为时，就会对农贸市场提供的食品产生不信任，从而给市场造成损失。当农贸市场出现违法行为时，这种行为会被记录下来并迅速传播，给农贸市场造成损失，包括声誉下降、品牌影响力下降、客流量下降等，由此带来损失 D_m；当农贸市场严格管理，提供真实的食品溯源信息，得到社会的认可度和用户增长的效果，将获得正面效应 Q_e。

构建的演化博弈模型的所有参数变量如表 3 – 9 所示。

表 3 – 9　　　　　　　　　　演化博弈模型参数变量

参数		变量名称
农贸市场	C_p	发布食品溯源虚假信息的成本（投机成本）
	W_c	发布食品溯源真实信息的成本（机会成本）
	F_m	农贸市场提供虚假溯源信息的惩罚
	D_m	农贸市场提供虚假溯源信息，由此带来的损失
	Q_e	农贸市场提供真实溯源信息，由此获得的正面效应
	M	农贸市场提供真实溯源信息，政府给予的奖励
	S	政府对农贸市场使用数字追溯共享真实溯源信息的补贴
消费者	U_p	当农贸市场提供真实食品溯源信息，消费者获得的正面效用
	U_c	当农贸市场提供虚假食品溯源信息，消费者获得的负面效用
	U_s	政府解决农贸市场信息造假案件后，消费者获得的附加效用
	C_m	消费者举报成本
	F_s	消费者举报虚假食品溯源信息得到的补偿
	F_i	对消费者随意举报的惩罚
政府	C_b	政府建设数字追溯溯源系统的附加成本
	C_g	政府监管部门选择严格监管的成本
	G_f	政府监管部门对虚假溯源信息的控制成本
	P_g	政府监管部门严格监管，带来的正面效应
	D_g	政府监管部门宽松监管，带来的负面效应

2. 模型构建

基于上述假设本章构建了农贸市场、消费者和政府监管部门三个主体之间的混合策略博弈矩阵，如表 3 – 10 所示。

表 3 - 10　　　　　　　　　食品安全监管三方混合策略博弈模型

策略选择		消费者	政府监管部门	
			严格监管 z	宽松监管 $1-z$
农贸市场	发布真实食品溯源信息 x	举报 y	$S + Q_e + M$ $-C_m - F_i$ $P_g - C_g - C_b - S + F_i - M$	$S + Q_e$ $-C_m$ $P_g + F_i - C_b - S - C_k$
		忍耐 $1-y$	$S + Q_e + M$ U_p $P_g - C_g - C_b - S - M$	$S + Q_e$ U_p $P_g - C_b - S - C_k$
	发布虚假食品溯源信息 $1-x$	举报 y	$-C_p - W_c - D_m - F_m$ $F_s + U_s - U_c - C_m$ $P_g - C_g - C_b - F_s + F_m - G_f$	$-C_p - W_c - D_m - F_m$ $-U_c - C_m$ $F_m - D_g - C_b - F_s - G_f - C_k$
		忍耐 $1-y$	$-C_p - W_c - D_m - F_m$ $-U_c$ $F_m + P_g - C_g - C_b - G_f$	$-C_p - W_c - D_m$ $-U_c$ $-C_b - D_g - G_f - C_k$

3.4.3　模型演化博弈分析

1. 三方博弈的收益期望函数构建

根据表 3 - 10 的混合策略博弈模型，可以构建农贸市场食品供应链相关主体的收益期望函数并求解策略稳定点。

（1）农贸市场的收益期望函数。

设农贸市场选择发布真实食品溯源信息的期望函数为：

$$E_{11} = yz(S + Q_e + M) + y(1-z)(S + Q_e) + z(1-y)(S + Q_e + M)$$
$$+ (1-y)(1-z)(S + Q_e) \tag{3-17}$$

设农贸市场选择发布虚假食品溯源信息的期望函数为：

$$E_{12} = yz(-C_p - W_c - D_m - F_m) + y(1-z)(-C_p - W_c - D_m - F_m)$$
$$+ (1-y)z(-C_p - W_c - D_m - F_m) + (1-y)(1-z)$$
$$(-C_p - W_c - D_m) \tag{3-18}$$

设农贸市场行为选择的平均期望函数为：

$$\overline{E_1} = xE_{11} + (1-x)E_{12} \qquad (3-19)$$

根据 Malthusian 方程，农贸市场选择发布食品溯源信息策略的数量的增长率等于其适应度减去其平均适应度，整理得到复制动态方程：

$$F(x) = \frac{\mathrm{d}x}{\mathrm{d}t} = x(E_{11} - \overline{E_1}) = x(1-x)(E_{11} - E_{12})$$
$$= -x(-1+x)((z(1-y)+y)F_m + zM + W_c + S + C_p + D_m + Q_e) \qquad (3-20)$$

根据微分方程稳定性定理，农贸市场选择共享真实食品溯源信息的概率处于稳定状态必须满足 $F(x) = 0$ 且 $\mathrm{d}(F(x))/\mathrm{d}x < 0$。

$$\frac{\mathrm{d}F(x)}{\mathrm{d}x} = (1-2x)([z(1-y)+y]F_m + Mz + W_c + S + C_p + D_m + Q_e) \qquad (3-21)$$

$$G(z) = [z(1-y)+y]F_m + Mz + W_c + S + C_p + D_m + Q_e \qquad (3-22)$$

由于 $\mathrm{d}G(z)/\mathrm{d}z > 0$，所以 $G(z)$ 是关于 z 的增函数。因此，当 $Z = \dfrac{-yF_m - W_c - S - C_p - D_m - Q_e}{(1-y)F_m + M} = Z^*$ 时，$G(z) = 0$，此时农贸市场选择发布真实食品溯源信息与发布虚假食品溯源信息的收益均相同；当 $z < z^*$ 时，$G(z) < 0$，$\mathrm{d}G(x)/\mathrm{d}x|_{x=0} < 0$，农贸市场的策略由"发布真实食品溯源信息"向"发布虚假食品溯源信息"转变，最终得到了稳定的"发布虚假食品溯源信息"策略；当 $z > z^*$ 时，$G(z) > 0$，$\mathrm{d}G(x)/\mathrm{d}x|_{x=1} < 0$，农贸市场的策略由"发布虚假食品溯源信息"转变为"发布真实食品溯源信息"，最终获得了稳定的"发布真实食品溯源信息"策略。

（2）消费者的收益期望函数。

设消费者选择举报的期望函数为：

$$E_{21} = xz(-C_m - F_i) - x(1-z)C_m + z(1-x)(F_s + U_s - U_c - C_m)$$
$$+ (1-x)(1-z)(-U_c - C_m) \qquad (3-23)$$

设消费者选择忍耐的期望函数为：

$$E_{22} = xzU_p + x(1-z)U_p + z(1-x)(-U_c) + (1-x)(1-z)(-U_c) \qquad (3-24)$$

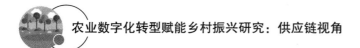

设消费者行为选择的平均期望函数为：

$$\overline{E_2} = yE_{21} + (1-y)E_{22} \qquad (3-25)$$

参照式（3-20），同理可得消费者的复制动态方程为：

$$F(y) = \frac{dy}{dt} = x(E_{21} - \overline{E_2}) = y(1-y)(E_{21} - E_{22})$$

$$= y(-1+y)\{[(F_i + F_s + U_s)x - F_s - U_s]z + U_p x + C_m\} \qquad (3-26)$$

根据微分方程稳定性定理，消费者选择共享举报的概率处于稳定状态必须满足 $F(y) = 0$ 且 $d(F(y))/dy < 0$。

$$\frac{dF(y)}{dy} = (-1+2y)\{[(F_i + F_s + U_s)x - F_s - U_s]z + U_p x + C_m\}$$

$$G(x) = [(F_i + F_s + U_s)x - F_s - U_s]z + U_p x + C_m \qquad (3-27)$$

由于 $dG(x)/dx > 0$，所以 $G(x)$ 是关于 x 的增函数。因此，当 $X = \dfrac{zF_s - C_m}{(F_i + F_s + U_s)z + U_p} = X^*$ 时，$G(x) = 0$，此时消费者选择举报农贸市场的违法行为与忍耐农贸市场的违法行为的收益均相同；当 $x < x^*$ 时，$G(x) > 0$，$dF(y)/dy = 1 < 0$，消费者的策略由 "忍耐" 向 "举报" 转变，最终得到了稳定的 "举报" 策略；当 $x > x^*$ 时，$G(x) < 0$，$dF(y)/dy = 0 < 0$，消费者的策略由 "举报" 转变为 "忍耐"，最终获得了稳定的 "忍耐" 策略。

（3）政府监管部门的收益期望函数。

设政府监管部门选择严格监管的期望函数为：

$$E_{31} = xy(P_g - C_g - C_b - S + F_i - M) + x(1-y)(P_g - C_g - C_b - S - M)$$

$$+ (1-x)y(P_g - C_g - C_b - F_s + F_m - G_f - D_g)$$

$$+ (1-x)(1-y)(P_g + F_m - C_g - C_b - G_f - D_g) \qquad (3-28)$$

设政府监管部门选择宽松监管的期望函数为：

$$E_{32} = xy(P_g + F_i - C_b - S - C_k) + x(1-y)(P_g - C_b - S - C_k)$$

$$+ (1-x)y(F_m - D_g - C_b - F_s - G_f - C_k)$$

$$+ (1-x)(1-y)(-C_b - D_g - G_f - C_k) \qquad (3-29)$$

设政府监管部门行为选择的平均期望函数为：

$$\overline{E_3} = zE_{31} + (1-z)E_{32} \qquad (3-30)$$

参照式（3-20），同理可得消费者的复制动态方程为：

$$F(z) = \frac{\mathrm{d}z}{\mathrm{d}t} = y(E_{31} - \overline{E_3}) = y(1-y)(E_{31} - E_{32})$$

$$= (-1+z)z(((1-y)F_{\mathrm{m}} + M + D_{\mathrm{g}} + P_{\mathrm{g}})x + (-1+y)F_{\mathrm{m}}$$

$$+ C_{\mathrm{g}} - C_{\mathrm{k}} - D_{\mathrm{g}} - P_{\mathrm{g}}) \qquad (3-31)$$

根据微分方程稳定性定理，消费者选择共享举报的概率处于稳定状态必须满足 $F(z) = 0$ 且 $\mathrm{d}(F(z))/\mathrm{d}z < 0$。

$$\frac{\mathrm{d}F(z)}{\mathrm{d}z} = (-1+2z)[(1-y)F_{\mathrm{m}} + M + D_{\mathrm{g}} + P_{\mathrm{g}}]x + (-1+y)F_{\mathrm{m}}$$

$$+ C_{\mathrm{g}} - C_{\mathrm{k}} - D_{\mathrm{g}} - P_{\mathrm{g}}) \qquad (3-32)$$

$$G(x) = ((1-y)F_{\mathrm{m}} + M + D_{\mathrm{g}} + P_{\mathrm{g}})x + (-1+y)F_{\mathrm{m}} + C_{\mathrm{g}} - C_{\mathrm{k}} - D_{\mathrm{g}} - P_{\mathrm{g}}$$

$$(3-33)$$

由于 $\mathrm{d}G(x)/\mathrm{d}x > 0$，所以 $G(y)$ 是关于 y 的增函数。因此，当 $X = \dfrac{C_{\mathrm{k}} + D_{\mathrm{g}} + P_{\mathrm{g}} - C_{\mathrm{g}} - (-1+y)F_{\mathrm{m}}}{(1-y)F_{\mathrm{m}} + M + D_{\mathrm{g}} + P_{\mathrm{g}}} = X^{*}$ 时，$G(x) = 0$，此时政府监管部门选择严格监管和宽松监管的收益均相同；当 $x < x^{*}$ 时，$G(z) < 0$，$\mathrm{d}F(z)/\mathrm{d}z < 0$，政府监管部门的策略由"严格监管"向"宽松监管"转变，最终得到了稳定的"宽松监管"策略；当 $y > y^{*}$ 时，$G(y) > 0$，$\mathrm{d}G(x)/\mathrm{d}x \mid x=1 < 0$，政府监管部门的策略由"宽松监管"转变为"严格监管"，最终获得了稳定的"严格监管"策略。

2. 平衡点稳定性分析

根据弗里德曼的方法，演化系统均衡点的稳定性可以通过分析该系统的雅克比矩阵的局部稳定性得到，我们得到三方演化博弈系统的雅克比矩阵为：

$$J = \begin{bmatrix} \dfrac{\partial F(x)}{\partial x} & \dfrac{\partial F(x)}{\partial y} & \dfrac{\partial F(x)}{\partial z} \\[3mm] \dfrac{\partial F(y)}{\partial x} & \dfrac{\partial F(y)}{\partial y} & \dfrac{\partial F(y)}{\partial z} \\[3mm] \dfrac{\partial F(z)}{\partial x} & \dfrac{\partial F(z)}{\partial y} & \dfrac{\partial F(z)}{\partial z} \end{bmatrix}，\text{在它们之中：}$$

$$\frac{\partial F(x)}{\partial x} = (1 - 2x)\left\{\left[z(1-y)+y\right]F_{m} + zM + W_{c} + S + C_{p} + D_{m} + Q_{e}\right\}$$

$$(3-34)$$

$$\frac{\partial F(x)}{\partial y} = x(-1+x)(-1+z)F_{m} \qquad (3-35)$$

$$\frac{\partial F(x)}{\partial z} = -x(-1+x)((1-y)F_{m}+M) \qquad (3-36)$$

$$\frac{\partial F(y)}{\partial x} = y(-1+y)\left[(F_{i}+F_{s}+U_{s})z + U_{p}\right] \qquad (3-37)$$

$$\frac{\partial F(y)}{\partial y} = (2y-1)\left[(F_{i}+F_{s}+U_{s})x - F_{s}-U_{s}\right]z + xU_{p} + C_{m} \qquad (3-38)$$

$$\frac{\partial F(y)}{\partial z} = y(-1+y)(F_{i}+F_{s}+U_{s})x - F_{s}-U_{s} \qquad (3-39)$$

$$\frac{\partial F(z)}{\partial x} = z(-1+z)(-F_{m}y + D_{g}+F_{m}+M+P_{g}) \qquad (3-40)$$

$$\frac{\partial F(z)}{\partial y} = -z(-1+z)(-1+x)F_{m} \qquad (3-41)$$

$$\frac{\partial F(z)}{\partial z} = (2z-1)((1-y)F_{m}+M+D_{g}+P_{g})x + (-1+y)F_{m}$$
$$+ C_{g}-C_{k}-D_{g}-P_{g} \qquad (3-42)$$

利用李雅普诺夫（Lyapunov）第一法：雅克比矩阵的所有特征值均具有负实部，则均衡点为渐进稳定点；雅克比矩阵的特征值至少有一个具有正实部，则均衡点为不稳定点；雅克比矩阵除具有实部为零的特征值外，其余特征值都具有负实部，则均衡点处于临界状态，稳定性不能由特征值符号确定。分析各均衡点的稳定性，如表 3 - 11 所示。

表 3 - 11　　　　　　　　均衡点稳定性分析

均衡点	雅克比矩阵特征值	实部符号	稳定性结论	条件
$(0,0,0)$	$\lambda_{1} = W_{c} + S + C_{p} + D_{m} + Q_{e}$ $\lambda_{2} = -C_{m}$ $\lambda_{3} = F_{m} - C_{g} + C_{k} + D_{g} + P_{g}$	$(+,-,\times)$	不稳定	—
$(0,0,1)$	$\lambda_{1} = F_{m} + M + W_{c} + S + C_{p} + D_{m} + Q_{e}$ $\lambda_{2} = F_{s} + U_{s} - C_{m}$ $\lambda_{3} = -F_{m} + C_{g} - C_{k} - D_{g} - P_{g}$	$(+,\times,\times)$	不稳定	—

均衡点	雅克比矩阵特征值	实部符号	稳定性结论	条件
(0,1,0)	$\lambda_1 = F_m + W_c + S + C_p + D_m + Q_e$ $\lambda_2 = C_m$ $\lambda_3 = -C_g - C_k + D_g + P_g$	(+,+,×)	不稳定	—
(0,1,1)	$\lambda_1 = F_m + M + W_c + S + C_p + D_m + Q_e$ $\lambda_2 = -F_s - U_s + C_m$ $\lambda_3 = C_g - C_k - D_g - P_g$	(+,×,×)	不稳定	—
(1,0,0)	$\lambda_1 = -W_c - S - C_p - D_m - Q_e$ $\lambda_2 = -U_p - C_m$ $\lambda_3 = -M - C_g + C_k$	(−,−,−)	ESS	—
(1,1,0)	$\lambda_1 = -F_m - W_c - S - C_p - D_m - Q_e$ $\lambda_2 = U_p + C_m$ $\lambda_3 = -M - C_g + C_k$	(−,+,−)	不稳定	—
(1,0,1)	$\lambda_1 = -F_m - M - W_c - S - C_p - D_m - Q_e$ $\lambda_2 = -F_i - U_p - C_m$ $\lambda_3 = M + C_g - C_k$	(−,−,+)	不稳定	—
(1,1,1)	$\lambda_1 = -F_m - M - W_c - S - C_p - D_m - Q_e$ $\lambda_2 = F_i + U_p + C_m$ $\lambda_3 = M + C_g - C_k$	(−,+,+)	不稳定	—

食品安全追溯信息参与者的行为策略演化受多种参数的影响。由稳定性分析知，点（1，0，0）是该系统的稳定演化平衡点。

3.4.4 仿真分析

1. 初始意愿对稳定性策略影响的仿真分析

图3-12展示了博弈三方初始意图同时变化时对最终稳定性演化的影响。从图中的结果可以看出，无论初始意愿的强度是什么，在数字追溯管理模式下，消费者和政府监管部门将先后采取宽松的策略，在农贸市场发布真正的食品可追溯性信息的概率趋于1，总结果趋于（1，0，0）。同时，从图中可以得出三个结论：一是农贸市场发布真实食品可追溯信息的初始

意愿越强，收敛速度越快，市场达到稳定状态越早，无论初始意图是什么，初始消费者趋同速度高于政府监管部门，但最终目标均趋于0。二是无论最初的意愿是什么，农贸市场收敛于1的时间比政府监管机构和消费者收敛于0的时间要短。从以上结论可以得出，当积极激励效应、消极监督效应、惩罚强度等条件达到一定标准时，农贸市场数字追溯管理模式将具有很大的优势，可以有效地协调多种行为选择，促进良好市场环境的形成。三是政府监管部门，作为执法人员和市场监管机构，是食品安全的最后一道防线。只有当食品可追溯信息虚假现象消失，保证消费者自身利益时，才能选择监管松懈的策略。为了尽快消除农贸市场中的粮食不安全现象，其重点是提高农贸市场共享真实食品可追溯性信息的初始意愿。

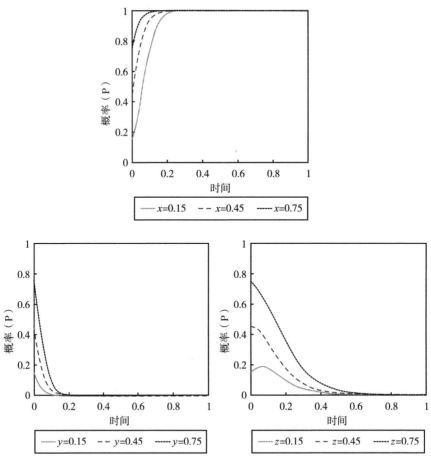

图 3 - 12　初始意愿同时变化的仿真

2. 典型参数的效应分析

下面我们将展示仿真分析内部和外部因素对稳定策略的影响。在本节中，介绍几个典型参数对农贸市场的三个主体稳定策略的影响，包括农贸市场提供虚假或真实可追溯的信用成本、对消费者报告虚假食品可追溯信息的补偿、惩罚消费者的随意报告、政府严格的监管成本和回报效应。这些参数的影响分析将在不同模式下进行仿真。

（1）对农贸市场信息共享战略演变的影响。

图3-13模拟了提供政府农贸市场使用数字追溯系统的补贴以及发布真实食品溯源信息的奖励对农贸市场策略选择的影响。从图3-13可以看出，这两个因素的值在策略选择上都有相反的变化，但影响程度不同。当

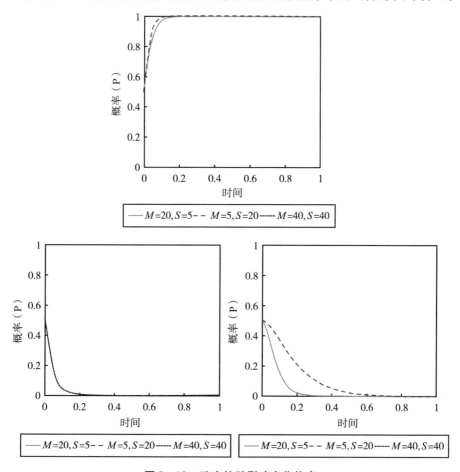

图3-13 政府补贴影响变化仿真

对农贸市场发布真实食品溯源信息的奖励增大时，更易趋近于1，表明参与者将选择增强提供真实信息的概率。农贸市场对食品溯源信息的奖励变化最为敏感，可以实现更大的增长，其次是使用数字追溯系统的补贴。当政府对农贸市场发布真实食品溯源信息的奖励增加时，农贸市场甚至比消费者更注重先行提供真实信息。原因是数字追溯技术可以为农贸市场带来更多可追溯的信息资源。在发布真实食品溯源信息的奖励不再提高后，农贸市场将不可避免地选择提供大量的真实信息，以吸引消费者增加消费投资。

（2）对消费者举报和容忍策略演变的影响。

图3-14模拟了对消费者随意报告的消费者的惩罚，对消费者稳定策略的演变的影响。从图3-14可以看出，该因素幅度都增大时更易趋近于0，即强度补偿及强度惩罚对于消费者策略演进最为有利。当其增加达到一定的值时，政府可以有更大的概率抑制消费者的随意举报和其他逾界行为。也可以看出，如果这一因素降低到了一定程度，对报告虚假可追溯信息消费者的补偿将对消费者报告和忍受的稳定策略影响放缓，降低消费者提供虚假信息的积极性。

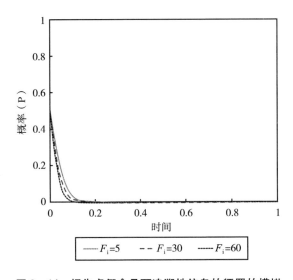

图 3 - 14　报告虚假食品可追溯性信息的惩罚的模拟

图3-15模拟了政府解决虚假食品溯源信息的案件后，消费者获得的附加效用对消费者稳定策略的演变的影响。从图3-15可以看出，随着附加效用的不断增加，消费者的策略逐渐朝着举报的方向演进。当其增加达到一定的值时，可以发现消费者将从原先的忍耐状态转变为举报状态，这是因为在政府的严格监管下，消费者不断获得附加效用将促使其参与到食品安全的监管当中，让消费者更有信心成为食品供应链中的监管者之一，从而抑制农贸市场发布虚假的食品溯源信息的行为。

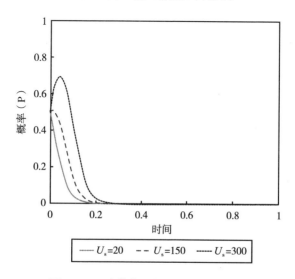

图3-15　消费者附加效用变化的模拟

（3）对政府监管战略演变的影响。

图3-16仿真模拟了严格监管的成本对政府策略演化的影响。从图3-16可得，政府严格监管的成本越高，政府越趋向于进行宽松监管，政府监管也更易达到理想效果，由此政府应加大投资引导扶持农贸市场引入数字追溯技术，体现出政府对社会效应的重视，使农贸市场必须随之采取措施，以确保农贸市场积极提供真实可追溯信息，合理经营，追求规范化。同时，严格监管成本也对政府监管起到促进作用，当监管成本低于一定值时，即便是市场环境发展良好，监管部门也应当继续保持严格监管。

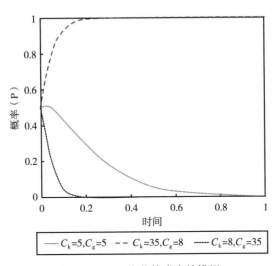

图 3 – 16 严格监管成本的模拟

图 3 – 17 仿真模拟了政府监管后产生的正面效应和负面效应对政府策略演化的影响。从图 3 – 17 可得，当政府监管正面效应和负面效应都相同时，政府趋向于宽松监管；当政府监管的负面效应大于正面效应时，政府更趋向于宽松监管，对虚假信息现象漠视不管；但是当政府监管的正面效应大于负面效应，政府将产生严格监管的趋势，严格要求农贸市场积极提供真实可追溯信息，但是一段时间后，继续趋向于宽松监管。因此，相关的激励政策对于促进政府对农贸市场食品溯源信息的监管起着至关重要的作用。

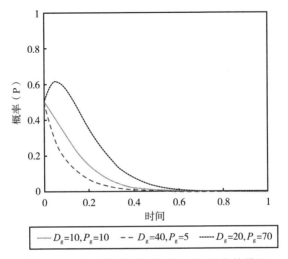

图 3 – 17 政府监管正面效应和负面效应的模拟

3.4.5　小结

1. 结论

在乡村振兴的背景下，本节基于数字追溯系统在食品溯源方面的优越性，引入数字追溯技术，以政府主导的模式，重构农贸市场食品安全管理。构建了包括地方政府、农贸市场及消费者的演化博弈模型，分析了内外因素如何影响农贸市场食品供应链各主体间的博弈稳定演化。研究指出，各方主体的初始参与意愿、监管成本和惩罚力度对虚假食品溯源信息治理产生显著影响，为乡村振兴中的食品安全管理提供了策略支持。具体结论包括：

主体参与意愿的影响：各主体的参与意愿直接影响虚假食品溯源信息治理的进程。随着参与意愿的增强，农贸市场更倾向于发布真实的食品溯源信息，加快食品安全治理的进程，这对乡村振兴中提升食品安全至关重要。

监管成本与激励效应：监管成本的变化及其产生的正面激励或负面督促效应，显著影响政府监管的积极性。在乡村振兴的背景下，降低监管成本同时提高政府的激励措施，有助于提升政府监管的效率和效果。

政府惩罚力度的重要性：政府对农贸市场的惩罚力度及其所获收益的大小，极大地影响农贸市场发布真实食品溯源信息的概率。提高惩罚力度可以抑制虚假信息的发布，这对乡村振兴中确保食品安全和提升消费者信心非常关键。

2. 建议

基于以上研究结论，为加快构建基于区块链技术背景的农贸市场食品安全治理模式，推进虚假食品溯源信息治理的进程，本章提出三点政策建议。

第一，基于区块链技术构建农贸市场食品安全溯源管理机制，增强政府公信力。区块链技术依托协调机制、信任机制、监管机制、激励机制可加快食品溯源信息流转和降低因信息重叠引起的资源浪费，有利于降低信息发布成本、监管成本，同时具有正面激励效应加强、负面督促效应强化、服务效益提升等作用，能够激励多方主体更好履行自身义务。可见，

由政府主导建设区块链农贸市场食品安全管理模式，既方便执法监管，又便于消费者维护自身权益，有利于增强政府公信力。

第二，引导消费者主动参与农贸市场食品安全治理，培养个体法治精神。通过协调机制打破信息垄断，在信息透明化的管理模式下，由消费者意见所构成的社会评价机制以社会舆论力量为支撑，对农贸市场和政府监管部门都具有不可言喻的影响，是推进农贸市场食品安全治理的一大利器。若找房者对自身效用变化的敏感性差，则农贸市场将继续发布虚假食品溯源信息，由区块链技术打破信息不对称局面的优势也将荡然无存。因此，需引导消费者自觉学法和用法，积极配合治假行动。长此以往，农贸市场权衡利弊，将倾向于选择发布真实食品溯源信息，以期获得社会正面效应支持。

第三，强化政府监管部门严格行使职权，提升食品安全治理能力。在区块链农贸市场食品安全管理模式中，依靠农贸市场自发守法，不仅效益低而且时间长，难以满足消费者维护自身权益和寻求安全食品的需求，不是最优选择。因此，政府监管部门应采取严格的虚假食品溯源信息监管策略，建立高效奖惩制度，完善激励机制，提高惩罚力度，降低消费者举报成本，加强信任机制的构建，积极推进治理体系和治理能力现代化建设，形成多元协作的农贸市场食品安全治理格局。

农贸市场食品安全治理是攻坚难题，涉及多元主体的利益，需要系统性筹划、综合性治理、体系化推动。本章基于区块链技术特性和农贸市场食品供应链主体特点的契合性，提出引入区块链技术建设以政府为主导的农贸市场食品安全管理模式，初步构建基于区块链技术的农贸市场食品安全治理机制，是一个探索性质的研究。但是，区块链技术深度融入食品供应链溯源信息的全过程管理有待进一步健全和完善，尤其是从食品溯源信息服务定价机制市场化角度探究基于区块链技术的农贸市场食品安全治理模式是下一步值得深入研究的方向。

3.5 本章结论

农业供应链中的生产、仓储、消费、零售等环节，数字化转型后均呈现出较明显的资源整合和优化效应。在生产环节，家庭农场通过智能化种植、专业化培育以及信息化管理来实现数字化转型，生产效率和质量有所提升，气候变化等不可抗力也得到了应对，助力于乡村振兴。土地、资本、劳动力、技术资源之间短期内可以互相替代，长期则影响技术变迁，家庭农场需要平衡各资源以实现高效运作。

在仓储环节，政府通过引入5G、物联网等现代信息技术，推动农产品数字化仓储建设和发展。政府在仓储建设和发展中发挥关键作用，政策支持和财政激励等促使农业种植大户与产地批发市场形成合作，优化合作机制，确保权益分配顺畅，农产品存储和保鲜效率得到提升，供应链透明度和追踪性也提升。同时通过将这些技术运用到实践，也提高了农产品市场竞争力，为乡村振兴提供了技术支持。

在数字消费购买环节，直播带货作为蔬果农产品畅销的途径之一，是数字化发展的一个典型案例。积极的策略比消极的策略效果更显著，尤其是在政府补贴下。直播带货通过实时互动和直观展示，减少了生产者与消费者之间的距离，使消费者购买农产品的意愿更强。同时，采取积极的策略，包括专业的培训、品牌建设和市场推广，将大幅增加农产品销售量。通过综合运用积极的营销策略和政府的支持政策，能够极大推动蔬果农产品的畅销和乡村经济的可持续发展。

从农产品零售环节的角度来看，利用数字化转型手段推进农产品溯源体系的构建和食品安全治理，相较于以往的质量追溯改进，更加关注上下游整体链条的效率提升。此外，从资源整合、技术引入、政策创新三个方面重构农产品供应链，食品安全治理可通过增强各主体的参与意愿、提高监管激励措施、加大对虚假信息的惩罚力度快速实现，并对食品安全提供保障，增强消费者的信任度，从而为实现乡村振兴国家战略提供更有力的支持。

第4章
赋能乡村振兴的数字技术研究

数字技术的综合应用可以实现农业供应链的全程数字化和智能化管理，提升农业生产的效率和效益，促进农业现代化，提高乡村经济发展水平，增加农民收入，改善乡村生活质量，推动乡村振兴战略的落实。其中，区块链技术和数字孪生技术能够有效解决农业供应链中的信息不对称和信任问题。通过去中心化和可追溯特性，使各环节参与者之间的交易变得更加透明和安全，从而提升供应链效率，降低摩擦成本，使农民和消费者均能受益。这对于实现乡村振兴具有极其重要的现实意义和战略价值。因此，本章重点分析了区块链技术和数字孪生技术。

4.1 区块链技术

区块链技术通过分布式数字账本，使所有供应链参与者可以访问和共享产品的起源、物流流转以及质量信息，从而建立消费者对产品的信任，正在推动农业供应链的数字化转型。本章以区块链嵌入冷链物流为例，基于前景理论和演化博弈理论，构建了由 n 级冷链参与方、消费者和政府三方组成的演化博弈模型，研究了区块链参数对系统演化过程和结果的影响。研究结果表明区块链技术不仅能有效提升农业供应链的效率和稳定性，还为乡村振兴提供了坚实保障，促进了乡村经济的发展和繁荣。

4.1.1　理论基础

生鲜农产品由于其易腐蚀、难储存等特点，其采摘、包装、存储、运输、配送等环节都需要依托于冷链物流（Zhang et al.，2017）。发展冷链物流对于大幅度地降低农产品的流通损耗，促进农民增收有重要意义。根据 Statista 数据，2020 年全球冷链物流市场规模为 2483.8 亿美元，预计到 2028 年将达到 4107.9 亿美元。中国冷链物流行业 2020 年市场总规模为 3729 亿元，预计 2022 年市场规模将增至 4505 亿元。冷链被认为是由上游农产品供应商和下游农产品零售商组成的供应链系统（Xu and Cai，2020），目前冷链物流监控技术已经较为成熟，但是在生鲜农产品供应链上的数据追溯还存在着诸多问题，有很大概率造成"断链"（Zhang et al.，2019）。在冷链物流过程中，个别环节参与方可能会关闭制冷设备等违约行为。但传统的监控手段难以查明，信息数据库受参与方控制，因此造成的供需不匹配也将造成生鲜农产品的大量浪费（Raut et al.，2019）。目前许多供应链都低效率的现象，导致全球大约三分之一的食物被浪费（Badia-Melis et al.，2018）。相关数据显示，中国农产品在运输过程中的损失率非常高。肉类的损失率达 12%，水产品的损失率高达 15%，而蔬菜和水果的损失率竟高达 20%~30%。中国每年食品冷链运输过程中，光蔬菜水果的损失就能达到 1000 亿元以上。这不仅会给物流企业带来非常大的损失，也造成了大量的食物浪费。而在技术进步的背景下，冷链物流正在往着更加智能化数字化的方向发展，冷链物流行业急需通过有效的数字化技术来构建信息可追溯的冷链供应链体系（Bamakan et al.，2021）。

区块链技术是一种去中心化的分布式账本技术，通过加密算法确保数据的安全性和不可篡改性。它由多个节点共同维护，每个节点都存储完整的账本副本，任何对账本的更改都需要通过共识机制达成一致。区块链的主要特征包括透明性、不可篡改性和去中心化，广泛应用于比特币等加密货币、智能合约、供应链管理和数字身份验证等领域。它通过将数据分成多个"区块"，并通过加密哈希链连接每个区块，从而形成一个连续且不

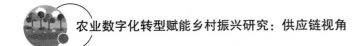

可变的记录链条。

在冷链物流方面，区块链技术具有显著的优势，能够提升供应链透明度，确保食品安全和质量。首先，区块链的不可篡改性确保了每个农产品从生产到销售的所有信息都被真实记录，不可伪造，这意味着消费者和监管机构可以通过区块链追溯每一个产品的来源、生产过程和流通过程，从而有效防止假冒伪劣产品。其次，区块链技术的透明性允许所有相关方（如农民、加工商、零售商和消费者）访问相同的数据，从而建立起信任关系。每个参与者可以实时查看产品的追溯信息，确保数据的透明和共享，这种透明性不仅提高了供应链的可见性，还可以提高供应链的效率，减少中间环节的成本和时间。最后，区块链的去中心化特点使系统更加安全和可靠，由于没有单一的控制点，攻击者很难对整个系统进行攻击，数据的安全性和完整性得到了极大的保障。

于（Yu，2021）研究了区块链技术在冷链物流应用中的透明性和可追溯性，通过区块链技术，可以实现对冷链物流全过程的数据记录和追踪，从而提高物流的透明度和数据的可信度，研究表明，区块链技术可以显著减少冷链物流运输成本，提高运输效率，并弥补冷链物流行业中的不足。李等（Li et al.，2022）结合区块链、边缘计算和物联网技术，构建了基于区块链的端到端冷链物流信用机制验证系统，研究表明基于区块链的信用机制可以有效防止数据篡改，提高数据的可靠性，从而增强物流各方的信任度。张等（Zhang et al.，2022）基于区块链的冷链物流跟踪系统通过联盟链和私有链相结合的方法，研究发现确保了产品追溯系统的开放性和数据隐私性，显著提高了消费者数据查询的效率。温涛和梓浩（Wentao and Zihao，2021）通过设计订单数据和环境数据的联合链系统，提升冷链物流行业的信誉度和数据安全，这一方案的实施和测试表明，该系统能够满足业务需求，对冷链物流行业具有重要影响。

传统博弈多采用期望收益理论来分析博弈主体的策略选择，但与实际中博弈主体感知到的收益存在偏差。而前景理论能够在收益不确定的情况下分析决策者的判断。前景理论是一种起源于心理学的描述性技术，已成为效用理论和其他经典方法在风险和不确定性下决策的替代理论（Asgari and Levy，2009）。与经济学中长期使用的"理性人"假说不同，前景理论

从人们的心理和行为特征解释了非理性因素对人类判断和决策的影响
（Booij et al.，2010）。前景理论已被应用于经济学，进化生物学和政治学
等学科（Vis，2011）。并且已有大量学者通过前景理论分析博弈主体在博
弈过程中的决策行为，如李和李（Li and Li，2020）结合前景理论构建了
疫苗接种的进化博弈模型，研究了感知对促进疫苗接种的作用。鉴于此，
引入前景理论来构建冷链供应链体系演化博弈模型，采用主观概率权重函
数和价值函数来衡量感知收益，能更加真实反映博弈主体的实际感知。

4.1.2　模型构建

　　总体上来看，中国的冷链物流产业发展与发达国家相比起步较晚，存
在着很大的一段距离。虽然我国冷链物流在行业规模、发展质量、创新脚
步和市场竞争力上有着明显的进步，但冷链物流部分领域标准缺失、冷链
技术水平低和冷链设备落后、大中城市冷链物流体系不健全，农业物流信
息平台缺失，冷链物流发展较为缓慢，无法为冷链物流全链条系统地提供
低温保证。农产品生产仍然以每个农民的分散生产为主。供销合作社基本
名副其实，对农产品特别是生鲜农产品的运输和销售影响很小。
　　冷链参与方：各级冷链参与方是冷链的基础组成部分，不同的参与方
对应冷链中的各个节点。食品生产商和零售商很少进行系统数据收集，传
统的冷链监管模式下信息难以追溯，冷链参与方不守约存在很高的投机收
益，同时冷链参与方违约的负外部性将会影响其他冷链参与方守约的意
愿，对整个冷链系统造成负面影响。
　　政府：政府是冷链供应链体系的决策者。完善的信息可追溯系统保
证了在冷链出现问题时能够精确定位出现问题的环节进行处理，因此政
府采用区块链政策也将对冷链参与方起到威慑作用，促使他们守约。冷
链区块链体系的建设受到多方参与者的影响，各方的行为选择都将对整
个系统产生影响，政府如何制定正确的政策进行引导将起到关键作用。
政府的奖惩制度是否合理也将影响消费者的举报积极性和冷链参与方是
否违约。
　　消费者：冷链参与方是否守约将影响到消费者购买到的生鲜农产品品

质，而消费者的举报能够在一定程度上规范冷链参与方的行为。由于缺少冷链基本认识和食品安全意识，法律体系不够健全等问题，消费者的举报意愿将受到影响。

1. 模型假设

本章构建的冷链供应链体系的三方演化博弈主体之间的逻辑关系如图4-1所示。生鲜农产品供应链由各个参与方组成，通过冷链物流，将生鲜农产品提供给消费者，同时消费者将有权在提供的生鲜农产品出现问题时选择进行举报，而政府将受理消费者的举报委托并对此进行查明，政府可选择是否使用区块链技术，这将对能否成功查明产生影响。

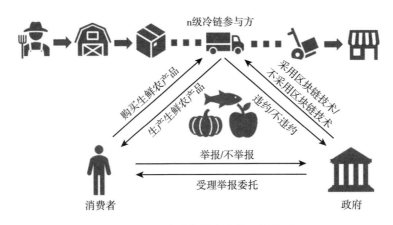

图4-1　三方演化博弈主体逻辑关系

假设4.1.1：博弈参与主体为冷链参与方（x）、消费者（y）、政府（z），三方均为有限理性。

假设4.1.2：冷链参与方的策略空间为（违约（x）、不违约（$1-x$））；生鲜农产品消费者的策略空间为（举报（y）、不举报（$1-y$））；政府的策略空间为（采取区块链技术（z）、不采用区块链技术（$1-z$））。

假设4.1.3：三者主体依据自身的感知收益进行策略选择，并引用前景理论中的两个模型作为感知收益的衡量依据。前景理论由特维斯基和卡尼曼共同提出，用于解释有限理性情况下的决策行为。其中该理论在期望收益的基础上用主观概率权重函数将概率转化为权重，用价值函数替代效用模型。前景理论中的期望价值如式（4-1）所示。

$$U = \sum w(p)v(\Delta\pi) \tag{4-1}$$

式（4-1）中，p 代表事件 i 发生的客观概率，$w(p)$ 代表决策者主观衡量事件 i 的决策权重，为单调递增函数，如式（4-2）所示。通常人们对极高概率事件赋予 1 的权重，对极低概率事件赋予 0 的权重，则有 $w(1) = 1$，$w(0) = 0$。而中、高概率事件容易被低估，低概率事件被高估，则当 P_i 较大时，有 $w(p) < p$，当 P_i 较小时，有 $w(p) > p$。$V(\Delta\pi)$ 代表决策者主观感受到的价值，如式（4-3）所示。

$$w(p) = \frac{p^{\gamma}}{[p^{\gamma} + (1-p)^{\gamma}]^{1/\gamma}} \tag{4-2}$$

$$V(\Delta\pi) = \left\{ \begin{array}{l} \Delta\pi^{\alpha}, \Delta\pi \geq 0 \\ -\lambda(-\Delta\pi)^{\beta}, \Delta\pi < 0 \end{array} \right\} \tag{4-3}$$

式（4-2）的函数呈倒 "S" 型，γ 越小，函数图像越弯曲。式（4-3）中，参数 $\Delta\pi$ 代表博弈前后的收益差额。参数 α、$\beta \in (0,1)$ 代表决策者的风险偏好系数，值越大则对损失与收益的敏感程度越高。λ（$\lambda \geq 1$）参数为损失规避系数，值越大则表示对损失的敏感程度高于收益。

假设 4.1.4：n 级冷链参与方通过售卖单位生鲜农产品可以获得的收益为 P_r，冷链运输的总农产品数量为 Q_u。前各级参与方违约的概率为 α，前参与方违约造成的生鲜农产品损失率为 β，第 n 级参与方最后获得的生鲜农产品数量为 $Q_x = Q_u \times (1-\beta)^{(n-1)\times\alpha}$。$n$ 级冷链参与方开启冷藏设备的成本为 C_o，参与方违约存在投机收益为 S_p，当参与方违约遭到举报后，将会对违约的冷链参与方处以 F_c 的罚款，前 $n-1$ 级参与方罚款总数 $F_x = F_c \times a \times (n-1)$。同时政府不采取区块链技术将会给冷链参与方提供有利环境 G_b。

假设 4.1.5：每级参与者违约都会对消费者购买的生鲜农产品造成一定的损失 h_0^i，因冷链运输中有参与方违约造成的损失 $Hl = \sum_{i=1}^{n-1} h_0^i$，第 n 级损失为 H_n。消费者购买到生鲜农产品的感知收益为 P_e。消费者可以选择举报冷链参与方，当冷链中有参与方违约时，政府将会给举报成功的消费者奖励 S_x。政府采取区块链技术将为保证消费者合法权益提供有力支持 M_c。

假设 4.1.6：政府采取区块链技术需要支付一定的技术成本 C_k，当政府不采用区块链技术但是消费者举报时，需要投入 C_f 的成本进行查明，并且查明成功的概率为 λ。新鲜生鲜农产品流入市场为政府带来的收益为 P。

2. 博弈模型

根据前景理论可知，当收益或损失确定时则不存在实际效用与感知价值的偏差，只有决策者对收益和成本不确定时才有心理感知效用。政府采取区块链技术的成本、接到举报后查明成本与对其他参与方的罚款与奖励仅与自身有关，为确定性支出。同时 n 级冷链参与方售卖生鲜农产品的收入和开启冷藏设备的成本也仅与自身有关，为确定性支出。因此 P_r、C_o、Q_u、F_c、M_g、H_n、S_x、C_k、C_f、P、α、β、λ 不存在感知偏差，而 S_p、G_b、P_e、M_c 具有不确定性，存在感知特征。由此可以得到 n 级冷链参与方、消费者、政府三者策略组合及相应的感知收益，如表 4－1 所示。具体参数说明见表 4－2。

表 4－1　　　　　区块链技术构建冷链供应链体系的三方混合策略博弈模型

策略选择	消费者	政府	
		采用区块链 z	不采用区块链 $1-z$
违约 x	举报 y	$V(S_p) + P_r \times Q_x \times (1-\beta) - F_c$ $V(P_e) + S_x + V(M_c) - H_1 - H_n$ $P - C_k + F_c - S_x + F_x$	$V(G_b) + V(S_p) +$ $P_r \times Q_x \times (1-\beta) - F_c \times \lambda$ $V(P_e) + S_x \times \lambda - H_1 - H_n$ $P - C_f + F_c \times \lambda - S_x + F_x$
	不举报 $1-y$	$V(S_p) + P_r \times Q_x \times (1-\beta)$ $V(P_e) + V(M_c) - H_1 - H_n$ $P - C_k - F_x$	$V(G_b) + V(S_p) + P_r \times Q_x \times (1-\beta)$ $V(P_e) - H_1 - H_n$ P
不违约 $1-x$	举报 y	$V(S_p) + P_r \times Q_x + M_g - C_o$ $V(P_e) + \alpha \times S_x + V(M_c) - H_1$ $P - C_k + F_x - M_g$	$V(S_p) + P_r \times Q_x + M_g - C_o$ $V(P_e) + \alpha \times \lambda \times S_x - H_1$ $P - C_f + F_x - M_g$
	不举报 $1-y$	$V(S_p) + P_r \times Q_x - C_o$ $V(P_e) + V(M_c) - H_1$ $P - C_k$	$V(S_p) + P_r \times Q_x - C_o$ $V(P_e) - H_1$ P

（左侧合并单元格为"参与方"）

表4-2   演化博弈模型参数变量

参数		变量名称
生产企业	S_p	违约的投机收益
	P_r	销售单位数量农产品的收益
	α	前参与方可能的违约概率
	β	前参与方违约造成的生鲜农产品损失率
	C_o	开启冷藏设备需要的成本
	Q_u	运输的农产品数量
	G_b	不采取区块链政策为违约提供有利环境
	F_c	对参与方违约的罚款
	M_g	奖励
	Q_x	n 级参与方的农产品数量
	F_x	前 $n-1$ 级参与方罚款总数
农户	h_o^i	每级参与者违约造成一定的损失
	H_1	因冷链运输中有参与方违约造成的损失
	H_n	前 n 级冷链运输参与方违约造成的损失
	P_e	购买到生鲜农产品的感知收益
	λ	政府成功查明、举报成功的概率
	S_x	举报成功的收益
	M_c	采取区块链政策后保证消费者权益提供有力支持
政府	C_k	采取区块链技术的技术成本
	C_f	不使用区块链技术时查明需要的成本
	P	新鲜生鲜农产品流入市场的收益

4.1.3 模型分析

1. 每个参与者的预期收益和复制动态方程

根据表4-1中的收益矩阵，假设 E_{ij} 和 $\overline{E_i}$ 分别代表参与者的预期收益和平均收益。$i=1$、2、3 分别代表 n 级冷链参与方、消费者和政府，$j=1$，

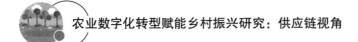

2 代表参与者的两个不同决定。不同选择对 n 级冷链参与方、消费者和政府的预期收益如下：

$$E_{11} = (1-z) \times V(G_b) + V(S_p) + (\lambda - 1) \times z - \lambda \times y \times F_c + P_r \times Q_x \times (1-\beta)$$
$$(4-4)$$

$$E_{12} = (-1+z) \times (-1+y) \times V(S_p) + [y \times (1-z) + z] \times V(S_p)$$
$$+ M_g \times y + P_r \times Q_x - C_o \qquad (4-5)$$

$$E_{21} = x \times z \times (V(P_e) + S_x + V(M_c) - H_1 - H_n) + x \times (1-z)$$
$$\times (V(P_e) + S_x \times \lambda - H_1 - H_n) + (1-x) \times z \times (V(P_e)$$
$$+ \alpha \times S_x + V(M_c) - H_1) + (1-x) \times (1-z) \times (V(P_e)$$
$$+ \alpha \times \lambda \times S_x - H_1) \qquad (4-6)$$

$$E_{22} = x \times z \times (V(P_e) + V(M_c) - H_1 - H_n) + x \times (1-z) \times (V(P_e)$$
$$- H_1 - H_n) + (1-x) \times z \times (V(P_e) + V(M_c) - H_1) + (1-x)$$
$$\times (1-z) \times (V(P_e) - H_1) \qquad (4-7)$$

$$E_{31} = x \times y \times (P - C_k + F_c - S_x + F_x) + x \times (1-y) \times (P - C_k - F_x)$$
$$+ (1-x) \times y \times (P - C_k + F_x - M_g) + (1-x) \times (1-y) \times (P - C_k)$$
$$(4-8)$$

$$E_{32} = x \times y \times (P - C_f + F_c \times \lambda - S_x + F_x) + x \times (1-y) \times P + (1-x)$$
$$\times y \times (P - C_f + F_x - M_g) + (1-x) \times (1-y) \times P \qquad (4-9)$$

据上面的公式，可以得到三个参与主体的平均期望收益如下：

$$E_1 = x \times E_{11} + (1-x) \times E_{12} \qquad (4-10)$$

$$E_2 = y \times E_{21} + (1-y) \times E_{22} \qquad (4-11)$$

$$E_3 = z \times E_{31} + (1-z) \times E_{32} \qquad (4-12)$$

根据三个参与主体的期望收益，计算复制动态方程如下：

$$F(x) = \mathrm{d}x\mathrm{d}t = x \times (E_{11} - E_1) = x \times (x-1) \times (M_g \times y - V(G_b) - C_o + z$$
$$\times V(G_b) + B \times Q_x + C \times F_c \times y + F_c \times y \times z - C \times F_c \times y \times z)$$
$$(4-13)$$

$$F(y) = \mathrm{d}y\mathrm{d}t = y \times (E_{21} - E_2) = -S_x \times y \times (y-1) \times (A + x - A \times x)$$
$$\times (C + z - C \times z) \qquad (4-14)$$

$$F(z) = \mathrm{d}z\mathrm{d}t = z \times (z-1) \times (C_k - C_f \times y + F_x \times x - F_c \times x \times y$$
$$- F_x \times x \times y + C \times F_c \times x \times y) \tag{4-15}$$

2. 进化博弈的稳定性分析

（1）每个参与者的稳定策略分析。

当复制动态方程等于 0 时，意味着 (x, y, z) 不再随时间变化，每个参与者的选择是最优策略。根据微分方程稳定性原理，当复制动态方程为 0 且其一阶导数小于 0 时，复制动态系统达到稳定状态。因此，对消费者和政府的策略进行稳定分析如下：

对于 n 级冷链参与方而言，可以从等式（4-10）中得出以下结论：

第一，当 $0 < y < \dfrac{(B \times P_r \times Q_x + z \times V(G_b) - C_o - V(G_b))}{(C \times F_c \times z - C \times F_c - F_c \times z - M_g)}$ 时，$\left.\dfrac{\mathrm{d}F(x)}{\mathrm{d}x}\right|_{x=1} < 0$，$\left.\dfrac{\mathrm{d}F(x)}{\mathrm{d}x}\right|_{x=0} > 0$，可以推断 $x = 1$ 是 n 级冷链参与方的演化稳定点。这表明 n 级冷链参与方已经从不违约转变为违约，并最终通过选择违约而稳定下来。

第二，当 $y = \dfrac{(B \times P_r \times Q_x + z \times V(G_b) - C_o - V(G_b))}{(C \times F_c \times z - C \times F_c - F_c \times z - M_g)}$ 时，$F(x) = 0$。这表明，n 级冷链参与方选择违约和不违约具有相同的收益。所有 x 都是进化稳定的，策略选择不随时间变化。

第三，当 $\dfrac{(B \times P_r \times Q_x + z \times V(G_b) - C_o - V(G_b))}{(C \times F_c \times z - C \times F_c - F_c \times z - M_g)} < y < 1$ 时，$\left.\dfrac{\mathrm{d}F(x)}{\mathrm{d}x}\right|_{x=0} < 0$，$\left.\dfrac{\mathrm{d}F(x)}{\mathrm{d}x}\right|_{x=1} > 0$，可以推断 $x = 0$ 是 n 级冷链参与方的演化稳定点。这表明已经从违约转变为不违约，并最终通过选择不违约而稳定下来。

对于消费者而言，可以从等式（4-11）中得出以下结论：

第一，当 $0 < z < \dfrac{C}{C-1}$ 时，$\left.\dfrac{\mathrm{d}F(y)}{\mathrm{d}y}\right|_{y=1} > 0$，$\left.\dfrac{\mathrm{d}F(y)}{\mathrm{d}y}\right|_{y=0} < 0$，可以推断 $y = 0$ 是消费者的演化稳定点。这表明消费者已经从举报转变为不举报，并最终通过选择不举报而稳定下来。

第二，当 $z = \dfrac{C}{C-1}$ 时，$F(y) = 0$。这表明，消费者选择举报和不举报具有相同的收益。所有 y 都是进化稳定的，策略选择不随时间变化。

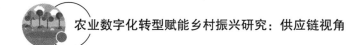
第三，当 $\frac{C}{C-1}<z<1$ 时，$\left.\frac{\mathrm{d}F(y)}{\mathrm{d}y}\right|_{y=0}>0$，$\left.\frac{\mathrm{d}F(y)}{\mathrm{d}y}\right|_{y=1}<0$，可以推断 $y=$ 1 是消费者的演化稳定点。这表明消费者已经从不举报转变为举报，并最终通过选择举报而稳定下来。

对于政府而言，可以从等式（4-12）中得出以下结论：

第一，当 $0<x<\frac{(C_{\mathrm{f}}y-C_{\mathrm{k}})}{(C\times F_{\mathrm{c}}\times y-F_{\mathrm{c}}\times y-F_{\mathrm{x}}\times y+F_{\mathrm{x}})}$ 时，$\left.\frac{\mathrm{d}F(z)}{\mathrm{d}z}\right|_{z=1}<0$，$\left.\frac{\mathrm{d}F(z)}{\mathrm{d}z}\right|_{z=0}>0$，可以推断 $z=1$ 是政府的演化稳定点。这表明政府已经从不采用区块链技术转变为采用区块链技术，并最终通过选择采取区块链技术而稳定下来。

第二，当 $x=\frac{(C_{\mathrm{f}}\times y-C_{\mathrm{k}})}{(C\times F_{\mathrm{c}}\times y-F_{\mathrm{c}}\times y-F_{\mathrm{x}}\times y+F_{\mathrm{x}})}$ 时，$F(z)=0$。这表明，政府选择采用区块链技术和不采用区块链技术具有相同的收益。所有 z 都是进化稳定的，策略选择不随时间变化。

第三，当 $\frac{(C_{\mathrm{f}}\times y-C_{\mathrm{k}})}{(C\times F_{\mathrm{c}}\times y-F_{\mathrm{c}}\times y-F_{\mathrm{x}}\times y+F_{\mathrm{x}})}<x<1$ 时，$\left.\frac{\mathrm{d}F(z)}{\mathrm{d}z}\right|_{z=0}<0$，$\left.\frac{\mathrm{d}F(z)}{\mathrm{d}z}\right|_{z=1}>0$，可以推断 $z=0$ 是政府的演化稳定点。这表明政府已经从采用区块链技术转变为不采用区块链技术。

（2）系统稳定性分析。

根据上述分析，得到了进化博弈系统的八个平衡点：$E_1(0,0,0)$、$E_2(0,0,1)$、$E_3(0,1,0)$、$E_4(1,0,0)$、$E_5(0,1,1)$、$E_6(1,0,1)$、$E_7(1,1,0)$ 和 $E_8(1,1,1)$。均衡点是否渐进稳定仍不确定，只有当纳什均衡和纯策略纳什均衡都满足时，ESS 才能实现。平衡点的渐进稳定性由李雅普诺夫判别法（间接法）确定，该判别法首先求解雅可比矩阵及其特征值。为了分析农药生产企业、农户和政府之间的演变和稳定趋势，我们建立了雅可比矩阵，如等式（4-13）所示。我们通过分别取 $F(x)$、$F(y)$ 和 $F(z)$ 相对于 x、y 和 z 的一阶偏导数来获得雅可比矩阵的特征值。利用李亚普诺夫（Lyapunov）第一法：雅克比矩阵的所有特征值均具有负实部，则均衡点为渐进稳定点；雅克比矩阵的特征值至少有一个具有正实部，则均衡点为不稳定点；雅克比矩阵除具有实部为零的特征值外，其余特征值都具有负实部，则均衡点处于临界状态，稳定性不能由特征值符号确定。分析各均衡点的稳定性，如表 4 – 3 所示。

$$J = \begin{pmatrix} \dfrac{\mathrm{d}(F(x))}{\mathrm{d}x} & \dfrac{\mathrm{d}(F(x))}{\mathrm{d}y} & \dfrac{\mathrm{d}(F(x))}{\mathrm{d}z} \\[2mm] \dfrac{\mathrm{d}(F(y))}{\mathrm{d}x} & \dfrac{\mathrm{d}(F(y))}{\mathrm{d}y} & \dfrac{\mathrm{d}(F(y))}{\mathrm{d}z} \\[2mm] \dfrac{\mathrm{d}(F(z))}{\mathrm{d}x} & \dfrac{\mathrm{d}(F(z))}{\mathrm{d}y} & \dfrac{\mathrm{d}(F(z))}{\mathrm{d}z} \end{pmatrix} \tag{4 – 16}$$

$$
\begin{cases}
\begin{aligned}
\dfrac{\mathrm{d}(F(x))}{\mathrm{d}x} =\ & x \times (M_g \times y - V(G_b) - C_o + z \times V(G_b) + B \times P_r \times Q_x \\
& + C \times F_c \times y + F_c \times y \times z - C \times F_c \times y \times z) + (x - 1) \\
& \times (M_g \times y - V(G_b) - C_o + z \times V(G_b) + B \times P_r \times Q_x \\
& + C \times F_c \times y + F_c \times y \times z - C \times F_c \times y \times z) \\[2mm]
\dfrac{\mathrm{d}(F(x))}{\mathrm{d}y} =\ & x \times (x - 1) \times (M_g + F_c \times z + C \times F_c - C \times F_c \times z) \\[2mm]
\dfrac{\mathrm{d}(F(x))}{\mathrm{d}z} =\ & x \times (x - 1) \times (V(G_b) + F_c \times y - C \times F_c \times y) \\[2mm]
\dfrac{\mathrm{d}(F(y))}{\mathrm{d}x} =\ & S_x \times y \times (A - 1) \times (y - 1) \times (C + z - C \times z) \\[2mm]
\dfrac{\mathrm{d}(F(y))}{\mathrm{d}y} =\ & - S_x \times y \times (A + x - A \times x) \times (C + z - C \times z) \\
& - S_x \times (y - 1) \times (A + x - A \times x) \times (C + z - C \times z) \\[2mm]
\dfrac{\mathrm{d}(F(y))}{\mathrm{d}z} =\ & S_x \times y \times (C - 1) \times (y - 1) \times (A + x - A \times x) \\[2mm]
\dfrac{\mathrm{d}(F(z))}{\mathrm{d}x} =\ & z \times (z - 1) \times (F_x - F_c \times y - F_x \times y + C \times F_c \times y) \\[2mm]
\dfrac{\mathrm{d}(F(z))}{\mathrm{d}y} =\ & - z \times (z - 1) \times (C_f + F_c \times x + F_x \times x - C \times F_c \times x) \\[2mm]
\dfrac{\mathrm{d}(F(z))}{\mathrm{d}z} =\ & (z - 1) \times (C_k - C_f \times y + F_x \times x - F_c \times x \times y - F_x \times x \times y \\
& + C \times F_c \times x \times y) + z \times (C_k - C_f \times y + F_x \times x - F_c \times x \times y \\
& - F_x \times x \times y + C \times F_c \times x \times y)
\end{aligned}
\end{cases}
\tag{4 – 17}
$$

表4-3   平衡点的稳定性

均衡点	雅克比矩阵特征值
	λ_1，λ_2，λ_3
$E_1(0,0,0)$	$C_o + V(G_b) - B \times P_r \times Q_x, A \times C \times S_x, -C_k$
$E_2(0,0,1)$	$C_o - B \times P_r \times Q_x, A \times S_x, C_k$
$E_3(0,1,0)$	$C_o - M_g + V(G_b) - C \times F_c - B \times P_r \times Q_x, -A \times C \times S_x, C_f - C_k$
$E_4(1,0,0)$	$B \times P_r \times Q_x - V(G_b) - C_o, C \times S_x, -C_k - F_x$
$E_5(0,1,1)$	$C_o - F_c - M_g - B \times P_r \times Q_x, -A \times S_x, C_k - C_f$
$E_6(1,0,1)$	$B \times P_r \times Q_x - C_o, S_x, C_k + F_x$
$E_7(1,1,0)$	$M_g - C_o - V(G_b) + C \times F_c + B \times P_r \times Q_x, -C \times S_x, C_f - C_k + F_c - C \times F_c$
$E_8(1,1,1)$	$F_c - C_o + M_g + B \times P_r \times Q_x, -S_x, C_k - C_f - F_c + C \times F_c$

以上的八个均衡点代表了8种不同的情况。具体分析如下：

情形1：（0，0，0）表明在政府不使用区块链技术的情况下，冷链参与方选择不违约，消费者选择不举报。此时 $\lambda_2 = A \times C \times S_x > 0$，不满足所有特征值均<0的条件，因此（0，0，0）不是ESS点。

情形2：（0，0，1）表明在政府使用区块链技术的情况下，冷链参与方选择不违约，消费者选择不举报。此时 $\lambda_3 = C_k > 0$，不满足所有特征值均<0的条件，因此（0，0，1）不是ESS点。

情形3：（0，1，0）表明在政府不使用区块链技术的情况下，冷链参与方选择不违约，消费者选择举报。此时 $\lambda_2 = -A \times C \times S_x < 0$，若满足 $C_o - M_g + V(G_b) - C \times F_c - B \times P_r \times Q_x < 0, C_f - C_k < 0$，则（0，1，0）为ESS点。若不满足，则（0，1，0）不是ESS点。

情形4：（1，0，0）表明在政府不使用区块链技术的情况下，冷链参与方选择违约，消费者选择不举报。此时 $\lambda_2 = -C \times S_x > 0$，不满足所有特征值均<0的条件，因此（1，0，0）不是ESS点。

情形5：（0，1，1）表明在政府使用区块链技术的情况下，冷链参与方选择不违约，消费者选择举报。此时 $\lambda_2 = -A \times S_x < 0$，若满足 $C_o - F_c - M_g - B \times P_r \times Q_x < 0$，$C_k - C_f < 0$，则（0，1，1）为ESS点。若不满足，则（0，1，1）不是ESS点。

情形6：（1，0，1）表明在政府使用区块链技术的情况下，冷链参与方选择违约，消费者选择不举报。此时 $\lambda_2 = C_3 + S \times S_x > 0$，$\lambda_3 = C_k + F_x > 0$，不满足所有特征值均<0的条件，因此（1，0，1）不是ESS点。

情形 7：（1，1，0）表明在政府不使用区块链技术的情况下，冷链参与方选择违约，消费者选择举报。此时 $\lambda_2 = -C \times S_x < 0$，若满足 $M_g - C_o - V(G_b) + C \times F_c + B \times P_r \times Q_x < 0, C_f - C_k + F_c - C \times F_c < 0$，则（1，1，0）为 ESS 点。若不满足，则（1，1，0）不是 ESS 点。

情形 8：（1，1，1）表明在政府使用区块链技术的情况下，冷链参与方选择违约，消费者选择举报。此时 $\lambda_1 = F_c - C_o + M_g + B \times P_r \times Q_x > 0$，不满足所有特征值均 < 0 的条件，因此（1，1，1）不是 ESS 点。

通过上述对于雅克比矩阵的特征值的分析，我们可以发现 $E_1(0,0,0)$，$E_2(0,0,1)$，$E_4(1,0,0)$，$E_6(1,0,1)$，$E_8(1,1,1)$ 不是稳定点。$E_3(0,1,0)$，$E_5(0,1,1)$，$E_7(1,1,0)$ 为可能的 ESS 点，而这三个点分别对应了冷链供应链体系建设中的三个发展阶段，具体分析如下。

在冷链供应链体系建设初期，由于未形成良好的业内风气与环境，供应链技术不够成熟，政府采用区块链技术的成本较高，当政府采用区块链技术的成本大于一定程度时，即 $C_f - C_k + F_c - C \times F_c < 0$，政府将不采用区块链政策。由于政府不采用区块链政策，为冷链参与方违约提供了有利条件，此时冷链参与方能以较低的投机成本取得较大的投机收益，而政府的奖惩力度不足，使违约的收益远远高于不违约的收益，即 $M_g - C_o - V(G_b) + C \times F_c + B \times P_r \times Q_x < 0$，冷链参与方将选择违约。由于政府缺乏相应措施，冷链参与方违约概率越来越高，而消费者将因此遭受损失，为维护自身权益消费者将选择举报。

而随区块链技术逐渐地成熟以及政府逐渐意识到加强冷链供应链体系建设的重要性，政府将开始加大对冷链的监管力度。当区块链技术使用的成本小于传统监管查明冷链问题的成本时，即 $C_k - C_f < 0$，政府将开始采用区块链技术。与此同时，政府也开始加强对于冷链参与方的奖惩力度，当奖惩力度到达一定程度，即 $C_o - F_c - M_g - B \times P_r \times Q_x < 0$ 时，冷链参与方将选择不违约。此时仍有部分冷链参与方存在违约情况，消费者在举报成功的奖励与维护自身权益的双重作用下将选择举报。

而在冷链行业发展的成熟阶段，区块链技术发达并且政府高度重视下，冷链参与方违约的收益将大大减少，开始自觉遵守行业规范，$C_o - M_g + V(G_b) - C \times F_c - B \times P_r \times Q_x < 0$，冷链参与方选择不违约。而此时过度的政府干预只会增加财政负担，即 $C_f - C_k < 0$，因此政府会逐渐退出市

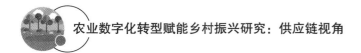
场，选择不采取区块链技术。消费者由于举报的低成本和举报成功奖励下，仍会在产品出现问题时选择举报。

三种情况的模拟如图 4－2 所示。

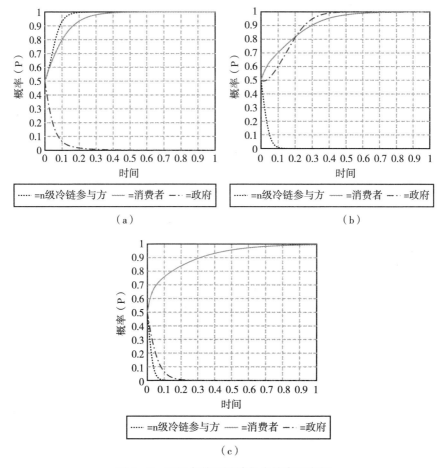

图 4－2　不同条件下系统各方的意愿变化

注：（a）$M_g - C_o - V(G_b) + C \times F_c + B \times P_r \times Q_x < 0, C_f - C_k + F_c - C \times F_c < 0$；（b）$C_o - F_c - M_g - B \times P_r \times Q_x < 0, C_k - C_f < 0$；（c）$C_o - M_g + V(G_b) - C \times F_c - B \times P_r \times Q_x < 0, C_f - C_k < 0$。

4.1.4　仿真分析

1. 初始变量

本节讨论了情况 1 中关键参数的敏感性，包括采用区块链技术需要的成本、运输生鲜农产品数量、前冷链参与方违约概率。在模拟参数的灵敏度时，我们保持其他参数不变。

海航冷链是一所致力于第三方冷链物流的仓储、运输、配送服务，并为客户提供物流解决方案等物流增值服务的公司。公司自 1997 年成立以来，立足高速增长的行业环境，持续完善境内外网络布局专注于成为全球化产融信一体的冷链产业集成服务商、冷链生态运营商和投资商，例如，将温岭西甜瓜、花椰菜等农产品通过冷链销往全国乃至全球。并在未来将进一步规范公司治理结构和经营管理，加快全国冷链物流中心建设和网络布局，同时不断向冷链金融、冷链商贸、冷链科技等业务领域延伸，由传统物流资源运营商向现代冷链物流资源整合者的转型。该案例对于在中国和世界冷链产业来说是典型和可复制的。因此，我们选择海航冷链公司作为计算变量初始值的案例。

本章通过四个通道获得了参数的初始值。第一，政府颁布的相关政策。《关于对新冠疫情防控冷链物流举报实施奖励的意见》，鼓励全社会举报冷链物流违法行为，举报线索一经查实将按照行政处罚金额的 1% 计算奖励金额，最高可获 50000 元的奖励，我们参考得到 $S_x = 20$。国家发展改革委印发《关于做好 2020 年国家骨干冷链物流基地建设工作的通知》中提到 2020 年农业农村部会同有关部门安排中央财政 50 亿元资金，支持河北、山西等 16 个省围绕水果、蔬菜等鲜活农产品开展仓储保鲜冷链设施建设，我们参考得到 $M_g = 20$。第二，经典文献和企业财务报表。刘（Liu，2020）通过对"顺丰速运"的访谈获得了数据，我们参考得出了以下参数 $S_p = 50$。我们从宋等（Song et al.，2022）建立的由政府、电信运营商和农业企业组成的演化博弈模型中参考得到 $C_k = 30$。通过张等（Zhang et al.，2022）供应链物流信息协同策略的研究我们参考得到 $H_n = 15$。通过分析海航冷链 2022 年的财务报表，我们得到 $Q_u = 100$，$P_r = 3$，$C_o = 45$。第三，实地调研数据。我们调研了十余家中国的冷链相关企业与千名生鲜农产品消费者，我们得到 $A = 0.3$，$B = 0.2$，$C = 0.4$，$P_e = 100$。第四，我们咨询了温州农业领域的专家意见，专家估计了农民对减少化肥的风险预期、消费者对绿色农产品市场的信任以及消费者不匹配成本的初始价值。为了减少评估人员主观因素的影响，从而确保对这些参数进行科学、准确、有效和一致的量化，我们招聘了 15 名农业专家（4 名教授、6 名副教授、5 名博士生），并将他们随机分配到六组。整个估值过程由以下六个步骤组成。

第一步，解释和讨论模型结构和参数的影响；

第二步，进行试估并优化估值标准；

第三步，进行预估并修改估值标准；

第四步，进行第一次正式估值；

第五步，修改官方估值结果；

第六步，使用平均法计算最终估值。

基于所有来源的信息，我们简化了数据处理，如表 4-4 所示。

表 4-4 所有变量的初始值

参与者	参数	变量	数值
n 级冷链参与方	不守约的投机收益	S_p（Liu et al.，2020）	50
	销售单位数量农产品的收益	P_r[①]	3
	前参与方可能的违约概率	α（实地调研）	0.3
	前参与方违约造成的生鲜农产品损失率	β（实地调研）	0.2
	开启冷藏设备进行运输需要的成本	C_o	45
	运输的农产品数量	Q_u	100
	不采取区块链政策为违约提供有利环境	G_b（专家评估）	20
	对参与方违约的罚款	F_c（专家评估）	20
	奖励	M_g[②]	20
消费者	第 n 级损失	H_n（Zhang et al.，2020）	15
	购买到生鲜农产品的感知收益	P_e（实地调研）	100
	政府成功查明、举报成功的概率	Λ（实地调研）	0.4
	举报成功的收益	S_x[③]	20
	采取区块链政策后保证消费者权益提供有力支持	M_c（专家评估）	30
政府	采取区块链技术的技术成本	C_k（Song et al.，2020）	30
	不使用区块链技术时查明需要的成本	C_f（专家评估）	40
	新鲜生鲜农产品流入市场的收益	P（专家评估）	100

注：① https://stock.qianzhan.com/neeq/zichanfuzhai_831900.OC.html.

② https://www.ndrc.gov.cn/fzggw/jgsj/jms/sjdt/202007/t20200707_21233266.html?code=&state=20200123.

③ https://www.sc.gov.cn/10462/c102256/102021/102251/102219/ef102291ee102258d102251e105492cae106337fe102252c102272f102257b.shtml.

2. 不同变量改变的模拟

（1）采用区块链技术需要成本的影响。

我们设置采用区块链技术的成本 $C_k = 20$，30，40，50，各方的意愿变化如图 4-3（a）至图 4-3（c）所示。由图可知，政府采取区块链技术的技术成本将大大影响政府采取区块链技术的意愿，随区块链技术的成本下降，政府采取区块链技术的意愿将显著提升。区块链技术能够建立完善的冷链信息可追溯系统，精确监管冷链供应链体系，有效查明出现问题的环节。因此政府采取区块链技术的意愿也将影响消费者能否成功举报的概率，进而影响消费者举报的意愿。因此大力发展区块链技术，降低区块链技术使用成本对构建冷链供应链体系有重要影响。

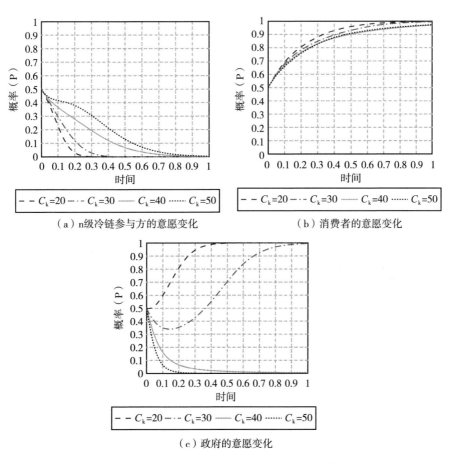

（a）n级冷链参与方的意愿变化　　　　　（b）消费者的意愿变化

（c）政府的意愿变化

图 4-3　采用区块链技术的成本不同时各方意愿的变化

（2）运输生鲜农产品数量的影响。

我们设置冷链运输生鲜农产品的数量 $Q_x = 50$，70，90，110，各方的意愿变化如图 4 - 4（a）至图 4 - 4（c）所示。由图可知，冷链物流中所运输的生鲜农产品数量越多，政府采用区块链技术和 n 级冷链参与方不违约的意愿越高。冷链物流的规模越大，政府和 n 级冷链参与方越能通过冷链获得更大收益，因此政府将选择采用区块链技术，n 级冷链参与方将选择不违约。政府应积极推进冷链供应链体系建设，扩大冷链规模。

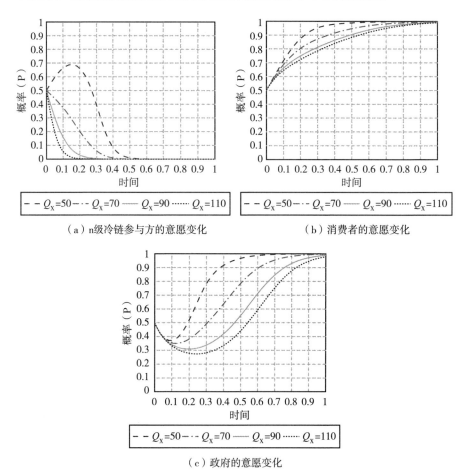

（a）n 级冷链参与方的意愿变化   （b）消费者的意愿变化

（c）政府的意愿变化

图 4 - 4   运输生鲜农产品数量不同时各方意愿的变化

（3）前冷链参与方违约概率的影响。

我们设置前冷链参与方违约概率 $\alpha = 0.3$，0.4，0.5，0.6，各方的意愿变化如图4-5（a）至图4-5(c)所示。由图可知，冷链运输中存在许多节点，传统冷链下各节点的信息不共享。因此单个冷链参与方的行为将存在很大的外部性，某个冷链参与方违约的行为，将会影响其他冷链参与方不违约的意愿。由图可知，随前冷链参与方违约的意愿越高，n 级冷链参与方不违约的意愿将显著降低。且随前冷链参与方违约的意愿越高，政府使用区块链技术的必要性也将越高，政府越应当使用区块链技术。

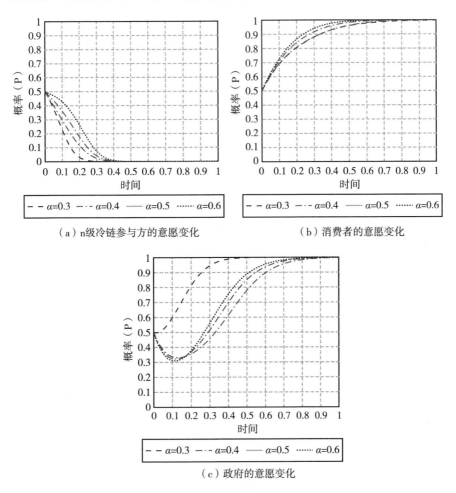

（a）n级冷链参与方的意愿变化　　　　（b）消费者的意愿变化

（c）政府的意愿变化

图4-5　前冷链参与方违约概率不同时各方意愿的变化

（4）政府对冷链参与方和消费者奖励的影响。

我们设置政府对冷链参与方和消费者的奖励分别为 $M_g = 20$，40，60，

80，Sx = 20，40，60，80。各方的意愿变化如图4 – 6所示。由图可知，政府的奖励增加将对冷链参与方的不违约行为和消费者的举报行为意愿起到积极影响。在行业建设初期冷链参与方的守约意识较低，消费者的食品安全意识较差时，政府的奖励政策将起到重要的引导作用。但随着政府奖励的增加，效果将会越来越差，并且随着时间推移政府奖励的影响也将变小。政府应该设置好合理的奖励机制，以获得最大的效益。

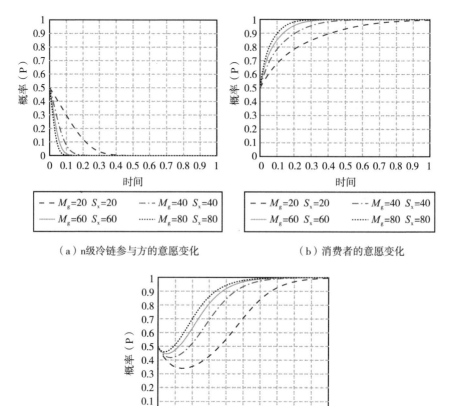

（a）n级冷链参与方的意愿变化　　　（b）消费者的意愿变化

（c）政府的意愿变化

图4 – 6　政府奖励不同时各方意愿的变化

4.1.5 小结

1. 分析

中国作为一个农业大国，易腐烂水果和蔬菜等生鲜农产品产量位居世界第一。但由于基础设施不健全和储存设施不足以及相关知识和技术的缺乏等问题，中国的生鲜农产品损失率一直居高不下。改进传统冷链物流，构建冷链供应链体系，需要现代化技术的引进。构建冷链供应链体系是一个涉及多个利益相关者的多方协调过程。冷链供应链体系需要完善可靠的信息可追溯系统，以有效监控冷链，而这其中关系到各冷链参与方以及消费者的利益。这意味着国家政府需要协调多方利益，以实现冷链供应链体系的建成。

世界各国对于现代化冷链物流建设高度重视。加拿大最先建起一整套由空运、陆路、铁道、水路多种途径有机结合的复杂而高效运转的综合冷链物流体系，各种载体资源之间巧妙的整体规划和组织协调，形成了高度发达的农产品冷链物流网络。在农产品冷链物流的全过程实现了低温控制，使农产品在储存、运输过程中的损耗降到最小，并有效降低了由此所引起的污染。该网络通过现代化的手段保证将加拿大的蔬果损耗控制在5%以内，其物流成本不到30%。美国应用 RFID、GPS 配备温度控制系统，通过自动控温与温度监控实时监控医药温度，保持医药冷藏运输温度在2℃~8℃，保障疫苗、生物制剂等医药在冷链运输过程中的温度监控。同时，美国拥有世界最先进的"三段式"冷藏运输车，可同时满足三种不同冷藏医药品的温度需求。英国英格兰（C. R. England）冷链服务运输公司，拥有电子数据交换、卫星定位系统、远程控制平台等先进辅助技术，并为每辆冷链车配备了冷链 GPS 定位、网络跟踪设备和网络账单功能，可实时追踪每辆冷链车辆的运输信息，做到有据可查，保证医药冷链运输过程的质量安全。日本也拥有最先进的条形码技术与温度传感器技术，可实时监控医药冷链物流服务质量。同时，日本还引入车载地图系统，为医药冷链配送车辆规划物流配送路线，极大减少物流在途消耗时间，医药冷链物流配送效率较高。

对于区块链等技术在冷链中的使用的必要性已在许多学者的研究中得到证明。结合区块链和物联网技术的智能合约应用于血液冷链（BCC）中，能够确保血液或血液制品的质量。将区块链技术（BCT）应用于食品冷链，该系统有望保证食品的可追溯性和可持续性。本章的模拟结果也表明，通过区块链技术的研发来降低技术使用的成本，能够有效促进冷链供应链系统的建设。现代化技术与传统冷链物流的结合让冷链物流各个环节更加紧凑，构建了信息可追溯系统，形成了冷链供应链体系，为冷链行业高质量发展提供了发展方向。而在其过程中需要政府的引导作用，本章的模拟结果也表明政府的奖励政策将对各方的积极行为起到激励作用。政府应该设置合理的奖惩机制，合理调控冷链运输产品的价格，以此促进冷链的发展，政府支持并管理公司的信息共享，能够有效防止冷链断链现象的出现。

2. 结论

基于演化博弈理论和前景理论，本章构建了 n 级冷链参与方、消费者和政府三方的进化博弈模型。我们模拟了不同的参数改变对系统产生的影响，揭示了政府区块链技术使用对于构建冷链供应链体系的影响。我们得出了以下三点结论。

第一，我们通过系统稳定性分析得到了冷链供应链体系建设中会出现的三个稳定情况以及为何会出现这三种稳定情况的原因，当满足 $C_f - C_k + F_c - C \times F_c < 0, M_g - C_o - V(G_b) + C \times F_c + B \times P_r \times Q_x < 0; C_k - C_f < 0, C_o - F_c - M_g - B \times P_r \times Q_x < 0; C_o - M_g + V(G_b) - C \times F_c - B \times P_r \times Q_x < 0, C_{f\_k} < 0$ 时，系统将分别呈现对应冷链供应链体系构建的初期、中期和后期。通过此我们研究得出了在冷链供应链体系建设的过程中政府奖励，使用区块链技术的成本等因素会影响系统往更高的发展阶段进化。

第二，研究结果表明，冷链各参与方存在很强的负外部性，要想构建良好的冷链供应链体系，需要整个冷链各节点参与方整体的不违约意识增强，共建一个良好的环境来促进构建冷链供应链体系。同时冷链规模也将对系统产生影响，冷链规模越大，冷链参与方的违约行为会有效减少，政府应积极构建冷链供应链体系，扩大冷链规模将对冷链供应链体系的构建起到积极作用。

第三，区块链技术使用的成本将大大影响政府采用区块链技术的效益，从而影响冷链参与方与消费者的行为，政府应大力推动区块链技术研究，加强技术创新，减少技术使用成本，为冷链供应链体系构建带来积极影响。除此之外政府的奖励政策也将带来积极影响，政府定制合理的奖励机制将在冷链供应链建设初期带来重要影响。

3. 建议

基于以上分析结论，我们提出以下三点政策建议。

第一，加强宣传教育。加强冷链物流理念宣传和冷链知识科普教育，提高公众认知度、认可度，培养良好消费习惯和健康生活方式，提高群众鉴别不合格冻品的能力，增强消费者维护冷链供应链体系健康发展的责任感，通过消费者的积极举报共同构建良好的冷链环境。同时提高冷链企业和从业人员产品质量安全意识，严格遵守冷链物流相关法律法规和操作规范，筑牢冷链产品质量安全防线。宣传推介一批冷链物流企业诚信经营、优质服务典型案例，营造行业发展良好环境。

第二，加快推进区块链技术等相关技术研发，加强技术创新，并将技术成果有效应用于冷链供应链体系建设中。鼓励冷链物流企业加快冷链货物、场站设施、载运装备等要素数据化、信息化、可视化。提高智能化发展水平，鼓励企业利用新一代信息技术和人工智能，推动冷链基础设施智慧化改造升级等。促进冷链现代化发展。

第三，健全冷链运输监管体系，并设置合理的奖惩机制。建立冷链运输追溯管理制度，加强冷链运输市场动态运行监测等方面，进一步提高冷链运输监管水平。对冷链参与方的违约行为进行惩处，对于区块链等技术研发、冷链参与方积极守约、消费者积极举报的行为提供补贴，规范冷链参与方的行为选择。

4.2　数字孪生技术

数字孪生技术通过创建物理对象的虚拟模型，实现了实时监控和模拟，使企业能够优化运营效率，预测维护需求，并快速响应市场变化，在农业供应链中应用广泛，显著提升了管理和运营效率。本章建立了三方演化博弈模型，将农业供应链各级成员、服务平台和消费者纳入数字孪生系统，通过模拟不同参数变化，进一步探讨了影响数字孪生技术应用的关键因素。

4.2.1 理论基础

目前全球供应链正在朝着更加复杂的更加庞大的方向演化。受越来越难以预测的和无法控制的商业环境影响，供应链可变风险和脆弱大大增加，其管理决策也将具有更强的不确定性。这将要求供应链的管理者有更强的预测能力，但很多大规模供应链网络中包括成千上万，甚至几十万种原材料、中间产品和最终产品。其中将涉及复杂的管理问题，这也引发了众多供应链的断链等问题（Loisel et al.，2021）。中国农业全产业链发展快，但仍存在不少短板和薄弱环节（Gang et al.，2015）。2022 年中国农业总产值为 8.44 万亿元，同比增长 2.0%，但是各农产品损耗严重，其中稻谷、小麦和玉米的全产业链损失率分别为 26.2%、16.7% 和 18.1%，约占三大主粮总产量的 20.7%。[①] 在数字技术迅速发展的背景下，数字孪生技术将成为供应链统筹规划、实时监控的有力工具。

数字孪生技术是一种通过创建物理实体的虚拟模型，实现物理和虚拟世界之间双向实时数据传输的技术。该技术显著提高系统的监控、优化和预测能力，广泛应用于多个行业，并在农业供应链中展现出巨大的潜力。农业供应链涉及从农田到消费者的整个过程，包括种植、收获、加工、运输和销售等环节，传统供应链通常面临信息不透明、效率低下、成本高昂等问题，而数字孪生技术提供了解决方案（江小涓和靳景，2022）。通过创建农田、设备、物流系统等物理实体的虚拟模型，数字孪生技术实现对整个供应链的实时监控和优化。例如，通过提供可见性，数字孪生技术帮助农民和供应链管理者实时了解农作物的生长状况、收获时间、库存情况等，从而优化生产计划，减少浪费和损失（Melesse et al.，2023）。此外，数字孪生技术还能减少供应链中的瓶颈，提升整体效率。传统供应链由于

---

① 我国粮食全产业链减损可节粮上千亿斤 [N].光明日报，2023 – 05 – 22.

信息传递滞后和不准确，常导致某些环节出现瓶颈，影响整个系统的运行效率。数字孪生技术通过实时数据传输和分析，及时发现和预测可能出现的瓶颈，帮助管理者提前采取措施，优化资源配置，确保供应链的顺畅运行。例如，在收获季节，数字孪生技术可实时监控各农场的收获进度和物流情况，优化运输路线和时间安排，避免因物流问题导致的农产品损失。数字孪生技术与区块链技术结合，进一步增强了农业供应链的透明度和可追溯性。区块链技术具有去中心化、不可篡改和透明的特点，使供应链中每一环节和每笔交易都能被记录和追踪。将数字孪生技术与区块链技术结合，可实现食品从生产到消费全流程的实时追踪和溯源（徐畅等，2022），确保食品安全和供应链透明度（江小涓和靳景，2022）。例如，通过为每批农产品附加唯一的数字标识，可将该批次农产品的所有相关数据（如种植信息、收获时间、加工记录、运输路径等）记录在区块链上，消费者通过扫描二维码或 RFID 标签，获取农产品的全部追溯信息，确保食品安全和质量（Sipola et al.，2023）。此外，数字孪生技术在减少食品浪费和推动可持续发展方面也展现了巨大潜力。食品浪费是全球农业供应链面临的重大问题，尤其是对肉类等高资源消耗食品。通过数字孪生技术，可实现对食品生产和运输过程的全程监控，减少食品在生产、加工、运输等环节的损失。例如，智能包装和大数据分析技术可实时监控食品的保质期、储存条件等，提前预警可能出现的问题，减少食品浪费，实现供应链的可持续发展（Attaran et al.，2025）。

4.2.2 模型构建

1. 问题描述

中国目前农产品供应链的参与主体呈现多样化特点：既包含小农户、个体户等小规模的个体，也有相对具有规模的物流公司、大型商场超市等规模化企业，各类主体的经济实力、技术水平、抗风险能力等差异非常大，导致供应链管理中实现标准化、高效率的难度加大。农产品供应链中各环节、各主体的契约度不强，导致对参与各主体的约束力较弱，供应链中容易出现某环节主体退出或更换的现象，一旦供应链断裂，会严重损害供应链中各主体的利益。此外，不确定性因素的发生也会导致供应链重组，如自然灾害影响产量、价格容易波动、供需关系不稳定，供应链上不可控因素较大，管理难度高。

农业供应链参与方：农业供应链企业面临着激烈的市场竞争，需要不断提高产品质量、提升服务水平、降低成本等，以提高市场竞争力。受到自然灾害、气候变化、市场波动等多种因素的影响，风险的影响因素越来越复杂，在管理层面面临着越来越大的压力。

服务平台：服务平台可以选择诸多供应链企业进行合作，但其中面临的风险往往是难以预测的。在最大获利的同时，如何选择风险小的企业合作决定了平台能否有稳定的收益。然而复杂的市场环境也让决策的困难性进一步上升。

消费者：由于供应链往往不透明不公开，消费者无法了解从产品源头到各个环节一步步加工运输过程的信息。因此产品的质量与价格对于消费者来说存在不确定性，并且在产品出现问题时也难以溯源解决。消费者的权益正受到严重的威胁。

2. 模型假设

本章构建的基于数字孪生技术的供应链三方演化博弈主体之间的逻辑关系如图4-7所示。

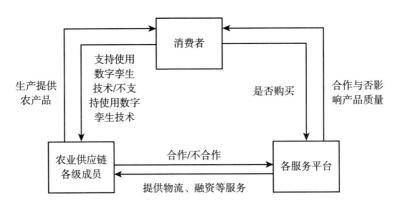

图4-7 三方演化博弈主体逻辑关系

假设4.2.1：博弈参与主体为农业供应链各级成员（x）、各服务平台（y）、消费者（z），三方均为有限理性（见表4-5）。

表4-5   演化博弈模型参数变量

参数		变量
农业供应链各级成员	C_t	使用数字孪生的技术成本
	R_z	数字孪生为供应链成员之间带来的收益
	C_n	不使用数字孪生造成的信息不均衡带来的额外费用
	C_m	服务平台不选择合作需要额外支付的费用
	A	合作存在的风险概率
	B	使用数字孪生技术减少的风险概率
	R_s	农产品运输带来的收益
	L_{s1}	合作失败造成的损失
	R_c	消费者支持带来的收益
各服务平台（金融机构、第三方物流企业等）	R_h	合作能够带来的利益
	L_{s2}	合作失败导致的损失
	C_s	提供服务需要的成本
	C_j	额外的费用
消费者	R_{w1}	农业供应链各级成员合作成功带来的收益
	R_{w2}	各服务平台合作成功带来的收益
	M_g	政府对消费者支持的政策补贴
	C_z	消费者支持消耗的成本
	C	支持减少的风险概率

假设4.2.2：农业供应链各级成员的策略空间为［使用数字孪生技术（x）、不使用数字孪生技术（$1-x$）］；各服务平台的策略空间为［合作（y）、不合作（$1-y$）］；消费者的策略空间为［支持（z）、不支持（$1-z$）］。

假设4.2.3：农业供应链由一个个节点上的成员组成，包括了农产品生产商、加工商、供应商、零售商等。通过农产品的运输，能为供应链带来收益R_s。除供应链各级成员外，还有其他各服务平台（如金融机构、第三方物流企业等），供应链成员可以选择与他们进行合作来为其提供融资、运输等服务，但由于供需不平衡等因素，合作存在一定的风险α，当合作失败时将造成损失L_{s1}。由于上下游信息不对称，供应链常常出现效率低下等情况，不使用数字孪生造成的信息不均衡将带来额外的费用C_n，而数字孪生技术的应用能为供应链成员之间带来收益 R_z。数字孪生技术能让供应链成员与其他服务平台之间得以更好地进行合作，合作的风险降低为 β，但其他服务平台也可能不与该供应链开展合作，此时供应链成员需要支付额外的成本 C_m。并且使用数字孪生技术需要支付一定的技术成本 C_t。消费者支持带来收益 R_c。

假设 4.2.4：金融机构、第三方物流企业等其他各服务平台能够为供应链提供各类服务，通过与供应链成员之间的合作服务平台能够从中获得利益 R_h，但由于合作时信息不对称等因素可能会导致合作失败，因此造成损失 L_{s2}。提供服务需要一定的成本 C_s。供应链成员使用数字孪生技术能为合作节约成本 R_c。当服务平台选择不合作时，将选择与其他供应链进行合作，默认该供应链不使用数字孪生技术，且合作成功的概率也为 α。

假设 4.2.5：消费者作为农产品的购买与使用的主体，农业供应链成员与服务平台之间的合作是否成功也将影响消费者的收益，合作成功带来的收益 R_c，合作失败带来的损失 L_s。数字孪生技术作为一种新兴技术，其推广与使用与消费者的是否支持息息相关，政府对消费者支持的政策补贴 M_g，消费者支持需要消耗一定的人力物力成本 C_z。

构建的三方混合策略博弈模型如表 4-6 所示。

表 4-6　　　　　　　　　　三方混合策略博弈模型

策略选择		各服务平台	消费者	
			支持 z	不支持 $1-z$
农业供应链各级成员	使用数字孪生技术 x	合作 y	$R_s + R_z - (A-B-C) \times L_{s1} - C_t + R_c$ $R_h - L_{s2} \times (A-B-C) - C_j - C_s$ $M_g - C_z + (R_{w1}+R_{w2}) \times (1-A+B+C)$	$R_s + R_z - (A-B) \times L_{s1} - C_t$ $R_h - L_{s2} \times (A-B) - C_j - C_s$ $(R_{w1}+R_{w2}) \times (1-A+B)$
		不合作 $1-y$	$R_s + R_z - C_m + R_c - C_t$ $R_h - L_{s2} \times (A-C) - C_s$ $M_g - C_z + R_{w2} \times (1-A+C)$	$R_s + R_z - C_m - C_t$ $R_h - L_{s2} \times A - C_s$ $R_{w2} \times (1-A)$
	不使用数字孪生技术 $1-x$	合作 y	$R_s - (A-C) \times L_{s1} - C_n$ $R_h - L_{s2} \times (A-C) - C_s$ $M_g - C_z + (R_{w1}+R_{w2}) \times (1-A+C)$	$R_s - A \times L_{s1} - C_n$ $R_h - L_{s2} \times A - C_s$ $(R_{w1}+R_{w2}) \times (1-A)$
		不合作 $1-y$	$R_s - C_m - C_n$ $R_h - L_{s2} \times (A-C) - C_s$ $M_g + R_{w2} \times (1-A+C) - C_z$	$R_s - C_m - C_n$ $R_h - L_{s2} \times A - C_s$ $R_{w2} \times (1-A)$

4.2.3 模型分析

1. 每个参与者的预期收益和复制动态方程

根据表 4-6 中的收益矩阵，假设 E_{ij} 和 $\overline{E_i}$ 分别代表参与者的预期收益和平均收益。$i=1$、2、3 分别代表农业供应链各级成员、各服务平台和消费者，$j=1$，2 代表参与者的两个不同决定。不同选择对农业供应链各级成员、各服务平台和消费者的预期收益如下：

$$\begin{aligned}
E_{11} = &\ yz(R_s + R_z - BL_{s1} - C_t + R_c) + y(1-z)(R_s + R_z \\
& - BL_{s1} - C_t) + (1-y)z(R_s + R_z - C_m + R_c - C_t) \\
& + (1-y)(1-z)(R_s + R_z - C_m - C_t)
\end{aligned} \qquad (4-18)$$

$$\begin{aligned}
E_{12} = &\ yz(R_s - AL_{s1} - C_n) + y(1-z)(R_s - AL_{s1} - C_n) \\
& + (1-y)z(R_s - C_m - C_n) + (1-y)(1-z) \\
& (R_s - C_m - C_n)
\end{aligned} \qquad (4-19)$$

$$\begin{aligned}
E_{21} = &\ xz(R_h - L_{s2}B - C_j - C_s) + x(1-z)(R_h - L_{s2}B \\
& - C_j - C_s) + (1-x)z(R_h - L_{s2}A - C_s) + (1-x) \\
& (1-z)(R_h - L_{s2}A - C_s)
\end{aligned} \qquad (4-20)$$

$$\begin{aligned}
E_{22} = &\ xz(R_h - L_{s2}A - C_s) + x(1-z)(R_h - L_{s2}A - C_s) \\
& + (1-x)z(R_h - L_{s2}A - C_s) + (1-x)(1-z) \\
& (R_h - L_{s2}A - C_s)
\end{aligned} \qquad (4-21)$$

$$\begin{aligned}
E_{31} = &\ xy[M_g - C_z + (R_{w1} + R_{w2})(1-B)] + x(1-y)[M_g \\
& - C_z + R_{w2}(1-A)] + (1-x)y[M_g - C_z + (R_{w1} + R_{w2}) \\
& (1-A)] + (1-x)(1-y)[M_g + R_{w2}(1-A) - C_z]
\end{aligned} \qquad (4-22)$$

$$\begin{aligned}
E_{32} = &\ xy[(R_{w1} + R_{w2})(1-B)] + x(1-y)[R_{w2}(1-A)] \\
& + (1-x)y[(R_{w1} + R_{w2})(1-A)] + (1-x)(1-y) \\
& [R_{w2}(1-A)]
\end{aligned} \qquad (4-23)$$

据上面的公式，可以得到三个参与主体的平均期望收益如下：

$$E_1 = xE_{11} + (1-x)E_{12} \qquad (4-24)$$

$$E_2 = yE_{21} + (1-y)E_{22} \qquad (4-25)$$

$$E_3 = zE_{31} + (1-z)E_{32} \qquad (4-26)$$

根据三个参与主体的期望收益，计算复制动态方程如下：

$$F(x) = \mathrm{d}x\mathrm{d}t = x(E_{11} - E_1)$$

$$= -x(x-1)(C_n - C_t + R_z + R_c z + BL_{s1}y) \quad (4-27)$$

$$F(y) = \mathrm{d}y\mathrm{d}t = y(E_{21} - E_2)$$

$$= y(y-1)(C_j x + AL_{s1} - AL_{s2} - AL_{s1}x + AL_{s2}$$

$$x - BL_{s2}x - CL_{s1}z + CL_{s2}z + CL_{s1}xz$$

$$- CL_{s2}xz) \quad (4-28)$$

$$F(z) = \mathrm{d}z\mathrm{d}t = z(E_{31} - E_3)$$

$$= -z(z-1)(M_g - C_z + CR_{w2} + CR_{w1}y) \quad (4-29)$$

2. 进化博弈的稳定性分析

（1）每个参与者的稳定策略分析。

当复制动态方程等于 0 时，意味着（x，y，z）不再随时间变化，每个参与者的选择是最优策略。根据微分方程稳定性原理，当复制动态方程为 0 且其一阶导数小于 0 时，复制动态系统达到稳定状态。因此，对农业供应链参与方、服务机构和消费者的策略进行稳定分析如下：

对于农业供应链参与方而言，可以从式（4-24）中得出以下结论：

当 $0 < y < \dfrac{R_c \times z + C_n - C_t + R_z}{B \times L_{s1}}$ 时，$\left.\dfrac{\mathrm{d}F(x)}{\mathrm{d}x}\right|_{x=1} > 0$，$\left.\dfrac{\mathrm{d}F(x)}{\mathrm{d}x}\right|_{x=0} < 0$，可以推断 $x=0$ 是农业供应链参与方的演化稳定点。这表明农业供应链参与方已经从使用数字孪生技术转变为不使用数字孪生技术，并最终通过选择不使用数字孪生技术而稳定下来。

当 $y = \dfrac{R_c \times z + C_n - C_t + R_z}{B \times L_{s1}}$ 时，$F(x) = 0$。这表明，农业供应链参与方选择使用数字孪生技术和不使用数字孪生技术具有相同的收益。所有 x 都是进化稳定的，策略选择不随时间变化。

当 $\dfrac{R_c \times z + C_n - C_t + R_z}{B \times L_{s1}} < y < 1$ 时，$\left.\dfrac{\mathrm{d}F(x)}{\mathrm{d}x}\right|_{x=1} < 0$，$\left.\dfrac{\mathrm{d}F(x)}{\mathrm{d}x}\right|_{x=0} > 0$，可以推断 $x=1$ 是农业供应链参与方的演化稳定点。这表明农业供应链参与方已经从不使用数字孪生技术转变为使用数字孪生技术，并最终通过选择使用数字孪生技术而稳定下来。

对于服务机构而言，可以从式（4-25）中得出以下结论：

当 $0 < z < \dfrac{A\,L_{s1}x - A\,L_{s2}x - A\,L_{s1} + A\,L_{s2} - C_j x}{C(L_{s1}x - L_{s2}x - L_{s1} + L_{s2})}$ 时，$\left.\dfrac{\mathrm{d}F(y)}{\mathrm{d}y}\right|_{y=1} < 0$，

$\left.\dfrac{\mathrm{d}F(y)}{\mathrm{d}y}\right|_{y=0} > 0$，可以推断 $y=1$ 是服务机构的演化稳定点。这表明服务机构已经从不合作转变为合作，并最终通过选择合作而稳定下来。

当 $z = \dfrac{A\,L_{s1}x - A\,L_{s2}v - A\,L_{s1} + A\,L_{s2} - C_j x}{C(L_{s1}x - L_{s2}x - L_{s1} + L_{s2})}$ 时，这表明 $F(y)=0$，服务机构选择合作和不合作具有相同的收益。所有 y 都是进化稳定的，策略选择不随时间变化。

当 $\dfrac{A\,L_{s1}x - A\,L_{s2}x - A\,L_{s1} + A\,L_{s2} - C_j x}{C(L_{s1}x - L_{s2}x - L_{s1} + L_{s2})} < z < 1$ 时，$\left.\dfrac{\mathrm{d}F(y)}{\mathrm{d}y}\right|_{y=1} > 0$，

$\left.\dfrac{\mathrm{d}F(y)}{\mathrm{d}y}\right|_{y=0} < 0$，可以推断 $y=0$ 是服务机构的演化稳定点。这表明服务机构已经从合作转变为不合作，并最终通过选择不合作而稳定下来。

对于消费者而言，可以从式（4-26）中得出以下结论：

（2）当 $0 < y < -\dfrac{CR_{w2} - C_z + M_g}{CR_{w1}}$ 时，$\left.\dfrac{\mathrm{d}F(z)}{\mathrm{d}z}\right|_{z=1} > 0$，$\left.\dfrac{\mathrm{d}F(z)}{\mathrm{d}z}\right|_{z=0} < 0$，可以推断 $z=0$ 是消费者的演化稳定点。这表明消费者已经从支持转变为不支持，并最终通过选择不支持而稳定下来。

当 $y = -\dfrac{CR_{w2} - C_z + M_g}{CR_{w1}}$ 时，$F(z)=0$。这表明，消费者选择支持和不支持具有相同的收益。所有 z 都是进化稳定的，策略选择不随时间变化。

当 $-\dfrac{C \times R_{w2} - C_z + M_g}{C \times R_{w1}} < y < 1$ 时，$\left.\dfrac{\mathrm{d}F(z)}{\mathrm{d}z}\right|_{z=1} < 0$，$\left.\dfrac{\mathrm{d}F(z)}{\mathrm{d}z}\right|_{z=0} > 0$，可以推断 $z=1$ 是消费者的演化稳定点。这表明消费者已经从不支持转变为支持，并最终通过选择支持而稳定下来。

（3）系统稳定性分析。

根据上述分析，得到了进化博弈系统的八个平衡点：$E_1(0,0,0)$、$E_2(0,0,1)$、$E_3(0,1,0)$、$E_4(1,0,0)$、$E_5(0,1,1)$、$E_6(1,0,1)$、$E_7(1,1,0)$ 和 $E_8(1,1,1)$。均衡点是否渐进稳定仍不确定，只有当纳什均衡和纯策略纳什均衡都满足时，ESS 才能实现。平衡点的渐进稳定性由李雅普诺夫判别法（间接法）确定，该判别法首先求解雅可比矩阵及其特征值。为了分析农业供应链各级成员之间的演变和稳定趋势，我们建立了雅可比矩阵，如等

式（4-27）所示。我们通过分别取 $F(x)$、$F(y)$ 和 $F(z)$ 相对于 x、y 和 z 的一阶偏导数来获得雅可比矩阵的特征值。利用李雅普诺夫第一法：雅克比矩阵的所有特征值均具有负实部，则均衡点为渐进稳定点；雅克比矩阵的特征值至少有一个具有正实部，则均衡点为不稳定点；雅克比矩阵除具有实部为零的特征值外，其余特征值都具有负实部，则均衡点处于临界状态，稳定性不能由特征值符号确定。分析各均衡点的稳定性，如表4-7所示。

$$
J = \begin{pmatrix}
\dfrac{\mathrm{d}(F(x))}{\mathrm{d}x} & \dfrac{\mathrm{d}(F(x))}{\mathrm{d}y} & \dfrac{\mathrm{d}(F(x))}{\mathrm{d}z} \\[2ex]
\dfrac{\mathrm{d}(F(y))}{\mathrm{d}x} & \dfrac{\mathrm{d}(F(y))}{\mathrm{d}y} & \dfrac{\mathrm{d}(F(y))}{\mathrm{d}z} \\[2ex]
\dfrac{\mathrm{d}(F(z))}{\mathrm{d}x} & \dfrac{\mathrm{d}(F(z))}{\mathrm{d}y} & \dfrac{\mathrm{d}(F(z))}{\mathrm{d}z}
\end{pmatrix} \tag{4-30}
$$

$$
\begin{cases}
\begin{aligned}
\dfrac{\mathrm{d}(F(x))}{\mathrm{d}x} &= x(M_g y - V(G_b) - C_o + z V(G_b) + \beta P_r Q_x + \lambda F_c \\
&\quad y + F_c yz - \lambda F_c yz) + (x-1)(M_g y - V(G_b) \\
&\quad - C_o + z V(G_b) + \beta P_r Q_x + \lambda F_c y + F_c yz - \lambda \\
&\quad F_c yz) \\[1ex]
\dfrac{\mathrm{d}(F(x))}{\mathrm{d}y} &= x(x-1)(M_g + F_c z + \lambda F_c - \lambda F_c z) \\[1ex]
\dfrac{\mathrm{d}(F(x))}{\mathrm{d}z} &= x(x-1)(V(G_b) + F_c y - \lambda F_c y) \\[1ex]
\dfrac{\mathrm{d}(F(y))}{\mathrm{d}x} &= S_x y(\alpha-1)(y-1)(\lambda + z - \lambda z) \\[1ex]
\dfrac{\mathrm{d}(F(y))}{\mathrm{d}y} &= -S_x y(\alpha + x - \alpha x)(\lambda + z - \lambda z) \\
&\quad - S_x(y-1)(\alpha + x - \alpha x)(\lambda + z - \lambda z) \\[1ex]
\dfrac{\mathrm{d}(F(y))}{\mathrm{d}z} &= S_x y(\lambda-1)(y-1)(\alpha + x - \alpha x) \\[1ex]
\dfrac{\mathrm{d}(F(z))}{\mathrm{d}x} &= z(z-1)(F_x - F_c y - F_x y + \lambda F_c y) \\[1ex]
\dfrac{\mathrm{d}(F(z))}{\mathrm{d}y} &= -z(z-1)(C_f + F_c x + F_x x - \lambda F_c x) \\[1ex]
\dfrac{\mathrm{d}(F(z))}{\mathrm{d}z} &= (z-1)(C_k - C_f y + F_x x - F_c xy - F_x xy \\
&\quad + \lambda F_c xy) + \\
&\quad z(C_k - C_f y + F_x x - F_c xy - F_x xy + \lambda F_c xy)
\end{aligned}
\end{cases} \tag{4-31}
$$

表 4 – 7 均衡点

均衡点	雅克比矩阵特征值 λ_1，λ_2，λ_3
$E_1(0,0,0)$	$C_n - C_t + R_z, AL_{s2} - AL_{s1}, M_g - C_z + CR_{w2}$
$E_2(0,0,1)$	$C_n - C_t + R_c + R_z, AL_{s2} - AL_{s1} + CL_{s1} - CL_{s2}, C_z - M_g - CR_{w2}$
$E_3(0,1,0)$	$C_n - C_t + R_z + BL_{s1}, AL_{s1} - AL_{s2}, M_g - C_z + CR_{w1} + CR_{w2}$
$E_4(1,0,0)$	$C_t - C_n - R_z, BL_{s2} - C_j, M_g - C_z + CR_{w2}$
$E_5(0,1,1)$	$C_n - C_t + R_c + R_z + BL_{s1}, AL_{s1} - AL_{s2} - CL_{s1} + CL_{s2}, C_z - M_g - CR_{w1} - CR_{w2}$
$E_6(1,0,1)$	$C_t - C_n - R_c - R_z, BL_{s2} - C_j, C_z - M_g - CR_{w2}$
$E_7(1,1,0)$	$C_t - C_n - R_z - BL_{s1}, C_j - BL_{s2}, M_g - C_z + CR_{w1} + CR_{w2}$
$E_8(1,1,1)$	$C_t - C_n - R_c - R_z - BL_{s1}, C_j - BL_{s2}, C_z - M_g - CR_{w1} - CR_{w2}$

以上的八个均衡点代表了 8 种不同的情况。我们选取了其中 E_5，E_6，E_7，E_8 进行分析。

① 当 $C_j > BL_{s2}$ 时，服务机构选择合作需要支付的额外费用大于选择合作可能的损失时，服务机构将选择不合作。在此时，当 $C_t - C_n < R_c + R_z$ 时，即使用数字孪生技术的成本与不使用数字孪生技术的成本差值小于消费者使用数字孪生技术的收益时，农业供应链参与方将选择使用数字孪生技术。并且当政府对消费者支持的奖励与支持为合作减少的风险损失大于支持所需要的成本时，即 $M_g + CR_{w2} > C_z$ 时，消费者将选择支持。

② 当 $C_j < BL_{s2}$ 时，服务机构选择合作需要支付的额外费用小于选择合作可能的损失时，服务机构将选择合作。此时若政府对消费者支持的奖励与消费者通过支持促成合作的收益小于支持的成本时，即 $M_g + CR_{w1} + CR_{w2} < C_z$，消费者将选择不支持。而反之政府对消费者支持的奖励与消费者通过支持促成合作的收益大于支持的成本时，即 $M_g + CR_{w1} + CR_{w2} > C_z$，消费者将选择支持。

若消费者选择不支持，且满足 $C_t - C_n - R_z - BL_{s1} < 0$，即农业供应链各级成员使用数字孪生技术成本与不使用数字孪生技术的额外费用之差小于使用数字孪生的收益与通过服务平台合作降低的风险损失之和时，农业供

应链各级成员将选择使用数字孪生技术。

若消费者选择支持，则只需要农业供应链各级成员使用数字孪生技术成本与不使用数字孪生技术的额外费用之差小于使用数字孪生的收益、消费者支持的收益与通过服务平台合作降低的风险损失之和时，农业供应链各级成员就将选择使用数字孪生技术，即 $C_t - C_n - R_c - R_z - BL_{sl} < 0$。

三种情况的模拟如图 4-8 所示。

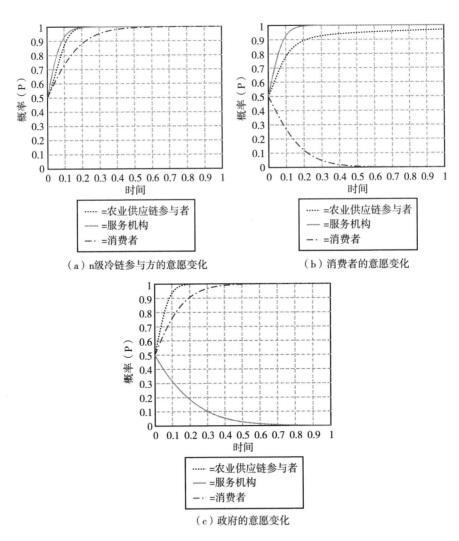

（a）n级冷链参与方的意愿变化

（b）消费者的意愿变化

（c）政府的意愿变化

图 4-8　三种情况的模拟

4.2.4　仿真分析

1. 初始变量

本节讨论了系统稳定性分析中关键参数的敏感性，包括在建模参数的灵敏度时，我们保持其他参数不变。

宏鸿农产品集团公司是一家集农产品配送、农业基地、农产品物流、互联网＋农业为一体的集团企业，为客户提供从田间到餐桌的一站式农产品配送服务。是目前中国最大农产品配送企业之一，可稳定供应日常食用的各种农副产品23000多个品种。公司成立于1997年，总部位于深圳，在全国近30个城市设有分/子公司，拥有大型的农产品加工配送中心、保鲜冷藏中心、食材检测中心和农产品的种植养殖基地，服务于国内外各行各业5000多家单位。因此，我们选择海航冷链公司作为计算变量初始值的案例。该案例对于在中国和世界冷链产业来说是典型和可复制的。

本节通过四个通道获得了参数的初始值。首先，政府颁布的相关政策。《关于对新冠疫情防控冷链物流举报实施奖励的意见》，鼓励全社会举报冷链物流违法行为，举报线索一经查实将按照行政处罚金额的1%计算奖励金额，最高可获50000元的奖励 $M_g = 20$。第二，经典文献和企业财务报表。生鲜农产品运输冷藏需要的成本 $C_o = 45$。访谈了第三方物流企业是"顺丰速运"。拥有智能冷链系统和全方位的冷链技术。拥有25个专业食品冷库，仓储面积约19万平方米，共529条冷运路线，1万多辆汽车外包门店冷藏车。预计冷运业务收入为7.02亿元。结合这个真实案例和参考，我们参考得出了以下参数 $S_p = 50$，$P_r = 3$。通过分析海航冷链2022年的财务报表，我们得到 $Q_u = 100$。第三，实地调研数据。我们调研了十余家中国的冷链相关企业与千名生鲜农产品消费者，我们得到 $A = 0.3$，$B = 0.2$，$C = 0.4$，$P_e = 100$。第四，农业领域的专家意见。专家估计了农民对减少化肥的风险预期、消费者对绿色农产品市场的信任以及消费者不匹配成本的初始价值。为了减少评估人员主观因素的影响，从而确保对这些参数进行科学、准确、有效和一致的量化，我们招聘了12名农业专家（3名教授、4名副教授、5名博士生），并将他们随机分配到六组。整个估值过程

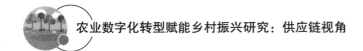

由六个步骤组成。

第一步，解释和讨论模型结构和参数的影响；

第二步，进行试估并优化估值标准；

第三步，进行预估并修改估值标准；

第四步，进行第一次正式估值；

第五步，修改官方估值结果；

第六步，使用平均法计算最终估值。

基于所有来源的信息，我们简化了数据处理，如表4-8所示。

表4-8   所有变量的初始值

参与者	参数	变量	数值
农业供应链各级成员	使用数字孪生技术的成本	C_t（经典文献）	
	数字孪生技术为供应链成员之间带来的收益	R_z（实地调研）	
	不使用数字孪生技术造成的信息不均衡带来的损失	L_n（经典文献）	
	服务平台不选择合作需要额外支付的成本	C_m（实地调研）	
	合作存在的风险概率	A（实地调研）	
	减少的风险概率	B（专家评估）	
	农产品运输带来的收益	R_s（财务报表）	
	合作失败造成的损失	L_{s1}（财务报表）	
	消费者支持带来的收益	R_c（经典文献）	
各服务平台（金融机构、第三方物流企业等）	合作能够带来的利益	R_h（财务报表）	
	风险导致的损失	L_{s2}（经典文献）	
	提供服务需要的成本	C_s（财务报表）	
	供应链成员使用数字孪生技术为合作节约成本	C_j（专家评估）	
消费者	合作成功带来的收益	R_w（实地调研）	
	不合作带来的损失	L_s（专家评估）	
	政府对消费者支持的政策补贴	M_g（政策文件）	
	消费者支持消耗的成本	C_z（实地调研）	

2. 不同变量改变的模拟

（1）使用数字孪生技术成本的影响。

我们设置使用数字孪生技术的成本 $C_t = 20$，40，60，80，各方的意愿变化如图4-9所示。由图可知，数字孪生技术成本会对农业供应链各级成员使用数字孪生技术的意愿产生显著的影响。随着数字孪生技术成本的提高，农业供应链各级成员使用数字孪生技术的意愿显著降低，同时也会影响各服务平台的合作意愿。

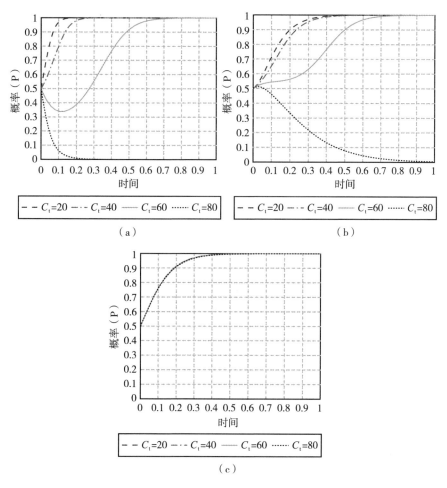

图4-9 数字孪生技术成本的影响仿真

（2）减少的风险概率的影响。

我们设置使用数字孪生的技术后的合作风险 $B = 0.1$，0.3，0.3，0.4，各方的意愿变化如图4-10所示。由图可知，使用数字孪生技术后合作风险的降低程度越大，农业供应链各级成员和各服务平台使用数字孪生技术和进行合作的意愿越高。

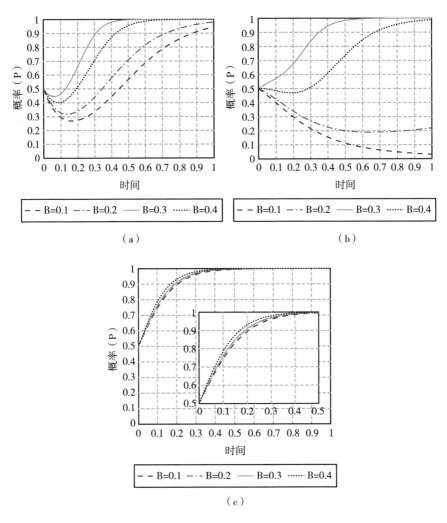

图 4-10　减少的风险概率仿真图

（3）合作风险改变的影响。

我们设置使用数字孪生的技术后的合作风险 $A=0.3$，0.5，0.7，0.9，各方的意愿变化如图 4-11 所示。由图可知，不使用数字孪生技术合作的风险越高，农业供应链各级成员和各服务平台的使用数字孪生技术和进行合作的意愿越高。越有风险的项目在数字孪生技术的保障下，将得到越好的效果。

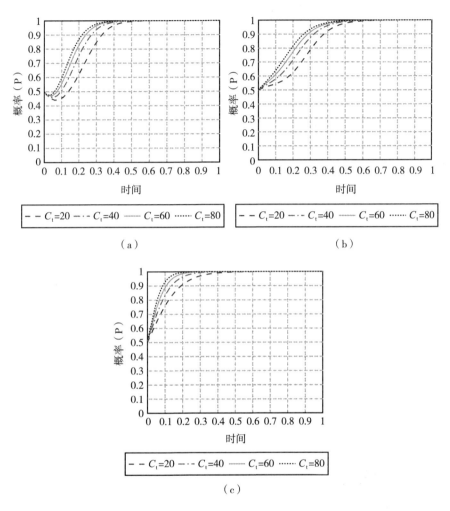

图 4 – 11 合作风险改变仿真图

（4）政府奖励的影响。

我们设置政府奖励为 $M_g = 10$，30，50，70，各方的意愿变化如图 4 – 12 所示。由图可知，政府的奖励将对消费者支持数字孪生技术的使用起到显著的激励作用，尤其是在消费者支持意愿较低时，随着政府奖励力度增大，对消费者的激励效果将越来越小。同时政府奖励的力度增大，也会对农业供应链各级成员和各服务平台起到积极的影响。

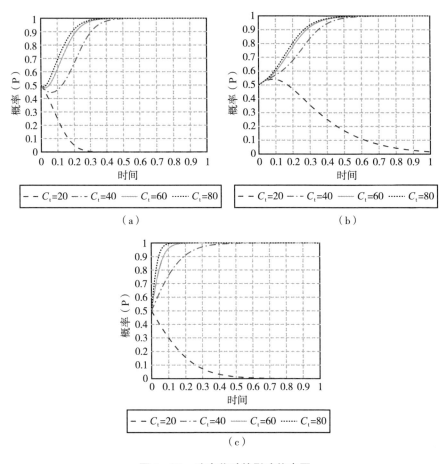

图 4 – 12　政府奖励的影响仿真图

4.2.5　小结

1. 分析

供应链因其复杂的网络结构以及对市场动态变化的强烈敏感性而容易受到各种风险的影响。中国国内农产品流通处于生产规模小与市场规模巨大的矛盾之中。国外农产品供应链重要企业的管理模式已从内部成本和生产管理向外部供应链管理演变。然而供应链管理中专家评价方法主观误差较大，难以对供应链进行全面系统的分析。而基于数字孪生技术的供应链风险管理无疑对于管理效率与水平的提升起到了重要作用。

数字孪生技术特有的非线性适应性信息处理能力，克服传统人工智能方法对于如语音识别、非结构化信息处理方面的缺陷，使之在模式识别、智能控制、组合优化、预测等领域得到成功应用。近年来，数字孪生技术正向模拟人类认知的道路上更加深入发展，与模糊系统、遗传算法、进化机制等结合，形成计算智能，成为人工智能的一个重要方向，将在实际应用中得到发展。将信息几何应用于数字孪生技术的研究，为数字孪生的理论研究开辟了新的途径。数字孪生技术在很多领域已得到了很好的应用，但其需要研究的方面还很多。美国的数字孪生技术已应用于各个领域。主要包括医疗卫生、餐饮旅游、物流仓储等。其中，医疗卫生领域内服务机器人的应用较为成熟，已经涉及多个方面，如智能导诊、药物配送、病房清洁等，为医护人员减轻负担，提升了医护效率。成熟的数字孪生技术降低了技术使用的成本，并且大大提升了效率并降低了风险，因此相较于中国，这些发达国家的数字孪生技术能得到更普及的应用。尤其是在高风险的领域，由于各种复杂的因素影响，人为的风险评估将变得非常困难并且缺乏准确性，数字孪生技术能为其带来颠覆性的突破。这些都与本文的敏感性分析内容相吻合。

2. 结论

基于演化博弈理论和神经网络原理，本章构建了农业供应链参与方、服务机构和消费者三方的进化博弈模型。我们分析了模型的稳定性并模拟了不同的参数改变对系统产生的影响，揭示了不同因素对神经网络技术使用的影响。我们得出了以下三点结论。

第一，我们通过系统稳定性分析得到了数字孪生技术使用中，当 $C_j < B \times L_{s2}$ 时，服务机构将选择合作。若 $M_g + C \times R_{w1} + C \times R_{w2} < C_z$ 消费者将选择支持，反之将不支持。若消费者选择不支持，则当 $C_t - C_n - R_z - B \times L_{s1} < 0$ 时，农业供应链各级成员将选择使用数字孪生技术。若消费者选择支持，则当 $C_t - C_n - R_c - R_z - B \times L_{s1} < 0$ 时，农业供应链各级成员将选择不使用数字孪生技术。

第二，研究结果表明，神经网络技术的使用成本降低与风险管控效率的提升对于各方合作支持意愿有显著提升。并且越是高风险的供应链使用

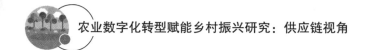

神经网络技术将实现更大的效果。

第三，政府的奖励将直接提升消费者支持使用神经网络技术意愿，以此影响农业供应链各级成员使用神经网络技术，服务机构进行合作。

3. 建议

基于系统稳定性和典型参数敏感性的分析后得到的结论进行分析后，我们得出了三点政策建议。

第一，加大扶持力度。积极推进神经网络及相关领域的技术研发，出台相关奖励政策，重点扶持前沿技术研发企业，加快技术研究创新与多领域应用。将神经网络与供应链决策优化与风险规避相结合，推进供应链高效管理，降低风险。

第二，加强宣传教育。加强神经网络领域人才教育，增加相关教育投入，促进神经网络技术发展。加强神经网络宣传，提高公众认知度、认可度，增强消费者维护供应链体系健康发展的责任感，鼓励消费者支持技术应用，为神经网络技术使用创造良好环境。

第三，健全农业供应链平台，降低供应链各环节的成本，促进农业供应链成员与服务机构高质量合作发展，共同建设系统化农业供应链体系，以此降低供应链可能的风险，促进供应链资金流持续增长。

4.3 本章结论

本章基于演化博弈理论，探讨了区块链技术和数字孪生技术在农业供应链中的应用及其对乡村振兴的积极影响。研究表明，区块链技术在冷链供应链体系中的应用，通过政府奖励政策和技术成本管理，可以显著提升系统的稳定性和发展阶段，减少各参与方的违约行为，增强系统的效率和可靠性，从而为乡村经济的发展提供有力支持。

此外，数字孪生技术凭借其非线性适应性的信息处理能力，提高了供应链的风险管理效率。研究指出，降低数字孪生技术的使用成本和提升风险管控效率，能够显著增加各方的合作意愿，特别是在高风险供应链中效果尤为显著。通过积极推动区块链技术和数字孪生技术的研究和应用，政府可以有效促进农业供应链的数字化转型，进而推动乡村经济的发展和振兴。

综上所述，区块链技术和数字孪生技术是实现农业供应链数字化转型的关键工具。通过政府政策的支持、技术创新和成本管理，能够实现农业供应链的高效、稳定和可持续发展，为乡村振兴提供坚实保障。

第5章
供应链数字化赋能乡村振兴的机制研究

农业供应链的数字化不仅能提升农业生产效率，还能有力推动乡村振兴，本章通过引入价值共创的视角，可以更好地理解在数字化转型过程中，各利益相关方如何互动和合作，从而提升供应链整体的协同机制。同时也从共生理论的角度进行分析，数字化转型能促进农业供应链各环节的相互依存和资源共享，实现共生机制，这不仅能够解决传统农业供应链中信息不对称、资源配置不合理的问题，还能推动农村经济的多元化发展，提升农民收入和生活质量。从价值共创和共生理论的角度分析农业供应链数字化转型对乡村振兴的赋能机制，为政策制定者、农业企业和农民提供了新的视角和实践路径，推动中国农业现代化和乡村振兴战略的全面实施。

5.1 价值共创视角下机制研究

农业供应链数字化转型在乡村振兴中具有重要价值共创意义，通过引入数字技术，生产效率提高，浪费减少，资源配置优化，实现精准农业。同时，数字化转型增强供应链透明度和可追溯性，提高农产品质量，增加农民收入，促进农村经济发展，有助于探索多方合作共赢模式，推动乡村振兴和可持续发展，实现利益相关者的共同价值创造。本章以4家数字化发展示范农场联农带农典型案例为研究对象，深度剖析能人联农带农助力农业数字化转型演化过程"制度逻辑驱动→价值网络创构过程→数字化转型结果"的内在形成机理以及能人联农带农在农业数字化发展中的长效机制。

5.1.1　理论基础

在乡村振兴战略的背景下，农业数字化被视为推动农业现代化、促进农村经济发展的关键手段。随着科技的飞速发展，数字技术在农业领域的应用不断创新，为提高生产效益、优化资源配置、推动农业可持续发展提供了新的契机。然而，农村地区普遍存在数字化水平不足的问题，农民对数字技术的了解和应用仍相对匮乏。为了加速农业数字化发展，政府出台了一系列支持政策，包括加大对数字技术在农业中的研发投入、推动数字基础设施建设、培训农民数字技术应用能力等。在这一政策背景下，能人联农带农的机制应运而生，被认为是推动农业数字化的有效途径。这些能人通常是农村地区的成功企业家、有经验的农业专家或者是有影响力的社会人物，他们能够有效整合农业资源，引入新技术和管理方法，推动农业数字化转型，实现农业生产的效率和质量双提升。

价值共创理论主要强调客户和企业之间的互动合作，共同创造产品或服务的价值（Best et al.，2022），这一理论的核心在于认识到价值不再仅由企业单方面创造并传递给客户，而是通过企业与客户之间的互动过程共同创造（Yang et al.，2016b）。与传统的价值链理论不同，价值共创理论更加强调企业与客户之间的平等合作关系，以客户需求为导向，通过双方的共同努力来创造并增加价值。价值共创理论在农业数字化转型及能人联农带农机制的应用中（Bidar et al.，2022），不仅仅关注企业和农民之间的互动，还特别强调能人在促进双方合作、加速价值共创过程中的重要作用。这种理论视角有助于深化我们对农业数字化转型中企业、农民和能人三方互动模式的理解（Blaschke et al.，2019），为构建有效的农业数字化转型机制提供理论支持和实践指导。

能人在价值共创过程中的定位，则是连接农民和企业的桥梁和催化剂。能人通常具有较强的资源整合能力、社会网络和市场洞察力，能够有效地协调农民和企业之间的需求和供给，促进信息流通和资源共享。在价值共创的过程中，他们不仅自身参与到创新和实践中，还能够动员周围的农民和其他利益相关者参与进来，共同探索适合当地农业发展的数字化解决方案，能人可以帮助农民更好地理解市场需求，提升其产品和服务的市场竞争力（Hinings，2012）；同时，能人也可以帮助企业深入了解农村市场和农民需求，促进企业提供更加切合实际的解决方案和服务。这种模式促进了知识和信息的共享，加强了农民的能力和技术水平，最终推动实现农业生产效率的提升和农业经济的增长。因此，能人在价值共创理论框架下，扮演着促进双方合作、增强价值共创效率的关键角色，推动价值共创研究从企业—客户单一互动范式转向多维互动范式，企业—能人—客户。通过这样的长效机制，能人联农带农不仅能够推动农业的数字化转型，也有效促进了农村社会经济的整体发展和提升。

在农村能人联农带农的过程中，涉及龙头企业、科研院所、政府、家庭农场以及合作社等多个利益相关主体的参与，联动环节包括种植、生产、加工及流通等多个环节，覆盖整个农业产业链、供应链、价值链复杂的交互过程由能人带动（Herold and Marzantowicz，2023），激发农村内生发展动力并使得各个利益主体逐步关联、渗透，搭建起多链条相交的价值网络，完成了多主体参与的价值共创过程。基于已有理论基础，本章拟以价值共创理论中"价值共创动因识别—利益相关者协同—多元主体价值共赢"作为分析框架，制度逻辑中的外部驱动因素与能人联农带农发挥内生动力两者内外联动发展，再基于价值网络理论，从价值链、供应链以及产业链结构的维度分析能人企业联农带农发展的内在机制，具体分析框（见图5-1）。

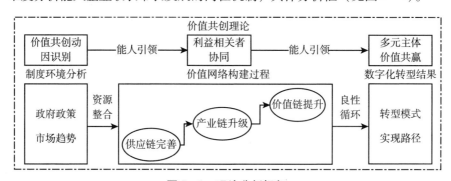

图5-1　理论分析框架

5.1.2 案例选择

本节采用等结果设计，强调在家庭农场数字化转型中，不同途径可能导致相似的结果，强调"殊途同归"的观点。该方法要求所选取的案例分析单元在最终结果上呈现出相似或相同的特点。为满足在典型案例中获得丰富信息的需求，本节遵循艾森哈得（Eisenhardt）多案例研究方法的理论抽样原则，选择了4~10个典型案例。为了更好地回答关于"能人如何助力传统家庭农场实现数字化转型"的研究问题，通过制定一系列筛选标准，以选择合适的典型案例样本。在选择案例时，特别关注数字化转型特征的明显呈现。因此，为确保所选典型案例能够充分展现数字化转型的关键特征，研究以数字化转型中的农场为研究对象，并设定了如下筛选标准：一是所选农场案例属于省级示范性单位，在该地区或该产业具有一定的知名度和代表性；二是农场在农业数字化发展中表现突出，有良好的示范作用和发展前景；三是能人在农场农业数字化过程中起到重要的引领作用；四是家庭农场的数字化发展阶段不同，在某些数字化领域具有示范作用。

本章遵循以下标准进行样本家庭农场的选择：一是所选样本均为县级及以上示范性家庭农场，具有一定的知名度；二是所选样本自主经营农产品；三是所选样本家庭成功依据数字化建设的3个视角——农业设施建设、数字设备投入、生产规模化，从而确保家庭农场有关数字化的经验是积极的、值得借鉴的；四是所选样本的实践涵盖不同类型的产业链环节，包括种植、加工、销售等环节，以减少同一类别延伸对研究结果的影响。根据上述4条标准，我们选择了80个家庭农场进行案例研究，受访家庭农场信息如表5-1所示，并从中选出了4家在数字化示范层面具有典型性的农场。

在数据收集阶段，本研究严格遵循案例研究中数据收集的三角验证原则，尽可能使用多种渠道和多元化方式收集资料，研究人员对不同渠道收集到的资料进行了交叉验证，确保数据可靠性。收集数据时排除先入之见，使用多种渠道收集一手数据和二手数据。

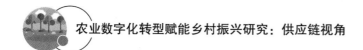

表 5-1　　　　　　　　　　　　　　　受访家庭农场信息

农场特征	分类	频数	比例（%）	农场经营特征	分类	频数	比例（%）
农场主年龄	<30 岁	2	2.50	农场经营面积	≤6.67 公顷	11	13.75
	30~39 岁	10	12.50		6.67~13.33 公顷	21	26.25
	40~49 岁	28	35.00		13.34~33.33 公顷	32	40.00
	50~59 岁	35	43.75		33.34~66.7 公顷	12	15.00
	≥60 岁	5	6.25		≥66.7 公顷	4	5.00
受教育程度	小学及以下	5	6.25	数字生产意愿	愿意	68	85.00
	初中/中专	21	26.25		一般	12	15.00
	高中/高职	36	45.00		不愿意	0	0
	本科/大专	16	20.00	数字化培训	参与	65	81.25
	研究生以上	2	2.50		未参与	15	18.75
农场经营年限	3 年以内	4	5.00	产品原产地追溯	可追溯	56	70.00
	3~5 年	43	53.75		不可追溯	24	30.00
	5~10 年	30	37.50	农产品质量认证	产品是"三标一品"	45	56.25
	大于 10 年	3	3.75		产品非"三标一品"	35	43.75
长期雇工人数	<10 人	53	66.25	数字化资金来源	政府项目资金	12	15.00
	11~20 人	17	21.25		自投资金	62	77.50
	>20 人	10	12.50		其他	6	7.50

一手数据是案例资料的主要部分，具体来源如下：一是实地观察。多次实地调研，深入了解案例主体的经营情况。二是人员访谈。研究团队内部多次讨论形成访谈提纲，并先后对案例主体相关人员进行了 11 次非结构式访谈（见表 5-2），包括农场负责人、参与的农户、运营人员等，具体访谈情况如表 2 所示。三是参与式调研。研究团队不仅作为"局外人"观察案例农场以获得客观数据，还作为"局内人"进行主观体验，以便能够融入案例农场，获得更多数据。为保证数据准确，数据搜集过程遵循 Eisenhardt 的"24 小时原则"。

二手数据对一手资料起辅助作用，具体来源如下：一是网络媒体资料。受宏观环境影响，网络上可收集到大量媒体新闻、专题访谈等内容，本研究对该类资料进行了收集与整理。二是农场提供的相关资料。案例主体拥有官方网站和社交账号，可通过这些途径获得农场的公开资料，本章对这些资料进行了系统的梳理。三是文献收集。查阅 CNKI、万方等文献数据库，提取与本研究相关的内容，作为重要研究资料。案例企业访谈数据收集情况如表 5 - 2 所示。

表 5 - 2 案例企业访谈数据收集情况

案例企业	访谈次数	访谈时间	访谈人次	访谈对象	访谈内容
CH 家庭农场：数字化种植示范基地	4	240 分钟	8	农户（3）、消费者（3）、农场负责人（2）	发展历程、经营现状、农民数字化技术学习情况、政府资助情况等
DK 家庭农场：数字化农产品销售平台	5	240 分钟	10	农户（3）、消费者（3）、平台运营人员（2）、客服人员（2）	宣传方式、农场战略规划、消费者意愿、网络平台运营方式等
SW 家庭农场：农业物联网应用示范	3	360 分钟	12	农场负责人（1）、农场运营人（2）、合作农户（5）、营销人员（4）	发展历程、经营现状、数字化技术应用情况、多主体合作情况、政府资助情况等
YF 家庭农场：数字化农产品溯源平台	5	300 分钟	10	平台负责人（3）、合作社农户（3）、营销人员（2）、消费者（2）	运营流程、农场战略规划、发展历程、经营现状、农民学习情况等

5.1.3　案例描述

1. 案例一：CH 家庭农场——数字化种植示范基地

（1）背景介绍和项目目标。CH 家庭农场位于我国农业发展的关键地带，乡村振兴战略的实施使得农业数字化成为发展的迫切需求。为此，该地区设立了数字化种植示范基地，旨在通过数字技术的应用，提升农业生产效率、农产品质量，实现农村经济的可持续发展。

（2）能人联农带农实施过程与效果。CH 家庭农场在农业数字化转型过程中，采纳了能人联农带农的模式，选聘了具有丰富农业知识和广泛社交网络的能人作为先导。这些能人与农民紧密合作，推广精准农业和智能设备等先进的数字技术，有效提高了农业生产效率与产品质量。通过能人的技术支持和经验分享，农民不仅掌握了数字技术的操作和管理，还解决了种植中的难题，拓宽了市场渠道，逐步形成了高效的数字化种植体系。此外，CH 家庭农场内部形成了以农民和乡贤能人为核心的价值共创体系。数字化示范基地的建立不仅促进了农民的自主创新，引进了新技术，还实现了农业生产的全面优化。这一系列措施展示了能人联农带农策略在推动农业数字化转型中的有效性，对农业产业的升级和农村经济的持续发展产生了积极影响。现今，CH 家庭农场已被评为数字化种植的模范基地，其成功实践为实施乡村振兴战略提供了宝贵经验。这一案例充分证明了能人联农带农模式在推进农业现代化，特别是在农业数字化转型中的重要作用和价值。CH 家庭农场基于数字化转型关键事件的发展历程图 5 - 2 所示。

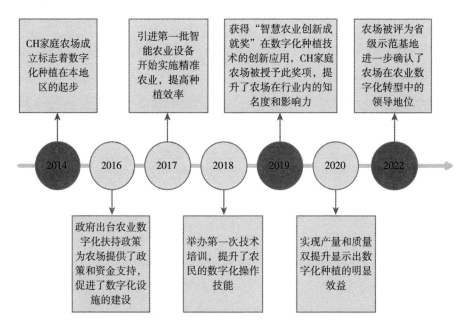

图 5 - 2　CH 家庭农场基于数字化转型关键事件的发展历程

（3）价值共创的表现。CH 家庭农场，通过能人联农带农的合作方式，在基地内部形成了以农民、能人为核心的价值共创体系。乡贤能人为农民提供了技术和经验，帮助他们解决实际问题，提高了农业产出的附加值。

农民自主创新，不断学习先进技术，推动了农业生产的全面提升。基地的成功实践表明，能人联农带农在农业数字化发展中具有重要作用，这一案例为乡村振兴战略提供了有益的借鉴和启示。

2. 案例二：DK 家庭农场——数字化农产品销售平台

（1）背景介绍和项目目标。当前，数字经济蓬勃发展，数字乡村建设稳步推进，数字基因逐渐融入乡村发展中。特别是以"抖音""快手"等为代表的新媒体在农民的生产生活中扮演着越来越重要的角色。自 2018 年以来，抖音引爆了短视频风潮。随着"山货上头条""山里都是好风光""乡村守护人"等项目的启动实施，通过短视频形式传播乡村风景文化和产品，吸引更多农民参与其中，成为农业农村领域创新创业的新生力量。2022 年抖音发布的《乡村数据报告》显示，抖音乡村相关视频增加 3438万条，获赞超 35 亿次；全国网友累计打卡 122 万个村庄。[1] 新媒体凭借打破信息传播壁垒、丰富内容表现形式、降低平台应用门槛等优势，为解决乡村传统难题、助力乡村发展开辟了新的路径。我们将这些以新媒体为"新农具"，以数字内容为"新农资"，以网络空间为"新农田"，分布在新型农业经营主体、社会组织等各个生态点位的内容创作者，称为"数字农人"。在他们赢得一定热度后，形成了一个强大的网络销售平台，不仅提高了农村的知名度，也为农产品销售提供了新渠道。随着农村知名度的提升，有望改善农村环境，进一步推动乡村旅游业的发展。

（2）能人联农带农实施过程与效果。

DK 家庭农场的能人也被称为"数字农人"，他们联农带农带来了以下两方面的发展：一是带动农业产业转型发展。数字农人利用新媒体激发乡村创新创业活力，促进产销精准对接，推动本地产业创新、集聚与转型。首先，他们通过新媒体打造了一条蜂蜜产业链。随后，牵头成立了中华蜂养殖专业合作社，努力构建"电商 + 合作社 + 土蜂蜜"营销模式。2018年，DK 家庭农场开始在社交自媒体上发布自己养蜜蜂的视频，新媒体账号粉丝总量已经超过了 400 万，有的视频播放量达到五六千万次，最高时

---

[1]　抖音乡村数据报告：乡村相关视频过去一年获赞超 35 亿次［EB/OL］. 抖音，乡村数据报告 . https：//www.sohu.com/a/522842863_121123886.

一天的销售量就能超过250千克，年销售额更是高达1500多万元。在电商增收的示范引领下，2018年吸引了更多能人返乡进行电商创业，至今已有30余位返乡青年投入农村电商产业的发展中。产业规模的扩大，也创造了更多的就业岗位，直接或间接带动400余名农村低收入人员实现就业增收。借助新媒体平台的传播力，DK家庭农场在2020年卖了将近2000万元的蜂蜜，还带动县内100多户蜂农开展中华蜂养殖与线上销售。二是助力乡村生态和文化资源价值转化。乡村蕴藏着丰富的生态资源，但由于缺乏价值实现渠道，好产品却"养在深闺人未识"，好的自然环境在经济账本上却反映不出来。而新媒体平台为乡村生态资源价值实现提供了契机，数字农人通过拍摄短视频、直播、内容文字等形式，将偏远农村地区的自然风光、风土人情、山货好物直接便捷地传递给社会公众，让人们了解乡村，对乡村产生兴趣，同时激发人们的消费欲望，促进乡村生态资源价值的实现。除此之外，数字农人通过新媒体让乡村资源的文化价值与粉丝手中的经济价值进行交换成为可能，促进了乡村文化产品价值的实现。DK家庭农场基于数字化转型关键事件的发展历程如图5-3所示。

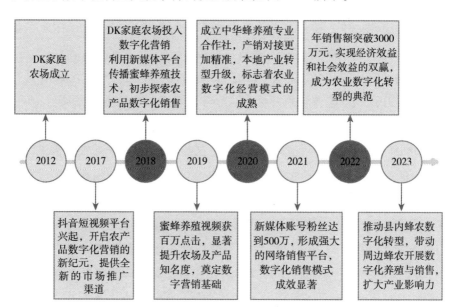

图5-3 DK家庭农场基于数字化转型关键事件的发展历程

（3）价值共创的表现。通过能人联农带农的合作方式，农产品销售平台形成了以农民、能人为核心的价值共创网络。能人提供了数字化销售的技术和经验,帮助农民提升销售效率,实现了共赢的局面。这一模式充分体现了价值共创理论的核心理念,即各方共同创造附加值,实现互利共赢。在数字化农产品销售平台的推动下,农民通过引入数字化技术,实现了销售方式的创新,推动了农业产业的升级和可持续发展。通过能人的引领,数字化农产品销售平台为农村经济的发展带来了新的机遇。这一案例充分展示了能人联农带农模式在农业数字化发展中的价值,为乡村振兴战略提供了有益的经验和借鉴。

3. 案例三:SW 家庭农场——农业物联网应用示范

(1) 背景介绍和项目目标。传统的农业生产方式面临着资源浪费和效率低下的问题。为了推进农业数字化转型,提高农业生产的智能化水平,当地政府决定启动农业物联网应用示范项目。该项目旨在通过物联网技术的应用,实现农业生产全过程的数字化监控和精准管理,提高资源利用效率,推动农业产业升级。

(2) 能人联农带农实施过程与效果。在该项目中,能人发挥着关键的作用。能人作为当地农民的代表和领头人,积极引导和推动农民参与农业物联网应用示范。自 2016 年起,SW 家庭农场作为当地政府启动的农业物联网应用示范项目的实施地,依托乡贤能人的引领,开始了农业生产方式的数字化转型之旅。通过组织农民参与物联网技术培训并与农业企业合作,农场自 2018 年起实现了生产的智能化和精准化管理,显著提升了生产效率并降低了成本。2020 年,农场被评为桃仙生态农业园物联网示范基地,标志着其在物联网技术应用方面取得显著成就。进一步整合 5G、大数据、区块链等前沿技术后,2021 年农场实现了更多智慧农业功能的突破,并于 2022 年获得"全国农业数字化创新奖",成为农业数字化转型的典范。2023 年,农场启动了"数字化种植体验中心"项目,通过 VR 和 AR 技术提供沉浸式农业体验。SW 家庭农场通过整合 5G、物联网、大数据、区块链等技术,借助 5G 果业大数据服务平台,实现数字果园、精准种植、科学预警、智能营销、区块链溯源和农事指导等功能,努力构建"智慧果园"。SW 家庭农场基于数字化转型关键事件的发展历程如图 5 - 4 所示。

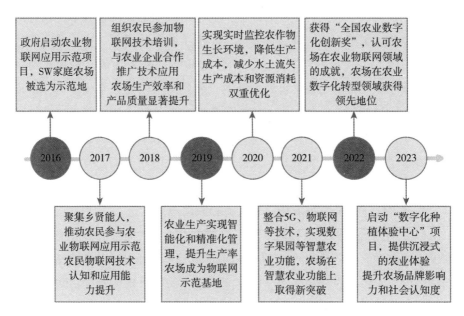

图 5-4　SW 家庭农场基于数字化转型关键事件的发展历程

（3）价值共创的表现。在这个案例中，能人充分发挥了自身在当地农民中的威信和影响力，推动了农民对物联网技术的认知和接受。通过物联网技术的应用，农民的生产效率得到了显著提升，农业产值和农民收入也得到了增加。同时，该项目也推动了当地物联网产业的发展，实现了农业产业链的升级和优化。这一案例充分展示了能人联农带农在农业数字化转型中的重要作用，为其他地区的农业物联网应用提供了有益的借鉴和参考。

4. 案例四：YF 家庭农场——数字化农产品溯源平台

（1）背景介绍和项目目标。YF 家庭农场所在区域拥有丰富的农产品资源，但在农产品溯源方面一直存在信息不对称和追溯效率低下的问题。为提高农产品的质量和安全水平，当地政府决定启动数字化农产品溯源平台建设项目，希望通过数字化技术，实现农产品全程的追溯与监管，为消费者提供安全可靠的农产品保障。

（2）能人联农带农实施过程与效果。在该项目中，能人起到了积极的推动作用。首先，拥有丰富专业知识的能人，可以向当地的农业专家和领军人物快速学习新的知识技术，并帮助农民了解数字化农产品溯源平台的重要性和应用方式。随后，能人还组织农民参与培训和学习，提高他们使用数字化技术的能力。能人与当地政府和企业合作，推动数字化农产品溯源平台的建设与推广。在能人的带动下，农产品溯源平台得到了广泛的应用，该平台集成各类物联网传感设备，完成田间地头数据实时采集与上传，在农场或生产加工工厂进行包装赋码，在批发市场或超市中，消费者通过微信或支付宝扫码就能看到农产品的产地信息、生产加工信息、仓储物流发货信息，通过一物一码追溯云平台为各类农产品实现全程可信溯源，提升农产品品牌竞争力，有效提升了农产品的质量和市场竞争力，实现多方互惠互利。YF 家庭农场基于数字化转型关键事件的发展历程如图 5 - 5 所示。

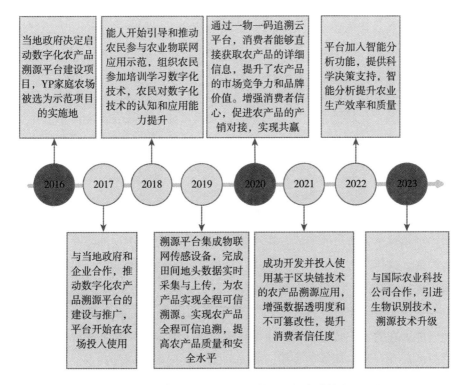

图 5 - 5　YF 家庭农场基于数字化转型关键事件的发展历程

（3）价值共创的表现。能人通过引导农民参与数字化农产品溯源平台的建设和应用，使农民在农产品质量与安全方面获得了实实在在的好处。同时，数字化农产品溯源平台的推广也提高了农产品的品牌价值和信誉度，促进了农产品的产销对接，实现了农民与消费者之间的共赢。这一案例充分展示了能人联农带农在农业数字化转型中的重要作用，为农产品溯

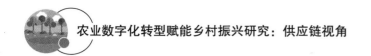

源的实施提供了有益的实践经验。

5.1.4 案例分析

1. 农场的数字化转型阶段划分

农场的数字化转型是一个逐步推进的复杂过程，经历了认知、培训、实践、创新等多个关键阶段。这些阶段的划分有助于理解"能人联农带农"机制在数字化转型中的作用和影响。

（1）数字化转型前期。在这一阶段，能人的角色至关重要。能人通过引入先进的数字化技术，解释数字化转型的重要性和好处，帮助农民建立对数字化的认知，培训成为关键环节，能人通过示范和培训，让农民了解数字化技术的应用和潜在优势。

（2）数字化转型中期。培训之后，农民需要在实际农业生产中应用数字化技术。能人在这一阶段发挥引导和支持的作用，与农民一起解决实际问题，优化数字化技术的使用方式，农民逐渐积累经验，开始拓展数字化技术的应用范围，具备了一定的自主能力。

（3）数字化转型后期。随着数字化转型的深入，农民不仅能够独立应用数字化技术，还可能形成合作网络，共享经验和技术，能人在这一阶段起到促进合作和创新的催化剂作用，帮助农民对接政府和企业资源，推动数字化转型在更广泛范围内的应用。

这三个阶段的划分旨在强调"能人联农带农"机制的渐进性和长效性。能人在数字化转型前期扮演引导者角色，通过培训帮助农民建立对数字化的认知；数字化转型中期，能人与农民共同解决实际问题，推动数字化技术的深入应用；最终，在第三阶段，能人通过促进合作和创新，使数字化转型在社区内得到更广泛的推广和应用。这一机制在不同阶段的灵活应用为农业数字化的可持续发展提供了有力支持。

在农业数字化转型的不同阶段，政府逻辑和市场逻辑发挥着不同的作用，其主导地位可能在不同阶段发生变化。总体而言，政府在数字化转型前期起到引导和推动的主导作用，随着实践与拓展阶段的展开，市场逻辑逐渐增强。在数字化转型后期，政府和市场逻辑可能共同发挥作用，但市场逻辑更可能在这一阶段成为主导，农业数字化逐渐在市场机制下形成更为自主和创新的发展格局。

数字化转型前期，政府在认知与培训中发挥主导作用，政府通过政策引导和经济支持，推动数字化技术的引入，提供培训资源，帮助农民建立对数字化技术的基础认知。在转型中期，随着农民逐渐掌握数字化技术并在实践中积累经验，市场逻辑开始逐渐介入，市场上数字技术提供商、培训机构等开始通过市场竞争提供更多创新性的数字解决方案和培训服务，农民开始更加主动选择适合自己的数字化方案。最后在转型后期，政府与市场逻辑共同作用，但市场逻辑逐渐占主导地位。政府通过政策引导、资源整合仍然发挥一定作用，但随着农民和数字技术提供商之间的直接合作和市场竞争的加剧，市场逻辑逐渐成为主导力量。

数字化转型过程中制度逻辑驱动如图 5-6 所示。

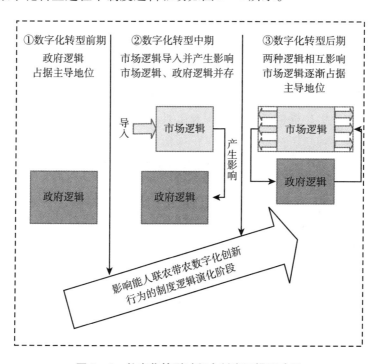

图 5-6 数字化转型过程中制度逻辑驱动图

2. 案例共性与特殊性分析

以上案例体现了数字化在农业多个方面的发展与应用，包括了种植、销售、农产品溯源等环节。在政府政策和市场变化的双重驱动之下，回归农村的能人作为核心力量联结农民和其他多元主体，不断完善价值网络，最后实现了价值共赢。以上案例都找到了适合自己数字化转型的方向，虽然方向不同，但是"殊途同归"，以一代多、由点及面，他们的数字化转型模式存在一定的共性，都在能人的带动下充分发挥了内外发展动力的作用。以上案例中能人引领农民助力农业数字化转型的过程根据农民对数字化技术的接受运用程度都可以划分为三个阶段，基于价值共创理论"价值共创动因识别—利益相关者协同—多元主体价值共赢"的行动路径，发现三个阶段的价值网络构建都经历了供应链完善、产业链升级、价值链提升的过程。

（1）数字化转型前期。

主要在于引入数字化技术，使农民逐步了解其在农业生产中的应用，并通过培训提高农民的数字技术水平，从而推动整个产业链和价值链向更高水平发展。

供应链完善：能人在这个阶段引入先进的数字化技术，建立了农民对数字技术的基础认知，农民逐渐了解数字化技术的应用和潜在优势，为数字化转型奠定了基础。这一过程可以看作是供应链的初步完善，数字技术的引入为农业生产提供了新的资源和工具。CH 家庭农场通过引入数字化技术，完善了种植的供应链。数字化种植示范基地通过数据监测和管理，优化了种植过程，提高了供应链的可控性和透明度，使从种植到收获的各个环节更加协同。

产业链升级：通过培训，农民掌握了数字化技术的使用方法和技能。这一阶段的实践和培训使得农业生产中数字技术的应用逐渐普及，产业链逐步升级。数字化技术不再仅仅是单一应用，而是涉及更多的环节，包括生产、数据收集、分析等，从而提高了整个产业链的水平。

价值链提升：在数字化转型前期，农民对数字化技术的初步认知和培训为形成更完整的价值链奠定了基础。农民开始了解数字化技术如何影响农业价值链的各个环节。尽管这一阶段的价值链提升还相对初级，但通过培训，农民对数字技术的应用开始逐步拓展。

（2）数字化转型中期。

在这个阶段，农民通过实际操作和拓展应用逐渐提高数字化技术的应用水平，能人联农带农的数字化转型途径呈现出更为明显的供应链完善、产业链升级和价值链提升。通过这一阶段的实际操作和拓展，能人带领农民逐渐形成了数字化技术在供应链、产业链和价值链方面的深度应用，为整个农业数字化转型奠定了更为坚实的基础。

供应链完善：农民通过实际操作，逐渐熟悉数字化技术的运用，从而完善了供应链。例如，CH 家庭农场通过数字化种植示范基地，实现了生产过程的数字监控，为供应链的进一步完善提供了实践基础；YF 家庭农场，在数字化销售平台，通过溯源技术实现了供应链的提升，增加了产品的可追溯性和信任度。

产业链升级：通过能人引领农民助力农业数字化转型的数字化转型中期，产业链升级体现在数字化生产、供应链协同、创新合作模式等方面，从而推动农业产业链向更高效、可持续的方向发展。例如，SW 家庭农场通过农业物联网应用示范，将数字技术融入到生产全过程，实现了产业链的全面升级；DK 家庭农场通过数字化农产品销售平台，优化了销售流程，推动了产业链更高水平的发展。

价值链提升：在数字化转型中期，农民通过实际经验不断拓展数字化技术的应用范围，为形成更为完整的价值链提升创造了条件。例如，YF 家庭农场通过数字化农产品溯源平台，将溯源技术应用于产品，提升了产品的附加值，推动了价值链的进一步提升。

（3）数字化转型后期。

农业数字化的发展呈现出更加全面、深入的趋势，供应链得到进一步完善，产业链实现更高水平的升级，价值链更为系统地提升。这一阶段的关键特点在于农民逐渐具备了独立应用数字化技术解决问题的能力，他们不仅仅是数字技术的使用者，更是参与者和创新者，通过合作和创新推动数字化转型在更广泛范围内的应用。这一时期的数字化转型不再局限于个体农户，而是形成了更大规模的数字化应用网络，促使整个农业产业链的协同发展。

供应链完善：数字化转型后期，数字化技术在不同农场的供应链中得到更为深入的应用，农场之间建立了更紧密的合作网络，数字技术的应用使农产品的生产、储存、运输等环节更为高效协同，这促进了数字化农业生产的供应链的全面完善。CH 家庭农场数字化种植示范基地形成了更为完善的供应链网络，农场之间通过数字技术实现资源共享，农民可以共同利用先进的种植技术和数据分析，提高生产效率。这样的合作网络使整个供应链更加协同。

产业链升级：农业物联网、数字化销售平台等应用在更多的环节得到整合和升级，使整个农业产业链更为智能化、信息化。农民在数字技术的引领下，积极尝试新的生产方式，不断拓展产业链的深度和广度。SW 家庭农场农业物联网应用示范扩大了农业产业链的深度，通过物联网技术，农场可以更全面地监测和管理生产环节，实现更高水平的智能化农业，农业物联网的推广促进了产业链的升级。

价值链提升：数字化转型推动了农业价值链的更全面提升，通过合作网络，农民共同分享数字技术在产品设计、市场营销等方面的创新经验。数字化农产品销售平台、溯源系统等应用使得产品的附加值得到提升，整个农业价值链进一步完善。DK 家庭农场在此阶段与其他相关主体合作，合作农场通过平台共享销售渠道，推动农产品在市场中的创新和差异化。这一创新方式推动了农产品的附加值提升，打响了农产品的知名度，使农产品的价值链得到提升。

3. 能人联农带农助力农业数字化转型模式分析

在探索家庭农场数字化转型模式的过程中，我们发现农场管理者和能人在面对政府规制与市场机会时的不同选择，对于推动数字化转型的路径产生了显著影响。本章基于价值共创理论，构建了一个矩阵模型（见图 5-7），以动态分析家庭农场数字化转型的多样化路径。矩阵的横轴代表了配置对象的取向，即从"合规性"到"战略性"的转变。"合规性"强调遵循现行政策和规制，而"战略性"则侧重于主动探索和利用数字化带来的创新机会。纵轴则表示了能人和管理者的视野范围，从"短视"到"长视"。"短视"关注于当前的经济效益，例如通过互联网销售农产品来追逐市场趋势；而"长视"则着眼于未来的发展，积极探索新的市场机遇，为潜在客户或市场创造长期价值。这一矩阵模型将有助于我们更深入地理解家庭农场如何在不同的制度逻辑和市场机遇中找到最佳的数字化转型路径，实现资源的有效整合和价值的最大化共创。

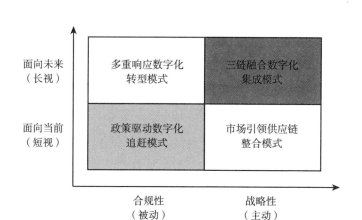

图 5 - 7　能人联农带农数字化转型不同模式

　　由此，本章研究认为，配置对象和聚焦方向共同决定了农业数字化转型过程中的主导制度逻辑与价值网络的构建，从而带来差异化的数字化转型模式：合规性数字化转型的"政策驱动数字化追赶模式"和"多重响应数字化转型模式"更多地表现出政府逻辑主导特征，重视现有和潜在的政府政策对农业数字化转型的影响；而战略性数字化转型的"市场引领供应链整合模式"和"三链融合数字化集成模式"则表现为市场逻辑主导特征，重视现有和未来更多的市场机会和数字化转型趋势。能人联农带农数字化转型不同模式如图 5 - 7 所示。

　　（1）政策驱动数字化追赶模式。是指在政策驱动下能人联农带农通过数字化技术积极追赶、缩小与其他先进数字化家庭农场的差距的一种转型模式。其典型代表是 CH 家庭农场。具体而言，在制度逻辑方面，CH 家庭农场的绿色创新行为受到明显的政府逻辑驱动，由此更加关注当前的政策规制，倾向于优化自身生产，建设数字化种植基地来响应政府要求。在此模式带动下，CH 家庭农场逐渐构建起自己的价值网络，尽管与先进的数字化农场存在一定差距，CH 家庭农场通过能人的带动引进数字化生产技术、改进落后生产设备、发挥内部资源的作用，加快了农场的数字化转型进度，并与外部多主体保持密切合作，努力撬动多方资源共同参与价值创造。

　　（2）多重响应数字化转型模式。是指能人对政府、公众、客户等多方主体当前与潜在的数字化价值主张进行积极响应的一种转型模式，其典型代表是 YF 家庭农场。具体而言，在制度逻辑方面，YF 家庭农场的数字化转型行为也受到明显的政府逻辑驱动，但不同之处是它不仅关注当下更加关注未来政策趋势，转型出发点是响应政府智慧农业的号召并满足客户对高质量农产品的需求。在价值网络构建方面，YF 家庭农场在能人带领下搭建内部创新中心，重视与行业龙头企业、高校、科研院所等建立良好的合作关系，开展农业数字化产学研攻关，搭建了数字化农产品溯源平台。

（3）市场引领供应链整合模式。是指能人以市场逻辑为主导，主动配置对象，关注当前市场需求和机会，积极引领供应链整合的数字化转型模式。以 DK 家庭农场为代表。在制度逻辑方面，DK 家庭农场的数字化转型行为受到市场逻辑的主导，主动关注市场变化，更加注重灵活应对市场需求，致力于提高农产品的市场竞争力。在价值网络构建方面，DK 家庭农场在市场引领下，通过与零售商、物流企业等建立紧密的合作关系，实现了供应链的整合，优化了生产、流通和销售环节，提高了产品的市场响应速度。通过这种模式，DK 家庭农场能够有效满足当前市场需求，实现数字化转型的可持续发展。

（4）三链融合数字化集成模式。是指在数字化转型中，通过整合产业链、供应链和价值链，实现数字化技术在各个环节的集成应用，从而提高生产效率、优化资源配置，同时满足市场需求和政府政策的双重期望。这一模式强调了产业链、供应链和价值链之间的紧密关系，通过数字化技术的集成，实现更加高效、智能的农业生产和管理。以 SW 家庭农场为例，在数字化转型过程中，SW 家庭农场采用了三链融合数字化集成模式；在制度逻辑方面，SW 家庭农场的数字化转型行为既受到市场逻辑的驱动，又关注政府政策的引导。能人更加注重整合市场资源和遵循相关政策，形成了既符合市场需求又顺应政府政策的数字化发展路径。在价值网络构建方面，SW 家庭农场通过整合上下游资源，与产业链上的合作伙伴、科研机构等建立紧密联系，搭建了数字化农业物联网应用示范。这一模式通过融合产业链、供应链和价值链，实现了数字化技术在各个环节的集成应用，提高了农产品的产出效率和质量，同时满足市场需求和政府政策的双重期望。SW 家庭农场的三链融合数字化集成模式充分体现了在数字化转型中，整合各类资源、实现多方合作的战略取向。

4. 能人联农带农助力农业数字化发展的实现路径

能人联农带农通过调整配置对象和聚焦方向，同时选择与自身资源基础相适配的价值创造方式，经由"远景指引数字化跃迁路径""价值重构数字化跃迁路径"和"双向洞察数字化跃迁路径"实现了深度数字化转型的战略目标，获得了持续竞争优势。这三条跃迁路径共同构成了能人联农带农的数字化战略框架，使其能够更好地适应数字化环境的变化，实现农场在数字化领域的深度转型和可持续发展。数字化转型的跃迁路径如图5-8所示。

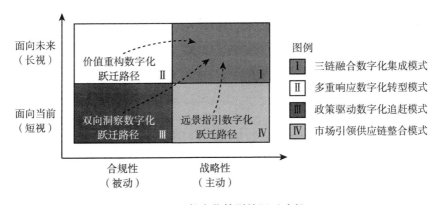

图5-8　数字化转型的跃迁路径

（1）远景指引数字化跃迁路径。

能人通过对数字化未来的深刻洞察，主动选择长期发展方向，引领农场在数字化转型中实现更高水平的发展。这包括对未来市场趋势、技术发展和政策变化的准确预见，使农场能够提前布局和适应未来数字化环境的变化。

"远景指引数字化跃迁路径"是调整聚焦方向使能人联农带农更加"长视"，提高农场数字化前瞻性战略布局比重，促进"市场引领供应链整合模式"转向"三链融合数字化集成模式"（第四象限→第一象限）。已有大量研究论证了数字化供应链整合中多主体参与的重要性。但已有文献对如何协调多主体实现农业数字供应链整合的动态机制讨论不足。因此，解释供应链数字化整合模式的动态跃迁路径尤为重要。已有学者基于利益相关者理论，从价值共创视角提出了农业的数字化供应链整合视角需要综合考虑内部、供应商和利益相关方，这与最终期望达成的"三链融合数字化集成模式"所涉及的利益相关者具有一定重合。因此，结合案例实际情况，本章研究认为"远景指引数字化跃迁路径"具体包括以下三个层面。

内部数字化整合：在农场内部，能人联农带农要加强对数字化技术的研发和应用，建立专项团队或研发中心，关注长期的数字化技术创新。通过增加内部研发力度，关注绿色技术的关键突破，拓宽数字化资源渠道。例如，农场可以专注于数字化农业技术的核心研究，减少对短期回报的过度关注，为长远数字化转型奠定基础。

供应链数字化整合：在与供应商的合作中，能人联农带农需要关注供应商的数字化转型过程。了解供应商的数字技术升级情况，与龙头企业、高校、政府等建立紧密的合作关系，搭建多方参与的数字化信息交流平台。通过共享数字化信息，降低供应商的学习成本，促进整个供应链的数字化协同发展。

第三方利益相关者数字化整合：考虑利益相关者对农场数字化转型的影响，能人联农带农需扩大关注范围，聚焦更广泛的利益相关者网络。与产学研战略联盟成员、行业协会、民间环保社团等建立合作关系，借助他们的力量推动数字化转型。通过参与绿色供应链行动、发布管理者环保承诺等方式，建立良好的数字化合作关系，实现数字化转型的可持续协同发展。

通过这些层面的调整和优化，能人联农带农能够更加长远地规划数字化转型的发展方向，从而促使农场由"市场引领供应链整合模式"过渡到更为全面的"三链融合数字化集成模式"，实现数字化跃迁的战略目标。

（2）价值重构数字化跃迁路径。

能人在数字化转型中重视价值创造，通过重新构建农业价值链和供应链，实现数字化技术在各个环节的优化和整合。这可能包括提升产品品质、拓展市场份额，以及创新营销模式，从而在数字化转型中实现更高层次的附加值和盈利。

"价值重构数字化跃迁路径"是调整配置对象使能人联农带农数字化发展更关注市场，提高对市场的战略关注度，聚焦客户需求，促进"多重响应数字化转型模式"转向"三链融合数字化集成模式"（第二象限→第一象限）。可以概述为以下三个关键点。

主动洞察市场需求：在长期的数字化转型过程中，能人联农带农需主动洞察市场需求的变化趋势。通过对客户的深入了解和对市场的前瞻性分析，能人可以更准确地把握市场的动向，预判未来数字化技术在农业领域的需求。这种主动性使农场能更好地满足市场需求，为进一步的数字化集成奠定基础。能人联农带农将更多关注点集中在创造客户价值上。通过深入了解客户需求，提高产品和服务的质量，农场将能够更好地满足市场需求。这种聚焦客户价值的变革推动了农场从被动地响应市场变化到主动引领数字化集成，因为客户需求往往反映了未来市场趋势。

构建数字化合作网络：实现数字化资源的整合，能人需要积极建设数字化农业的合作网络，与行业龙头企业、科研机构、数字技术提供商等建立紧密联系，共同探讨数字化技术的创新和应用。这样的合作关系有助于数字化技术在产业链、供应链和价值链中的顺畅应用，从而更好地适应农业数字化的发展趋势。

引入先进数字化技术：为了推动数字化转型向更高水平发展，农场需要主动引入先进的数字化技术，这包括但不限于物联网技术、大数据分析、人工智能等。通过投资和引进这些技术，农场能更好地实现数字化资源在生产、流通和销售环节的集成应用，提高生产效率和产品质量，实现数字化转型的可持续发展。

（3）双向洞察数字化跃迁路径。

双向洞察数字化跃迁路径：能人在数字化转型中不仅关注当前的市场需求和政府政策，还能够双向预见未来的发展方向。通过对未来数字化趋势和全球农业创新的深入研究，能人能够更好地规划农场的数字化未来，确保在竞争中保持领先地位。

"双向洞察数字化转跃迁路径"是同时调整配置对象和聚焦方向，使能人更加"长视"和关注市场，促进"政策驱动数字化追赶模式"转向"三链融合数字化集成模式"（第三象限→第一象限）。

（4）深入研究政策与技术趋势。

能人在数字化转型中深入研究政府的数字化政策，同时关注全球技术趋势。通过对政府政策的深刻理解，能人能够更好地规划农场的数字化发展方向，同时，关注全球技术趋势，引入新兴技术，提前适应未来农业数字化的创新方向。

与政府合作共建数字化基础设施：能人通过与政府建立紧密的合作关系，共同推动建设数字化基础设施。与政府的紧密协作使农场能够更好地融入数字化生态系统，充分利用政府政策的支持，实现数字化追赶的同时保持与政府政策的协同发展。

注重战略布局与产业链整合：能人联农带农通过深度规划和战略布局，使农场从"政策驱动数字化追赶模式"过渡到"三链融合数字化集成模式"。注重整合产业链、供应链和价值链，使数字化技术在各个环节得以集成应用，提高生产效率，同时更灵活地满足市场需求。通过与各方合作伙伴建立紧密联系，形成数字化农业的生态系统，实现数字化集成发展的可持续竞争优势。能人联农带农助力农业数字化转型的"RCTT"理论框架如图5-9所示。

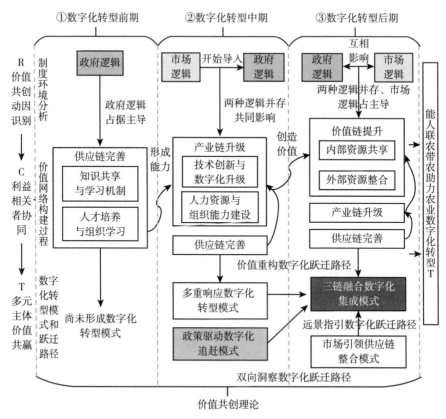

图5-9　能人联农带农助力农业数字化转型的"RCTT"理论框架

5.1.5 小结

1. 结论

通过对多个案例的深入分析，我们得出以下结论：在农业数字化发展中，能人联农带农发挥了重要作用。能人在这一过程中扮演着纽带和桥梁的角色，成功地将数字技术与农民需求相结合，形成了良性循环的价值网络。同时，农业数字化的推进为能人的发展提供了新的机遇，体现了新内生发展理论在农业领域的指导意义。

第一，能人充当着数字化与农业之间的纽带，通过深入了解农民的需求，协调数字技术的应用，并将其与实际生产结合起来，这种纽带作用有助于建立起数字化农业的合理体系，使农民更好地接受和应用相关技术。第二，能人更是数字技术与农业之间的桥梁，他们能够有效地沟通数字技术专业知识，使其更贴近农业生产的实际需求，从而推动数字化技术在农业中的广泛应用。第三，能人联农带农形成了一个良性循环的价值网络，农民通过能人获取数字技术的支持，提高生产效率和产品质量，从而促进了农业的可持续发展。这一过程中，能人得到了农民的信任与支持，形成了双赢的局面。第四，农业数字化的推进为能人提供了新的机遇，他们可以通过数字技术的创新，开展更广泛的农业服务，提高自身的影响力和地位，数字技术的不断更新也为能人带来了更多的发展可能性，推动了其在农业领域的持续发展。

能人联农带农模式在农业数字化发展中展现了卓越的效果，为农业现代化提供了有力的支持，这种模式的成功实践体现了新内生发展理论在推动农业领域创新与发展方面的重要价值。

2. 理论启示

农业产业数字化应当被看作是农业全产业链的数字化转型发展。传统上，农业的数字化主要聚焦于生产环节，而产业链中的其他环节如流通、加工、销售等相对滞后；理论上，应该强调从生产到消费的全产业链数字化，确保数字技术在整个农业价值链中发挥最大效益。实践逻辑是农业产业数字化的关键。理论构建和实际应用需要更加紧密地结合，实践中的问

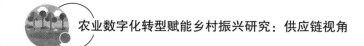

题和挑战是推动理论发展的动力，因此，理论体系应注重对实践逻辑的深入挖掘，以更好地指导农业数字化实践。

3. 建议

一是探索多元化转型路径。研究表明，数字化转型并非是一种单一的模式，而是涉及多种可能性的组合。从政策驱动到市场引领，再到三链融合，存在不同的转型路径，这提示能人在制定数字化战略时应考虑多元化的可能性，结合具体情境选择最合适的转型路径。同时，研究提出了从一个数字化转型模式到另一个的跃迁路径，这为能人联农带农助力数字化转型指出更为明晰的发展方向，可通过逐步跃迁实现深度转型。

二是关注多方利益相关者。研究强调多方利益相关者在数字化转型中的作用。无论是内部的供应商还是外部的政府和社会，都对数字化转型产生着重要的影响。因此，在制定数字化策略时，应综合考虑多方利益相关者的需求，建立更加全面的合作关系。除此之外，研究显示政策驱动和市场引领两者并非对立，而是可以协同发展的，在数字化转型中，能人可以充分考虑政府政策的引导作用，同时关注市场机会，实现政策与市场的有机结合。

三是制定长期战略规划。能人联农带农通过调整配置对象和聚焦方向，使数字化发展更关注市场和未来，能够实现深度数字化转型。通过"长视引领"和"双重预见"等路径，能人联农带农实现了对未来的深刻洞察，这强调了在数字化转型中需具备长期战略规划的重要性，不仅要关注当下的需求，还要预见未来的发展趋势。

5.2 多元共生视角下机制研究

数字化技术推动了农业转型，通过赋能多元主体创造共生价值，能够为农业提供相应的成长路径。本章以家庭农场为研究对象，采用了多案例对比分析的方法，引入共生理论，将研究对象划分为四种不同的类型，探讨了数字化技术如何促进家庭农场创造共生价值，并按照供应链、产业链、价值链各个阶段的完善程度分为四种类型，为其规划了农场发展的演化路径，给出了多元主体协同实现共生系统的现实对策和经验规律。

5.2.1 理论基础

国家高度重视数字化农业的建设，作出了实施大数据战略和数字乡村战略、推进"互联网＋"现代农业等一系列重大部署安排。《数字农业农村发展规划（2019—2025 年）》的通知中提出要加快数字技术推广应用，大力提升数字化生产力，这为农业转型指明了方向和发展要求。而家庭农场作为一种符合现代化趋势的农业生产经营模式，积极实践数字化技术，在其发展过程中所应用的多样先进数字技术，创造出了丰富的经济、社会及生态价值。对于家庭农场来说，各农业主体的参与发挥了重要作用，多元主体是实现共生价值的前提条件，他们合作共同创造收益，推动家庭农场转型升级，不断向互惠协调的农业共生系统演化。

当前农业发展主要还存在生产规模不足和数字化技术薄弱这两方面困难，也就是规模化和专业化的问题。政府通过加强规模化和数字化的产业政策来提高竞争优势，提出了"链式发展"，即连接供应链、延长产业链、提升价值链，三者之间相互衔接。应用在供应链、产业链、价值链不同发展阶段，生产、加工、运输、销售等各环节中的数字化技术多样，呈现出了不同的类型和特征。同时，在相应阶段中的参与主体有所不同，创造出来的价值程度也存在明显差异，数字化技术与农业产业链主体紧密关联，是影响现代农业高质量发展和促进家庭农场数字化转型的重要因素。因此，数字化技术赋能各主体创造共生价值，探究其形成共生系统的作用机制与演化路径有着一定的必要性。

1. 共生理论

共生理论是一种研究不同个体之间通过合作实现共同成长和发展的理论，它最初起源于生态学，主要研究了多个物种间相互依存、相互促进的关系。随着研究的深入，共生理论逐渐被应用于社会科学、经济学、管理学等多个领域，为我们理解复杂系统中的互动关系提供了有益启示。现有文献一般从以下三个方面展开研究：第一，共生关系的形成机制、维持与演化方式，共生关系的建立包括了选择合作伙伴、制定合作规则等，以及在外部环境变化和内部冲突的影响下，通过调整合作方式等途径进行优化和升级。第二，共生效应的产生与分配，共生关系为参与者带来价值创造，促进了发展共赢。第三，共生网络的结构与功能，共生网络是共生关系的整合，在各主体的演变与相互作用中，共生网络系统的效率和竞争力得到了提升。

共生理论的组成要素可以分为共生单元、共生模式、共生界面。共生单元是指构成共生关系的个体或种群，它们在共生关系中共同完成某些生态功能。共生模式是指共生单元之间相互作用的方式和规则，包括互利共生、共栖共生和寄生共生等，它决定了共生关系的稳定程度和发展方向。共生界面是指共生单元之间进行物质、能量和信息交换的平台或媒介，它是共生关系得以实现的基础。

在农业领域，共生理论的实践起到了指导和推动作用。生产经营模式上，通过建立共享资源、共担风险责任的合作机制，可以组织共生单元之间有机衔接，推动各方共同成长。技术创新上，科研机构指导开发适合家庭农场发展的农业技术，形成先进的共生模式，有助于提高农业的可持续性和生产效率。市场营销上，通过构造稳定的供应链关系和共生界面，促进产业融合，可以实现生产者与消费者之间的直接对接，增强农产品的市场竞争力，优化资源配置和完善社会功能。

2. 家庭农场发展的多元主体

家庭农场是一种从事着规模化、集约化、商品化的农业生产经营模式，体现了现代农业的标准化发展趋势，其发展过程吸纳了多元主体的参与，如政府、科研机构、企业和客户等。这些农业主体在家庭农场的不断演进中发挥了重要作用，为推动农业现代化和创造共生价值分别提供了关键的贡献。

在政府层面，阿巴亚万萨等（Abhayawansa et al.，2021）认为政府通过制定可持续发展的政策目标和问责制的治理方法来创造价值。汤姆森和优娃（Thompson and Rizova，2015）提出了政府的价值创造特别关注稳定性，认为风险管理应该是公共财政、公共政策和公共管理实践的核心。肖汉和胡（Chohan and Hu，2020）强调物联网服务编排可以使政府提供的价值更智能、更透明、更快响应公民。在科研机构层面，周和济（Chou and

Tsai，2022）等通过一个单案例研究来调查农业企业近三十年的业务发展，发现了价值生态系统中技术赋能动员。比嘎等（Wysel et al.，2021）提出数据共享平台对于从智能农业数据中创造价值的生产过程非常有用。在企业和客户层面，古玛等（Kumar et al.）指出首先公司必须衡量客户感知的价值，其次作为回报，客户会通过多种形式的参与为组织提供价值。利茨曼斯卡－科普采维奇等（Liczmańska－Kopcewicz et al.，2019）认为企业社会责任（CSR）战略目标的实施程度以及在可持续企业中创造价值之间存在正相关关系。

3. 数字化与共生价值创造

数字化技术在农业领域的应用，一方面注重提高生产效率和农产品质量，推动实现农业增产增效目标，另一方面通过获取和利用市场信息，增强农户对于市场的适应能力和抗风险能力，促进产业升级，带来经济、社会、生态等多重效益，为农村农民创造更多价值。然而，当引入新技术时农户通常不会立即采用，这在一定程度上制约了农业转型和共生系统发展。

农户选择采用数字技术受到很多因素的影响。在获取支持层面，圣玛丽（de Sainte Marie，2014）认为政府应以结果导向来制定农户采用农业环保技术的财政激励措施，范和帕迪（Fan and Pardey，1997）通过研究1965～1995年中国农业投入产出数据，发现相较于制度变迁和市场改革，科研投入增大是中国农业经济增长最主要原因。在社会交流层面，采用新型农业技术的行为，本质上是一个长时间的社会学习过程，农业技术推广是科技成果转化为生产力的关键，而农业技术培训是农业技术推广最常见也是最有效的方法和途径。阿里和莎丽（Ali and Sharif，2012）认为农民田间学校培训模式是一种自下而上参与式农技推广的方式，调动农户参加培训有利于激发农户内在学习动力和积极性。同时，优秀的农业技术推广人员也能够起到提高农业技术传播效率的带头作用。在农户个人层面，农户的禀赋特征是直接原因，性别、年龄、受教育程度等个人特征均会影响农户农业技术采用行为，农户家庭收入水平、农业收入占比、劳动力人数、耕地规模等因素，也会对农户农业技术采用产生影响。不同农户对于风险表现出了不同的偏好程度，孔杜里等（Koundouri et al.，2006）考虑了气候条件随机性和未来收益不确定性对农户节水灌溉技术的行为影响，

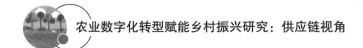

只有当预期收益大于投入成本时，农户才会采用相关技术设备，巴勒姆等（Barham et al.，2014）认为转基因技术可以增强个别农作物抵御病虫害风险能力，提高粮食产量和种粮效益，降低农业生产过程中的不确定性。

在社会化网络中，农业多元主体通过应用数字化技术共同创造价值。有关文献从社会网络的角度进行研究，认为信息渠道和学习功能在农户技术采用过程中起到关键作用，通过内部关系网络进行新技术应用的交流和学习，能够改善农户知识水平，从而减少技术采用的不确定性，提升数字化技术的应用效果，推动共生价值的实现。阿尔北苏亚等（Albizua et al.，2020）指出农户主要通过亲友关系网络获取农业灌溉技术信息，而班迪拉和拉苏尔（Bandiera and Rasul，2006）研究发现，掌握丰富农业技术信息的农户对网络中同伴农户农业技术采用的选择并不敏感。在数字化技术应用的前期阶段，农户普遍缺乏对农技相关信息的了解和认知，从而抑制了对农业技术的态度。

5.2.2 研究设计

1. 案例选择

本章聚焦于探索"数字化技术如何促进家庭农场创造共生价值"的问题。而案例研究通常可以梳理那些难以从复杂情境中分离出来的现象，以此分析多种因素背后的实际影响，归纳出典型的一般答案。因此，本章采用了多案例对比分析的方法。多案例通过复制逻辑，相比单案例来说能够得到更加概括和可靠的理论。根据艾森哈特（Eisenhardt，2021）建议的理论抽样时选择偶数便于将案例分组对比，本章选择了四个具有典型性的家庭农场。

在案例研究中，样本选择的标准强调根据案例的特殊性而非一般性，即所谓"探索性逻辑"。经过前期调研，我们总共得到了51家农场案例，对这些案例资料的不同情况进行整理后，最终还剩下38家具有可参考价值且区别明显的农场。样本选取的标准如下：一是所选农场案例属于省级示范性单位，在该地区或该产业具有一定的代表性；二是所选农场案例重视数字化转型和数字化技术实践；三是所选农场案例发展规划明确，吸引多个主体参与共生价值的创造过程。为了增强多案例对比分析的验证效果，

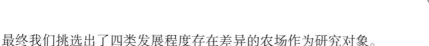

最终我们挑选出了四类发展程度存在差异的农场作为研究对象。

2. 数据收集与分析

本章的数据收集遵循迈尔斯和休伯曼（Miles and Huberman，2014）所描述的三角测量法，从多个来源获取研究数据，多层次的信息资料有助于提升研究结论的质量和真实性。主要包括一手数据和二手数据，一手数据以半结构化访谈和实地观察的形式为主，二手数据通过网络媒体报道或报纸杂志发表的相关新闻和文章来获取材料。我们的整个调研过程持续了三个多月，分为不同阶段逐步深入和细化，并在后期分析时针对有疑问的地方与案例农场负责人保持联系，为数据提供补充内容。

随后我们参考了迈尔斯和休伯曼（Miles and Huberman，2014）"质化数据分析手册"中的案例分析程序来对数据进行编码。首先，将38家农场案例进行归档整理，区分出了农场发展的不同类型。其次，对识别出的四类农场案例做了详细的单案例分析和多案例比较，通过数据信息的迭代式编码提取出与研究问题相关的重要概念。最后，研究人员围绕从初始范畴中得到的概念特征相互讨论，直至达成一致的共识，找到四类农场案例的异同点，逐步展开了深层次的分析与探究。

借鉴编码中对本章概念的界定，用关键词来总结各农场的发展特征，我们发现科研机构、政府、消费者是主要参与主体，三者在供应链、产业链、价值链不同阶段上数字化技术的应用包括了生产服务、加工运输、销售管理等方面。因此，可以把研究对象划分为科研机构带动的供应链数字化升级（农场A）、政府主导的产业链协同建设（农场B）、消费者需求引导的价值链生态文化创新（农场C）、多元主体共同参与的扶贫模式探索（农场D）。以下是开放式编码的结果（见表5-3）。

表5-3　　　　　　　　　　开放式编码结果

资料摘要（部分）	原始概念	初始范畴	主范畴
（A）历年来与浙江大学、省农科院进行科技研发合作，实施种鸽选育和提高蛋鸽产蛋量为中心的省、市、县多项课题研究	合作研发	科研机构	多元主体共同参与
（D）进行农业技术引进，与华农大学、农科院等农业技术机构开展科技成果对接转化，推广新品种	技术指导		

续表

资料摘要（部分）	原始概念	初始范畴	主范畴
（B）后来科技局的人叫我成立了一个合作社，从那年后来又开始种菜了。2006 年成立合作社，2008 年报了一个项目	政策支持	政府	多元主体共同参与
（C）政府会出资 50%，村里 30%，这样大大减轻了合作社的资金压力	财政补贴		
（C）结合农产品种植特色和园区产业优势，与良渚三小、云会小学及"新四军"星火小队等多家单位合作	需求驱动	消费者	
（C）确保消费者可以溯源产品的每一个生产环节信息，让大家买得放心、吃得安心	反馈优化		
（C）采取智慧物联网系统，配备棚内环境监测显示板，使各棚内监测数据可视化，并采用无线远程操作系统	数字化	供应链升级	关键阶段重点发展
（A）更换机器之后，5 条流水线只需要 1 个工人管理，预计项目建成后比之前减少 45% 的人工成本，预计年减少劳动力 4 人	规模化		
（D）随着 2016 年中央一号文件《中共中央 国务院关于落实发展新理念加快农业现代化 实现全面小康目标的若干意见》的出台，我联合村里的几个种植大户注册了专业合作社	协同规划	产业链建设	
（D）被评为省级电子商务进农村综合示范项目	示范引领		
（C）流转周边 9 个村土地 3500 亩，用于从事现代化绿色无公害蔬菜、水稻、水果种植及水产养殖等	生态效益	价值链创新	
（D）联结后溪村特色乡村休闲旅游文化产业链条，大力发展休闲农业旅游产业	文化特色		
（A）主要有"鹁鸽'双母拼对'高产技术"、多乳鸽喂养、自动化喂料机专利申请	先进技艺	生产服务	数字化技术的应用
（C）实现了叶菜生产全程机械化。我们采用气吸"滚筒式"秧盘精量播种流水线，履带拖拉机、叶菜收获机、割草机、撒肥机等	机械设备		
（D）将农副产品进行深加工，从而拉长产业链条，譬如柠檬膏、草莓酱及薯酥片等	附加值	加工运输	
（C）建立"固定式"农超合作、"零散式"线下门店、批发窗口等多样化模式	多渠道		
（C）积极采用线上销售模式，利用电子商务平台开设网店、微店	线上平台	销售管理	
（C）引进先进检测仪器和设备，建立蔬果种植生产全过程追溯体系，对农药、种子、肥料等高标准执行国家相关规定条例与农业管理部门相关要求	质量检测		

3. 单案例分析

农场 A：科研机构带动的供应链数字化升级

农场 A 是一家集科研、育种、生产为一体的民营企业，拥有现代化生产鸽舍 19 幢，存笼种鸽、蛋鸽达 5 万对，实行机械自动化鸽饲料喂养，目前饲养规模全省最大。农场 A 以科技创新为动力，历年来与浙江大学、省农科院进行科技研发合作，实施种鸽选育和提高蛋鸽产蛋量为主题的省、市、县多项课题研究，并取得丰硕成果。农场 A 以市场为导向，深入开展鸽业产、加、销全方位科技研究和科学实验，全面提升了鸽业技术创新服务水平。由此可见，科技水平是促进供应链优化升级的重要因素。通过加强科学研发能力，农场 A 的数字化成果进一步转化，有助于提高经济价值。

我们将农场 A 的发展类型总结为由科研机构带动的供应链数字化升级。在生产方面，农场 A 从建立院士工作站开始，组建强有力的研究团队，致力于开发数字化的蛋鸽科技供应链，包括蛋用鸽品种选育技术、童鸽早期雌雄鉴别技术、鸽自动化饲喂系统技术等相关创新。在产业融合方面，由于用地紧张，深加工和旅游项目等产业链建设一直受到阻碍。在销售方面，线上平台的竞争激烈导致销量较低，销售市场总体还是以线下为主。

农场 A 发展过程中主要依靠科研机构，而科研机构的影响力有限。即使数字化技术的应用能够带来充分的生产优势，也很难创造可持续的经济效益和社会效益。参与主体较为单一，未能达到互动合作与共享收益等创造共生价值的要求，不利于农业协同发展的目标。正如农场负责人谈到"想全面改造鸽舍但是需要政府补贴"的问题，数字化转型的研究经费、设备成本和维护费用等资金需求是一笔很大的财务支出，这些必然离不开财政支持，共生价值的创造过程需要政府主体的参与。

农场 B：政府主导的产业链协同建设

农场 B 在政府的大力推动下，形成了 960 平方米的农业综合服务中心，以玻璃温室为主体，内设农业服务大厅、庄稼医院、农资超市、信用合作部、检测室等诸多功能部门，可为农户提供农资采购和技术服务，并且通过"党员＋土地流转＋农户"的工作模式将空闲土地进行流转规划，落实了为乡村振兴致富的建设要点。在最初项目投资时，政府补贴支持数字化的资金超过 50%，实际投资额达到 620 万元，政府积极推进农场 B 从传统农业向现代农业转型升级，建成国家级农业专业合作社，打造标准化种植模式示范基地。由此可见，政府支持是完善产业链结构的重要因素。通过政府提供财政补贴和统筹多部门协作，农场 B 加速数字化转型，可以给低收入农户带来更多增收致富的选择机会。

我们将农场 B 的发展类型总结为政府主导的产业链协同建设。在生产方面，由于政府扶持而受到了科技局协助，农场 B 陆续实施了农产品分级处理、数字化育苗大棚、无土栽培等技术，年产值达到了 1000 万元以上。在产业融合方面，政府推进创办农技医院、成立农合联等保障措施，打造集种植、休闲观光、科技服务、农事体验于一体的农业产业园，致力于提升园区整体景观效果，完成了整洁田园、创意农业及蔬果文化长廊等景观节点的打造。在销售方面，一方面线上平台的销售许可证办理困难，另一方面经营管理成本较高，两者共同限制了农场 B 由线下转向线上市场的销售形式。

农场 B 发展过程中重要的推动者是政府，尽管政府可以起到多方面的协同建设作用，但在使用数字化技术和规划产业园建设时，仍然存在一些发展难题没有被注意到。农场负责人说"未来可能不会再新建数字化大棚了，成本太高导致很多年都收不回本，并且缺乏相应的高素质农业人才，找不到人来管理这个系统""我们扩大建设旅游用地的指标，但政府一直没有通过"。虽然目前在政府推动下农场发展快速，但具体定位和实际方向探索不够，例如共生价值的创造需要依靠互动和消费者反馈，这些重要因素制约了农场 B 的可持续性。

农场 C：消费者需求引导的价值链生态文化创新

农场 C 以绿色无公害的农产品为质量标准，遵循消费者至上的发展理念，产生了可观的经济、生态、社会、文化效益，创造了较高的价值。农场 C 占地面积超过 1200 亩，不断向"高、精、尖"的机械化生产转变，通过智能化设备的投入和高新技术的开发，亩均产量大大提升。现每天上市供应的叶菜量达 22 吨，年产绿色无公害蔬菜 7400 吨，总产值 4500 余万元。多渠道的销售方式和便捷的配送服务赢得了消费者的认可，同时农场 C 组织流转周边 9 个村土地 3500 亩，村集体经济年增收 455 万元。由此可见，消费者需求是改进和创新价值链的重要因素。以满足消费者诉求为目标，农场 C 能够引领数字化应用朝着正确的方向发展，清晰市场定位。

我们将农场 C 的发展类型总结为消费者需求引导的价值链生态文化创新。在生产方面,农场 C 配备水源热泵加热系统、全方位通风系统和全程水循环系统,采取智慧物联网系统使各棚内监测数据可视化。而且政府和村里分别出资 50% 和 30%,减轻了数字化建设的资金压力。在产业融合方面,农场 C 拥有先进的检测仪器和设备,建立了全过程的追溯体系。还精心打造了集科普、教育、休闲、游览、体验等多功能于一体的研学基地,依托丰富的农业教学资源,进一步深化交流合作,数字化技能培训传帮带。在销售方面,线上线下融合发展拓宽销售路径,利用电子商务平台开设网店的同时,积极解决了配送"最后一公里"的困扰。

农场 C 的发展过程由消费者驱动,围绕消费者进行生产与加工,开展了服务消费者的一系列项目。农场 C 在互动合作中开拓了共同富裕新的实践思路,负责人表示"我们注重与企业资源的信息共享,加强各类交流研讨和培训学习,每年增加效益约 150 万元""培育出的优秀农技推广人员,起到了一户带多户的辐射效应"。因此,符合共生价值的理论内涵,发挥了巨大的示范作用。

农场 D:多元主体共同参与的扶贫模式探索

农场 D 立足于发展绿色生态农业和休闲观光旅游产业,完成从种植、收购、加工到成品销售、推广以及农事科普、农事体验的完整链条,为地方带动就业的同时,也为农场实现了显著的经济效益。作为当地首个农业类返乡创业孵化基地,目前基地入驻 47 户,已成功孵化 26 户,同时与周边 68 户建档立卡精准扶贫户和 72 户农户签订产业帮扶协议,构建以"政府 + 高校 + 合作社 + 家庭农场 + 农户"联合经营的特色产业集群。由此可见,多元主体共同参与是探索扶贫模式的首要优势。不同主体间相互配合,利用数字化技术的内在价值,农场 D 形成了多方获益的和谐局面。

我们将农场 D 的发展类型总结为多元主体共同参与的扶贫模式探索。在生产方面,农场 D 大力发展新型现代化农业,引进了温室大棚、烟熏防蚊虫、生物防控、膜下滴灌、水肥一体化等技术,并与当地的农业大学、农科院等农业技术机构开展科技成果对接、转化,推广新品种。在产业融合方面,农场 D 已注册涵盖休闲农业、绿色种植等服务项目的商标,注重农副产品深加工后的品牌建设,延长产业链。在销售方面,线下可以现场

体验采摘乐趣，线上专门运营抖音等视频号，及时更新内容介绍，建立了微信订购小程序等销售平台。

农场 D 发展过程中包括了政府、高校、消费者、合作社等多元主体。政府提供发展方向和政策支持，高校给予技术协助，消费者反馈与消费的交互行为促进需求导向，合作社安排统一销售和定期开展农业技术培训，帮助农户技术脱贫，各农户种植农产品，最终亩产值翻了十倍。而且农场负责人对未来发展也有一定的规划，他认为"要在现有品种的基础上不断改良优化，适度引进新品种、新技术，提质增效，打好基本功""完善社区电商业务板块，从而以点带面扩大销售渠道，促进消费扶贫""建设特色品种的种植园区，联结文化产业链条"。

5.2.3　理论深化与多案例对比

1. 共生单元：不同主体的参与方式

在家庭农场发展过程中，起到主要作用的共生单元包括了科研机构、政府、消费者等主体，不同主体创造价值的形式不同。首先，科研机构可以建立相关研究项目，与农场合作开发和应用新的技术，促进资源的创新和产业的转型。其次，政府可以制定相应的政策法规，提供资金支持和公共服务，鼓励各个领域的参与者创造价值，推动产业升级和经济发展。最后，消费者可以通过参与产品的设计、生产和服务等环节，提供反馈和评价，从而让产品更加符合市场需求，具备竞争力；所形成的消费社区加强与消费者之间的沟通与合作，促进了产业协作和共同发展。

不同主体创造价值的层次也不同，共生单元在不同的共生界面上发挥作用。各农场对于建设供应链、产业链、价值链不同阶段，有着特定的方法。在供应链层次上，科研机构提供的创新技术是数字化转型和规模化发展的基础。在产业链层次上，强调政府的财政支持和协同规划，资金要素成为创造共生价值的一大条件，政府指导下更有助于打造示范型农场。在价值链层次上，农场围绕消费者需求，以反馈的数据信息分析市场导向，最终通过共享与转化资源，可以创新生态文化效益。

农场 A 创造价值的重点在于科研机构，科研机构的参与有助于科技成果的转化，数字化技术促进了供应链的优化升级。通过组建一支强有力的研究团队，并与各大院校展开合作，引进技术人才，农场 A 在生产方面形成了直接的竞争优势，其农产品有着可观的产量和优良的品质，产生了丰富的经济效益。农场 B 创造价值主要依靠了政府，政府的主导有助于加速农业转型，并带动低收入者参与农业发展，可以产生很好的社会效益。在政府的积极推动下，农场 B 建成了国家级的农业专业合作社，打造了标准化种植模式示范基地，落实了为乡村振兴致富的建设要点。农场 C 创造价值离不开消费者，消费者的参与有助于明确发展目标。绿色无公害的生产质量标准、多渠道的销售方式以及便捷的配送服务共同赢得了消费者的认可，符合其消费者至上的发展理念和市场定位。当消费者的诉求被满足时，应用数字化能够改进价值链，创造出经济、生态、社会、文化等多方效益。农场 D 中创造价值的主体包括政府、高校、合作社、家庭农场以及农户，各主体之间相辅相成，对于共生价值具有关键意义。多元主体相互配合共同探索扶贫模式，以特色产业集群的形式联合经营，不仅协助孵化地方创业项目，更通过产业帮扶做到了精准扶贫，是一种多方获益的理想情况。

2. 共生模式：数字化技术的应用情况

共生模式是指家庭农场发展过程中，各共生单元在共生界面上应用数字化技术的具体方式，可以总结得到相应的共生价值创造机制。生产、加工、销售环节中数字化技术的应用情况有着明显区别，主要在于各阶段的发展需要不同，数字化技术推动了供应链、产业链、价值链的完善。在供应链层次上，着重强调生产数字化和加工数字化，因此，科研机构等技术部门承担了关键角色，发挥了提高生产效率和产品附加值的重要作用。通过采用精准施肥、病虫害防治、机械化收割等数字化服务，农场有助于减少产量损失和人工成本，增加农民收益。在产业链层次上，农场更加重视农产品的流通和营销数字化，这与政府机构的监管与服务等职能紧密相关。通过大数据处理、区块链溯源等科学技术可以加强农产品信息的管理和传递，提高产品信息的透明度和消费者的信任度，从而提升农产品的销售量和品牌价值。在价值链层次上，数字化技术的应用效果体现为农场创造了较好的文化和社会效益。数字化技术为如何挖掘农业生产中的价值，以及赋予其深层意义提供了创新思路。多方参与可以充分激活各类资源的

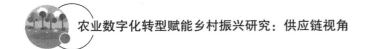

使用，找到价值增值的战略环节和自身竞争优势。

农场 A 主要在供应链的生产环节上有着充足的技术支持，研发了一条数字化的蛋鸽科技链，涉及品种选育、早期雌雄鉴别、高产蛋技术、自动化饲喂系统等多方面，同时吸纳了相关技术人才进行研究。相比之下，农场 B 在生产环节中的科技创新水平较低，仅通过农产品分级处理、育苗大棚、无土栽培等技术实现了基本的数字化生产。但在产业融合方面，农场 B 所创办的农技医院、农合联起到重要的保障作用，并打造出了农业一体化的景观产业园提供科技服务，具有很好的示范作用。农场 C 将消费者需求作为重要的信息资源，有针对性地在不同环节实现了数字化转型。在初期生产过程中不断向机械化发展，投入大量的智能化设备，例如水源热泵加热系统、全方位通风系统和全程水循环系统等多项现代化智能服务。在完善产业链上，通过先进的检测仪器，建立起了蔬果全过程追溯体系，为消费者提供更安心的高质量农产品。在销售环节中，利用电子商务平台开设网店，打通了线上线下销售渠道。同样充分应用数字化技术的还有农场 D。在生产方面严格按照无公害蔬菜的生产规程进行种植，引进了温室大棚、生物防控、水肥一体化等技术，并注重科技成果的对接转化和推广。在加工方面注册多项品牌商标，延长产业链。在销售方面鼓励消费者线下体验，同时加大线上宣传力度。

3. 共生界面：关键阶段的发展过程

通过共生界面，家庭农场确定了更加清晰的目标和规划，四个家庭农场在各阶段的完善程度及阶段之间的区别如表 5-4 所示。总结供应链、产业链、价值链各阶段的完善程度，结合各农场的发展过程来进一步分析，可见供应链最基础，它的完善来自多方面因素，例如科研机构的技术创新、政府的财政补贴和统筹规划、消费者的需求和市场信息、多方参与的互助合作等都是获取经济效益的方式。然而政府参与又能够更好地推动产业链建设，这是农场 B 区别于农场 A 的主要优势，同时也说明了科研机构对于完善产业链的能力相对较弱。但不管是科研机构带动的农场 A 还是政府主导的农场 B，都没有形成完善的价值链。农场 C 和农场 D 拥有较为完善的价值链，关键原因在于他们都明确了市场发展定位，把握了消费者的具体需求，具备精准生产、灵活加工、广泛销售、优化服务等重要条件。

表 5 - 4   各农场发展过程中不同阶段的完善程度

完善程度	供应链	产业链	价值链
农场 A	完善	较不完善	不完善
农场 B	较完善	完善	较不完善
农场 C	完善	完善	较完善
农场 D	完善	完善	完善

价值链的完善程度与共生价值的创造密切联系，完善的价值链有助于形成共生系统，促进家庭农场发展演化。分析共生界面和共生单元的关系，将各农场价值链的完善程度与参与主体的多元程度相结合，根据高低划分不同区域，四个农场案例分别落在了四个区域内（见表 5 - 4）。农场 A 价值链的完善程度和参与主体的多元程度都较低。农场 B 在政府统筹下参与主体的多元程度较高，但价值链的完善程度并不高。农场 C 注重消费者的参与，实现了良好的价值交互，因此价值链完善程度较高，然而参与主体相对简单。农场 D 的扶贫模式涵括了更多元的主体，也创造了更充分的价值。如图 5 - 10 所示，距离原点越远代表了越贴近能够创造共生价值的共生系统，农业可持续发展过程中追求共生价值的目标，实现共生系统有利于带来独特的竞争优势，收获更长远的利润与收益。

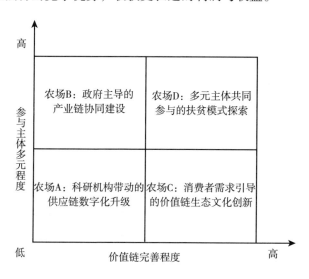

图 5 - 10   不同农场的发展特征

农场 A 的主要特征是科研机构带动了供应链的数字化升级，多项先进技术的研发与采用大幅提升了生产力水平，形成了可观的经济效益。但在加工和销售方面存在不足，产业链建设不完整，价值创造的过程缺乏可持续性。创新科技对于完善供应链来说至关重要，然而由于资金和基础设施等因素影响，造成产业链和价值链的完善程度较低。农场 B 的主要特征是政府主导的产业链协同建设，政府一方面给予财政支持，另一方面统筹技术部门共同合作，在生产加工中供应链和产业链的完善程度均较高。数字化转型得到了有效指导，产业结构不断优化、规模不断扩大，提高了市场竞争力。但是在快速转化价值的过程中没有明确方向，出现了一连串现实难题制约农业发展，价值链还有待完善。农场 C 的主要特征是由消费者需求引导，价值链进行了生态文化创新。通过秉持消费者至上的经营理念，农场 C 不断加强资源共享和交流培训，为消费者提供了更加绿色健康的农产品，同时利用线上电商平台拓宽销售渠道，提供了便捷的配送服务。因此，供应链和产业链的完善程度较高，价值链的完善体现在了较好的社会效益上，培训后的农技推广人员起到辐射引领作用，以及多功能一体的研学基地给消费者带来丰富体验。农场 D 的主要特征是多元主体共同参与扶贫模式的探索，构建了以"政府 + 高校 + 合作社 + 家庭农场 + 农户"联合经营的特色产业集群。高校技术机构有助于完善供应链生产环节，政府和合作社有助于完善产业链的加工销售环节，所设立的品牌化特色化发展方针有助于进一步完善价值链。借助创业孵化基地的形式，农场 D 与周边农户签订了产业帮扶协议，得到了较好的扶贫成效，创造出更多价值。

5.2.4　模型阐释

通过对共生理论的共生单元、共生模式、共生界面的分析，研究发现三者是创造共生价值过程中必不可少的部分，它们共同形成了一个共生系统，如图 5-11 所示。三者间彼此联系与作用，其中包含三方面的机制：吸引多元主体、应用数字化技术、关键阶段重点发展。

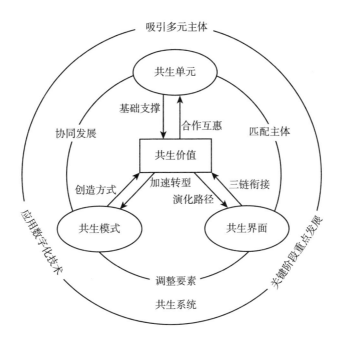

图5－11 数字化技术赋能多元主体创造共生价值的共生系统

1. 吸引多元主体是共生价值的基础支撑

（1）匹配相应主体。

不同主体在创造价值的过程中发挥了特别的作用，科研机构、政府、消费者等都是重要的参与主体。首先，科研机构与农场之间可以进行合作研发，推广数字化技术在生产运输中的实践，并提供相关技术咨询服务。其次，政府可以出台相应政策和提供财政补贴，支持农场扩大规模，改善基础设施建设，并鼓励其引进数字化技术，促进与科研机构的合作发展。最后，吸引消费者对农场进行积极反馈，应用大数据处理等技术生成用户画像，可以优化农业生产管理，提高产品质量和经营效率。

家庭农场各阶段的发展与相应主体进行匹配，共同形成了多方面效益，为创造共生价值提供支撑。从供应链阶段来说，科研机构提供了技术支撑，包括新品种选育、农业生产技术、质量检测、远途运输、销售管理等方面。从产业链阶段来说，政府推动了产业建设的协调和优化，通过制定政策、提供资金支持和监管等方式，使农业领域向高质量、可持续的方向发展。从价值链阶段来说，消费者对产品的需求是决定市场供求关系的

重要因素，他们通过选择有机食品、本地农产品等方式，支持农业价值链的不断完善，同时也能够获得更好的品质和健康保障。

（2）促进协同发展。

创造共生价值需要多元主体的参与，共生系统和多元主体之间的关系在于，宏观上多元主体的参与促进了农场发展，而农场的发展也为各主体创造了相应价值。数字化技术的应用，贯穿了不同主体创造价值的过程，并协同多元主体形成一个有序的共生系统。

现代农业生产中，科研机构开发的先进农业技术和种植方式，在提高农业生产效率和品质的同时，还能够优化农业生态环境，实现可持续发展。政府建立的相关农业保险政策和技术培训计划，可以支持农场生产和农民的收入增加。消费者对于农产品的使用体验和反馈评价等数据信息，有效促进了农场推出更符合消费者需求的产品，探索新的营销模式。相应地，对于科研机构而言，他们获得了将科技成果转化的实践机会。对于政府而言，鼓励农民更好地满足市场需求，有助于稳定社会秩序和提升经济发展。对于消费者而言，更好地了解农业生产过程，有助于他们提升满足感和购买意愿。对于农场农户而言，他们在技术、资金、信息资源等要素上都得到了支持，有助于提高产量和效益。

2. 应用数字化技术是共生价值的创造方式

（1）调整关键要素。

制约数字化技术应用于改善各阶段和创造价值过程的因素有很多，主要在于资金、基础设施、劳动者素质等方面。通过在不同阶段调整关键要素，能够促进各主体发挥作用，解决家庭农场发展的难题，由数字化转型创造共生价值。

首先，在资金要素上，数字化技术的初期投入较大，需要购买高价设备、软件和技术服务等，这给农户带来了一定的财务压力。高成本是转型数字化的首要阻碍，进而导致科技创新的动力普遍不足。针对这个问题，政策支持和政府补贴尤为重要。一方面要在政策上出台助农发展的法律法规，给予具有优良前景的中小农场更多支持，例如技术指导和宣传机会，推动与科研机构的合作，激发农场经营的内在潜力。另一方面要落实好财政补贴机制，政府要扩大在数字化建设上的出资比例，包括对后期管理和维修等过程的持续支持。

其次，在基础设施要素上，传统小型农场的经营方式多以经验导向为主，一些农产品不适宜机械操作，技术推广受到了限制。同时，由于数字化技术需要依赖网络和电力等基础设施，对于一些偏远农村地区而言，基础设施的建设相对滞后且不够稳定，这会造成使用不安全和数据损失风险等问题，数字化技术的应用受阻。只有将这些散户组织起来，合理利用基础设施才更有可能实现农业现代化，这离不开政府的协助。一方面可以建立起区域内的合作社或产业基地，整合资源，共享信息。另一方面加快完善基础设施，在统筹安排下适度规模化经营，转变为机器生产。

最后，是劳动者素质的问题，农户在数字化技术方面的知识和能力大多比较薄弱，而培训和学习新的技能知识需要耗费时间和精力。特别是部分老年农户，他们可能更习惯于传统的农业生产方式和管理方法，对于数字化技术的接受程度和意愿相对较低。为了克服这一难题，需要更加重视技术推广和技能培训。政府可以广泛推广新兴技术的优势，并通过科研机构与农户之间进行合作实践这些新兴技术。

（2）建设重点阶段。

供应链是构成产业链的基础，价值链是产业链的核心，三链相互联系。通过分析供应链、产业链、价值链之间的关系，可以确定每个阶段的附加值，并基于此创造共生价值。例如家庭农场可以通过供应链管理确保良种、肥料等优质物资的供应，通过产业链协作实现农产品从田间到餐桌的全过程控制，通过价值链优化提高产品的质量和附加值，实现共生系统的最终目标。

在供应链分析中，农场对土地、肥料、种子、农药、机械设备等农业生产要素的供应情况进行分析，以确定影响生产效率和产品质量的具体因素，加强协调和管理。在产业链分析中，农场通过对从生产、加工、运输到销售的全过程进行分析，找出各环节的短板，并通过组织化、标准化、专业化的方式优化每个环节。在价值链分析中，农场对农产品的品牌、包装、营销等环节进行分析，提高产品的附加值，增强市场竞争力，同时了解消费者的需求和反馈，进一步提高产品的质量和口碑。

（3）关键阶段重点发展是共生价值的演化路径。

通过改进各主体创造价值过程中的关键阶段，共生单元在共生界面上发展相应的共生模式，家庭农场能够逐步形成其共生系统，寻求向最优类型演化的成长路径，如图 5－12 所示。

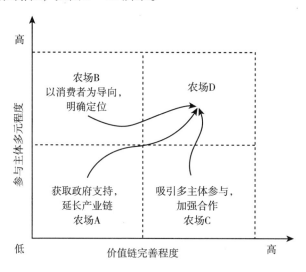

图 5－12　不同农场的演化路径

农场 A 获取的政府支持不足，数字化成本较高，在产业建设方面的数字化转型受到了一定限制，导致价值链完善程度弱。而政府拥有较大的能力，可以提供财政补贴和制定政策法规，参照农场 B 的发展经历，农场 A 一方面要获取政府支持，依靠资金要素落实数字化技术的应用效果，借助制度安排调整资源配置，在与多方交流中积极合作。另一方面要延长产业链，优化加工技艺，推出特色产品，塑造品牌内涵，深化科技赋能价值创造，逐步完善价值链和共生系统。

农场 B 在政府主导下形成了标准化的种植模式和现代化的产业体系，前期得到了快速成长，但脱离政府管理后如何构建新的发展格局给农场 B 带来了较大的困扰，当前价值链存在缺陷。探索未来方向应紧贴实际情况，农场 C 的经营理念值得学习，一方面要考虑到市场需求，着力提升供给能力，突出消费者的价值和地位。另一方面要明确定位，通过巩固与消费者的互动和重视技术人才的培养两方面举措，挖掘和利用好信息资源的潜在价值，走共生系统的交互式发展道路。

农场 C 的供应链和产业链完善程度较高，同时价值链也有所创新，主要表现在了组织数字化技能传帮带的培训活动，以及开拓多元销售渠道的营销方式上。但这属于一种由上而下或由下而上的纵向的价值创造关系，缺少各主体之间横向的互动与合作。因此农场 C 的成长路径需要吸引更多主体参与，加强在社会化网络中的协同发展，例如，将消费者进行评价与反馈的形式转变为直接参与生产设计，以消费者诉求驱动价值链的增值，放大消费者的体验感受和品牌归属感，增强顾客黏性和满意度等情感价值。

农场 D 联合经营的特色产业集群，把多个主体之间的互动进行整合，并激发各主体相互交流与配合的热情。在共同富裕政策的引导下，扶贫模式的实施效果良好，创业孵化基地实现了一定的社会效益。因此，完善的价值链和多元的参与主体有利于创造共生价值。

5.2.5　小结

1. 共生系统与共生价值

共生系统是指多个相互依赖、相互影响的个体组成的一个相对稳定的生态系统，随着不断发展，这个概念逐渐衍生为一个涉及了经济、社会、文化等多方面的复杂网络。在这个系统中，各成员之间通过共生关系可以实现优势互补，从而达到共同生存和协调进步的目标，并且可持续地创造共生价值。共生价值不仅包括资源的共享和利用，还包括了文化传承、知识传播和情感交流等层面，体现了共生系统内部成员之间的互动与合作，是共生系统得以维持和发展的基础。

共生系统的形成依赖于共生价值的创造和实现，而共生价值的实现又有助于共生系统的优化和升级。两者之间相互作用，一方面，共生单元、共生模式及共生界面在创造共生价值的过程中促进共生系统的形成，共生价值的积累增强了共生系统内部的联系，可以提高共生系统的生产力和稳定性。另一方面，共生系统为共生价值提供了条件和平台，在一个稳定的共生系统中，各成员可以充分发挥优势、共享资源，从而实现共生价值的最大化。

通过分析不同家庭农场案例的演化路径，可以发现共生单元的性质和

状态决定了共生模式的选择和运行，同时影响共生界面的形成和变化。最后，在各共生模式中利用数字化技术所推动家庭农场转型的结果又会反馈到相应共生单元，能够不断创造共生价值，形成和发展特定的共生系统。总结这三方面的机制作用，研究深入剖析了共生系统的内在逻辑，即在共生界面中通过处理各共生单元，形成合作互惠的共生模式，进一步实现创造共生价值的家庭农场共生系统。

2. 家庭农场发展的经验总结

本章着重探讨了不同农场的发展类型，分析家庭农场在供应链、产业链、价值链阶段上不同主体对于共生价值创造的不同贡献，以及数字化技术的应用情况和影响作用。从多元主体共同参与、数字化技术的应用、关键阶段重点发展三个方面展开，研究得到了匹配相应主体、促进协同发展、调整关键要素、建设重点阶段等具体措施和四个家庭农场的演化路径，并为其他农场成长提供了参考建议和经验规律。

首先，在多元主体参与的条件下，农场有望实现共生系统创造价值的理想效果，形成农业发展的优势。其次，农场要从管理供应链逐步过渡到建设产业链，并借助各主体的力量有效转化价值，建立良好的合作关系并共享收益。产业链的建设追求长远利益最大化和国际市场上的竞争力，是在供应链基础上持续发展的必要选择。农场通过减少交易费用、规避风险、农业专业化和集中化等内部因素，以及发展区位优势、利用政府产业政策、服务社会化等外部因素，可以为农业产业链提供强劲动力。最后，数字化技术要全面渗透供应链、产业链、价值链等不同阶段的发展过程，并起到促进完善的作用。前期对于资金和技术要素的需求较大，后期对于信息资源的需求与日俱增，合理应用数字化技术可以协调好三者之间的联系。

5.3 本章结论

本章探讨了如何通过农业供应链的数字化转型来推动乡村振兴，重点分析了在价值共创和共生理论视角下的转型机制。通过价值共创和共生理论的分析，我们可以看出农业供应链的数字化转型在赋能乡村振兴中起到了关键作用。通过构建良性的共生系统和促进共生价值的实现，数字化转型有效提升了农业生产效率，增加了农民收入，从而实现了乡村振兴的目标。

这一过程中，数字化转型的机制至关重要。通过多种机制，如数字技术的有效应用、资源的优化配置、产业链的创新发展以及价值链的整合优化，确保了农业供应链的高效运行和乡村经济的持续发展。这些机制的实施，不仅全面提升了农业生产，确保了农产品的高质量和高效益，还为农村经济注入了新的活力，促进了农业的持续发展。

第6章
供应链数字化赋能乡村振兴的路径研究

党的二十大报告明确指出，全面建设中国式现代化过程中，必须提高农民的收入，没有农民的共同富裕，就没有中国的现代化。数字经济的发展，为乡村振兴提供了新的路径，充分利用数字科技平台，加强数字和农业的结合，打开了乡村振兴的大门。家庭农场是新型经营主体中最重要的载体，所占比例高，且发展趋势好，因此本章以家庭农场为例展开论述。

6.1 政策扶持—数字农业示范—成功经验推广

农业数字改革中，由政府引导经营主体进行农业数字化转型，其中通过确立示范性数字家庭农场，展示数字化优势，同时普及数字技术使经营主体进行数字化转型，从而实现农业数字化可持续发展。

第一，政府引导农业数字化转型。地方政府通过引导农场进行数字化转型，打造农业品牌，发展为地方"金名片"。同时，出台相关政策、搭建数字化平台、对农户进行资金补贴以及健全基础设施建设，定下数字化发展的总方向，有利于引导家庭农场将数字化技术融入农业生产之中。

第二，数字农场示范凸显数字化优势。在政府主导下，第一批家庭农场开始实行数字化转型。示范性家庭农场通过数字化实现农业产业增产增收和农产品品质提高，促使农业产业链长度延长，增加农产品附加值。同时，农场主通过定期进行数字技术培训，提高技术水平，进一步增加农场产值。另外，示范性家庭农场得到政府资金补助，有助于深化数字化转型升级，进一步促进农场增产增值，形成良好的可持续发展闭环。

第三，数字技术推广促进农业发展。示范性家庭农场的成功，使数字技术得到有效推广，种植阶段的物联网技术和大数据分析技术提高了农作物品质，加工阶段使用人工智能技术，运用现代化生产车间提高生产效率，销售阶段使用区块链技术实现农产品追溯与保护，提高农产品安全性。数字技术在地方成功推广，有利于打造农业品牌，实现农业的可持续发展。

案例1：余杭径山镇竹径茶园家庭农场主投资建造径山茶精深加工数字化车间，党委和政府的大力扶持和茶产业本身的富农效应的显现，让更多的人加入茶产业中。由杭州市余杭区农业农村局牵头，创建了余杭区大径山国家现代农业产业园大数据中心，重点针对径山茶种植的地形、气候、气象灾害预测等提供专业数据，做到了精准施策、提效增效。

案例2：平湖当湖街道飞逸稻谷家庭农场负责人实现了水稻高产，而这主要得益于平阳市对农业数字化所作出的政策指导。平湖市以数字耕肥为指引，建立起农药、化肥等投入品"购—用—回"一体化平台，并出台帮扶政策。同时，平阳搭建起"浙样施"智慧施肥平台，提升了农村的经营效率与质量。响应政府号召，越来越多的农场主加入数字化生产的道路。

依托上述案例分析，本书构建出以"政策扶持—数字农业示范—成功经验推广"为主线的路径，如图6-1所示。

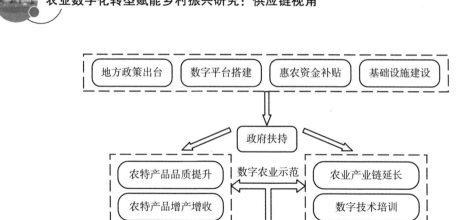

图 6 – 1　政策扶持引领示范，数字农业经验推广

6.2　企业主导—产业链条整合—农业产业集群

　　龙头企业在促进农业数字化生产经营方面具有重要的示范带动作用。家庭农场联合大型企业共同发展或者自行发展扩展成为农业公司，整合农业数字化全产业链条，带动周边家庭农场数字化转型，形成农业产业集群，推动当地农业经济发展。

　　一是龙头企业带动数字化转型。示范性家庭农场通过自我发展，找准数字化发展定位，迈出数字化转型步伐，发展成为农业数字化领域的龙头企业，进而利用数字化设备的引进作为数字农业技术高效运作的保障，实现数字农业的全面发展。

　　二是企业介入实现产业整合。根据价值共创理论，企业或农业公司通过资源整合和调配，介入农业技术生产、研发、农产品加工等环节，实现价值共享。同时，龙头企业通过合作促进农业数字化转型，推动三产融合发展，整合农业产业链，增加农产品附加值以提高家庭农场的收入，有助于可持续发展，形成良性循环，实现价值共创。

三是技术推广助推产业集群。根据产业集群理论，龙头企业带动家庭农场发展，整合农业产业链，可以增强仿效效应，进而吸引周边的家庭农场进行农业数字化转型。在家庭农场所在地区相互关联的农业公司、产业协会等主体的集聚，能够降低信息交流成本和物流成本，形成区域集聚效应、规模效应和外部效应。产业集群一方面有助于农业企业共享区域公共设施、集中处理废弃物，提高资源利用率；另一方面有助于降低生产成本，减少化肥农业的使用、提高农产品品质，进而实现综合效益最大化、农民增产增收，助推乡村振兴。

案例1：安吉盈元家庭农场与浙江甲骨文超级码科技股份有限公司联合构建"产业大脑＋未来农场"发展模式，以数字化赋能白茶高质量发展。数字化赋能将茶叶种植、加工、交易全产业链纳入精细管理之下，整合农业产业链，形成农业产业集群，带动了整个农村经济的发展。

案例2：台州黄岩北洋镇绿沃川家庭农场成立了台州绿沃川农业有限公司，其作为当地龙头企业带动了北洋镇其他家庭农场的数字化转型，逐渐形成了农业产业集群，使化肥使用量减少20%～30%、总成本降低15%～20%，提高了资源利用效率。

依托上述案例分析，本章构建出以"龙头企业—整合产业链条—农业产业集群"为主线的路径，如图6－2所示。

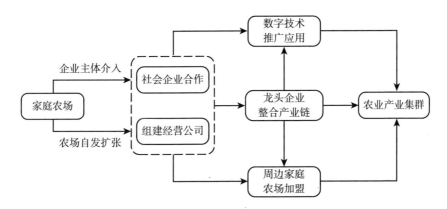

图6－2　特色产业融合集群，数字供应链条协同发展路径

6.3 技术支撑—科技成果转化—产品品质提升

在农业产业数字化转型过程中，科研院所扮演着关键的创新者和驱动者的角色。科研院所积极引导当地产业的规划和发展，在技术引进、园区打造、品牌建设等方面发挥着不可忽视的作用。科研院所探索出创新性的种植技术，通过科学技术成果转化，真正实现了价值共创。

一是扎根一线深入科技研发。科研院所进驻农村家庭农场基地开展科研工作，通过田间在线监测系统获得水、土、气、病虫害等数据，实现农业科技与农村的紧密对接，为数字技术集成创新提供依据和"阈值"，有效应对农村一线科技力量不足、成果转化不足等难题。

二是数据检测优化种植管理。科研院所与家庭农场合作建立数字实验室，运用物理、化学、生物性质分析等技术，指导科学种植，解决农业种植中出现的难题。科研人员为农民提供管理技术和病虫害防治方法，并帮助制定相关种植标准和规范生产操作，促进农业产业升级和数字化发展。

三是良种培育提升产品价值。科研院所通过在基地的长期固定观测、多品种管理试验，开展种质资源评价与选育，培育出多个适宜轻简栽培和数字化生产方式的高附加值作物。作物品质和农产品综合产出能力得到提高，农户的经济效益显著提升。

案例1：在台州黄岩蜜橘家庭农场，科研工作者扎根生产一线，通过采集果园数据，依托数据库，针对裂果率高、病虫害抗性差等难点，帮助农户分析土壤，指导农户精准施肥，提升了蜜橘的产量，实现了农户增收。

案例2：许村镇杨渡村葡萄农场在浙江省农科院的帮助下进行葡萄品种改良，已育成"天工墨玉"等葡萄新品种9个，该品种从开花到成熟仅需约60天，售价可达每公斤40元，给农户带来不菲的经济效益。

依托上述案例分析，本章构建出以"科研院所—新兴技术研发—产品品质提升"为主线的路径，如图6-3所示。

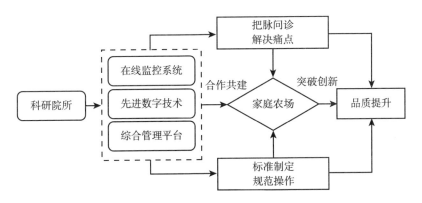

图 6 – 3 数字技术支撑转化成果，提升乡村振兴路径图

6.4 市场引领—数字供销升级—数字全链耦合

随着消费需求结构升级，消费者对农产品种类和品质提出了更高的要求，由此，农村电子商务兴起，使农产品突破时间和空间的限制，拓宽了营销方式，实现了数字化供销模式，从而形成了真正意义上的农业全产业链数字化，并推动产业发展，实现乡村振兴。

一是市场需求丰富产品层次。市场多元化以及消费需求结构的升级使富有地域特点的农产品成为消费主流。同时，需求量的增加也使家庭农场开始实行多层次、多品种的产品加工打造。农产品的附加值提高，系列产品持续推出，从而推动了农场寻求全新、多样的供销新模式。

二是数字供销模式增产促销。农业农村电子商务的应用涌现出了许多全新的销售模式，如"电商＋农户""农场＋直播＋线下"等，农产品突破时间和空间限制，打通全国市场。另外，冷链物流定位运输在销售配送环节起到重要作用，使销售端和消费端有效地链接起来。同时，数字化溯源管理系统也保障了农产品的安全性。全新的供销模式为农场带来更高的效益从而促进生产，实现可持续的闭环经营。

三是数字全链耦合推动乡村振兴。市场的消费升级促进农业进行数字化转型。种植数字化，使农业标准化和智能化，提高农业的产值和价值；

生产数字化，为农业生产增速，有效延长农业产业链，提高农产品的附加值；供销数字化，扩大销售范围和品牌知名度；服务数字化，为全产业链提供保障。各环节的数字化提高农业产业价值，增加农户收入，助推实现乡村振兴。

案例1：杭州市临安区五村山核桃家庭农场通过数字应用平台，依托数据分析，得出消费群体特征、口味偏好等数据，为精准加工、营销指明方向，提高了生产销售效率。同时，其与物流公司达成长期合作，以冷链物流打通全国市场，销售量实现倍速增长。

案例2：丽水市莲都毛弄井枇杷家庭农场根据智能化控温系统生产出品质优质、稳定、统一的枇杷。农场在订单式农业的基础上，打通线上渠道，精准定位消费群体。同时，通过"智慧农产品溯源系统"，完成数据采集，保障农产品的安全性，高品质高安全性的枇杷产品为毛弄井农场实现了销售收入的增长和产值的提升。

依托上述案例分析，本章节构建出以"市场导向—数字供销升级—数字全链耦合"为主线的路径，如图6-4所示。

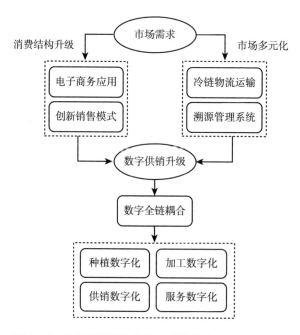

图6-4 数字供销叠加效能，联农带农促销增收路径

第7章
结论与政策建议

7.1 结论

本书探讨了农业供应链的数字化转型如何赋能乡村振兴，从研究背景和意义入手，通过对生产、仓储、消费、零售等环节的分析，揭示了数字化在这些环节中的应用，如物联网、大数据、区块链等技术的应用如何提升农业生产效率、降低成本和增加农民收入。在此基础上研究了区块链、数字孪生等技术在赋能乡村振兴中的具体机制，并从价值共创、多元共生视角提出了具体路径。最后，总结了研究结论，并提出了政策建议，强调通过政策扶持、科技创新和数字技术应用，推动农业现代化和乡村全面振兴。研究结论可以概括为以下几点。

第一，详细探讨了乡村振兴战略的背景及其重要性。自 2017 年党的十九大报告提出乡村振兴战略以来，我国通过农业供给侧结构性改革和发展多种形式的适度规模经营等措施，在改善贫困地区经济状况、推动乡村旅游发展、增加农民收入与就业机会、提升农村基础设施和生活环境方面取得了显著成效。乡村振兴战略不仅是农业和农村发展的重要举措，更是促进城乡融合发展的关键环节，通过科技创新和制度改革，将进一步提升农村经济和社会发展水平，最终实现乡村全面振兴和现代化建设的目标。

第二，概念界定及文献综述，详细探讨了农业供应链的概念、各个环节以及乡村振兴研究的现状。农业供应链从田间种植和养殖开始，经过生产加工、分销物流，最终到达销售和零售阶段，每个环节都对农产品的价值增加及供应链的效率和质量至关重要。在文献综述部分，本章分析了乡村振兴战略背景下的农民合作社、家庭农场数字化转型现状，同时也分析了农业数字供应链研究进展，为后面几章的研究提供了坚实的理论基础和文献支持。

第三，探讨了农业供应链各环节的数字化转型，包括生产、仓储、消费和零售等。生产环节的数字化，通过引入现代信息技术，提高了生产效率和质量，减轻了工作量；仓储环节的数字化转型提升了存储效率和食品安全；消费环节的数字化转型，简化了供应链环节，减少了中间环节，降低了成本，提高了消费者体验和满意度。农业供应链数字化转型，实现了全链条优化，提高了效率，降低了成本，增加了农民收入，推动了乡村经济发展。

第四，赋能乡村振兴的数字技术研究，探讨了数字技术推动农业供应链全程数字化和智能化管理中的作用，重点分析了区块链技术和数字孪生技术。这些技术使农业生产更加高效，供应链各环节更加安全透明，从而降低了摩擦成本，提高农民收入，推动乡村经济的发展。整体来看，数字技术赋能乡村振兴的策略包括基础设施建设、人才培养、信息共享、治理优化等多方面，这些策略有效推动了乡村振兴战略的实施。

第五，赋能乡村振兴的机制研究，分析了数字技术在农业供应链数字化转型中对乡村振兴的赋能机制。分别从价值共创和共生理论的视角进行研究，分析了农业供应链的数字化转型如何提升生产效率、优化资源配置，并促进农产品质量的提高和农民收入的增加。从价值共创的视角看，数字技术通过连接生产者、消费者和服务提供者，构建了高效的生态系统，农民通过数字平台获取市场信息、技术支持和金融服务，优化生产决策和资源配置。从多元共生的视角看，数字技术通过整合资源和主体，构建了协同发展的生态系统，政府、企业、科研机构和农民通过数字平台实现信息共享和资源整合，共同推动农业供应链优化升级。因此，数字技术不仅提升了农业生产效率和供应链管理水平，还通过价值共创和多元共生，构建了高效协同的农业生态系统，实现了乡村振兴。

第六，赋能乡村振兴的路径研究，研究了数字技术赋能农业供应链在乡村振兴中的具体应用路径。通过构建数字乡村，利用区块链、大数据、物联网等技术手段，可以提高农业生产效率，优化资源配置，提升农产品质量和市场竞争力。数字技术还推动信息共享和数据管理，增强了农村公共服务能力和治理水平，促进乡村经济和社会的全面发展。政策支持、人才培养和技术创新是实现这些目标的关键因素。通过实施这些策略，可以实现乡村经济的可持续发展和高质量振兴。

第七，结论与政策建议，总结了农业供应链数字化转型如何赋能乡村振兴，并提出了政策建议。

7.2 政策建议

国内外的经验和实践告诉我们，支持农业数字化发展，赋能乡村振兴，是一项全局性、综合性的工作，不是靠某一项政策和某一特定部门的努力就能奏效的。必须从供应链角度分析解决问题，在生产、加工、物流及营销等环节下功夫，还应重视金融支持、人才扶持、高校合作等。

7.2.1 充分发挥数字农业的作用，推动生产经营技术智能化

在农业生产和经营等环节中，数字农业通过利用数字信息化技术进行数字化、智能化发展，在提高农业生产效率保障农业生产质量和降低生产成本等方面具有显著的作用。对此，农业发展主体应该重视数字化信息技术在农业生产和经营等环节的应用。具体而言，利用数字化信息技术可以及时解决品种选择问题，并持续优化农作物种植方法，进而形成以温州小环境为基础的农产品生产体系。同时，利用数字化信息技术手段也可以对农业各个环节进行监督与控制，进而形成市场信息公开化透明化的农业质量安全体系。此外，利用"物联网＋互联网"等数字化信息技术手段还可以突破农业产业的传统弊端，进而形成农业发展的新格局、新业态。这些措施对有效解决农业供应链数字化转型过程中存在的问题发挥着重要作

用，不仅提高农业生产和经营技术的智能化水平，而且有助于实现乡村
振兴。

1. 研发创新农业生产资源，完善农产品生产体系

农业新品种的研发创新，是农业生产资源不断扩大的重要源泉之一。
在这一过程中，可以整合大学、研究院、农业、科技等部门的技术、资金
等资源优势，利用杂交、生物技术、航天育种等先进的研发手段，培育出
各具特色、品质优异的新品种，这些新品种具备抗病性、抗虫性和抗旱性
等优良性状，从而从源头上保障农产品的质量和安全。也可以运用云计算
和大数据系统等数字信息化技术对已成功研发的新品种进行智能编码，建
立数字化资源研发数据库，这将有助于对现有品种进行系统化管理，保留
并升级其优良性状，从而保证农产品的高质量培养。同时，增强农业资源
数字化分析能力也尤为重要，可以利用现有的数字化农业大数据的优势，
对农村土地资源、劳动力资源、生产环境、产出条件等方面进行综合性分
析，为当地农业产业布局的调整、产品品种的选择和选址、农作物的种植
方式提供精准化的指导意见，从而确保投入农业发展资源的合理利用，保
障农业全产业链运行的高效性与有效性。

现代农业生产机械器具的创新迭代，对推动农业生产现代化和提高农
业生产效率具有重要作用。可以借助历史研发大数据和智能算法建构数字
研发实验室，这有助于实现农业生产机械器具的智能芯片、角度传感器、
自动驾驶和精准作业算法等软硬件创新。同时，还可以依托人工智能技
术，使用人工智能机器人对农业生产机械器具进行测试，进一步实现农业
生产机械器具的智能化和高效组装生产。以上将数字信息化技术整合进现
代农业机械设备当中的做法，不仅提升了现代农业生产机械器具的兼容性
和可靠性，而且在一定程度上也增强了现代农业生产机械器具的配套使用
能力。

2. 走绿色发展道路，建立健全农业质量安全体系

随着经济发展和收入增长带来的消费升级，消费者对农产品质量和安
全的要求越来越高，这就要求农产品必须走绿色发展道路。为了适应这一
趋势，需要大力发展农业投入品监管体系、农产品加工质量安全体系和农
产品质量安全监管体系，并建立健全农业质量安全体系。在源头管理上，

应该大力推进农资连锁经营、农技农资结合、协会服务、企业直销、龙头企业带动等农业投入品有效服务模式，从而保证农产品的质量和安全，更好地满足消费者对绿色健康的农产品的需求。在农产品加工的全过程中，需要实现严格管理，规范和引导农产品加工企业建立健全农产品加工质量安全体系。在农产品监管的全过程中，政府需要搭建起农业、质量监督检验检疫、工商行政管理、食品药品监督管理和卫生等质量监管部门之间的协调的农产品质量监管机制，理顺各部门之间的关系，明确界定各部门的职责，有助于更好地协同合作。此外，数字农业通过数字信息化技术与农业各个环节之间的有效融合，对改造传统农业、转变农业生产方式发挥着指导作用。为了提高农产品的信息反馈速度，还需要对农产品生产、加工、流通和消费过程中的各种相关信息进行精准定位、记录、描述、指挥和运用，并及时进行信息追溯。

3. 创新农业生产经营模式，构建现代农业发展新格局

在农业现代化的推进下，设施农业、观光农业、无土栽培和精准农业等新型的农业生产经营模式应运而生，大批量的企业园区、家庭农场、农业专业合作社等新型的农业经营主体也逐渐涌现。这些新型经营模式在极大程度上能够改变传统农业种植模式，而新型经营主体则能对农户的农业生产经营起到示范和指导作用。鉴于此，需要结合自身的实际情况，创新农业生产经营模式。同时，需要着力培育示范园区、示范家庭农场、示范合作社、重点龙头企业、社会化服务组织、示范农业产业化联合体等新型的农业经营主体，通过优化利益联结与分配机制充分激发新型农业经营主体和农户内在的发展动力，加强新型农业经营主体与农户的生产合作，积极主动开展沟通交流，从而实现生产规模化的优势。此外，可以利用数字信息化技术对农业的生产经营进行合理的调度与控制，并对各个部门的资源进行优化配置，实现对农业全产业链的有效管理。这将有助于将农业全产业链转变为一个可循环整体系统，实现农业全产业链的预警、监控和电子销售等管理，推动农业全产业链内农产品的信息共享和广泛传播，提升农产品的品牌知名度和市场占有率。

在"物联网+互联网"驱动的新格局、新业态发展背景下，可以借助多元融媒体资源，推进"知名农业品牌+短视频直播+主播带货"等新业态营销策略，实现农产品与消费者的直接对接。也可以通过制定农产品的品牌发展规划，引导农业品牌发展的合理布局，培育特色优势区域公用品牌，提升农产品的竞争优势，进而为农产品拓宽销售市场。此外，还可以通过"互联网＋"的发展模式，进一步优化消费市场的需求链，在中心城市建立销售网络，采取直销配送、连锁经营、代理经销等商业模式，整合营销资源，以提升市场占有率，由此为乡村振兴开辟农产品的市场渠道。

7.2.2　加快新型数字化人才培育，扩充现代农业发展后备军

为了弥补目前农业专业领域关键职位人才短缺的问题，政府需积极引导新劳动力以不同的方式，如自主创业等，参与农业生产，以最大程度地拓展农业劳动力后备力量。一方面，政府需全面改革人才引进体系，完善人才管理机制，吸引人才流入的同时，根据个人特长进行科学合理的工作安排，充分发挥个人特色，实现个体价值的最大化。另一方面，各大高校要积极展开深入合作，主动与地方政府合作引进人才。通过政府开展的思想道德教育，这些农业从业者能够提升在农业市场中的竞争力。

1. 积极引导人员参与生产，大力培育挖掘潜在务农人群

为促进农业发展，政府亟须制定并执行一系列富有针对性的农业支持政策，以为从事农业的人员提供必要的支持。这包括为加入农业的人提供低利率融资服务、设施配套补助等激励措施，以推动人员流向农业生产。同时，需持续提升农村工作待遇，以吸引高级知识分子回到基层从事农业工作，通过他们的带动提升当地农民整体素质，为当地农业数字化发展赋能。为了留住高级知识分子等农业人才，政府还需逐步建立一整套的人才激励政策。通过这些政策的实施，农村将能够为更多优秀的农业从业者提供更好的发展前景，从而增强其信心与积极性。

为解决农业数字化人才短缺的问题，政府、企业、高校等多方主体应协力培养潜在的从事农业的人群，包括新型农业经营主体、返乡农民工、留守妇女等多元群体，以确保农业农村高素质劳动力的充分发展。在培养农业数字化人才方面，需要建立完善的务农培训体制机制和咨询体系，为农村提供专业的支持服务，以输送相应的农业专业人才。这一综合性举措

将有助于满足农业数字化领域对于高素质劳动力的需求。

首先，为推动农村数字教育的发展，政府应增加对农村数字化教育的资金投入，定期进行技术指导培训，以确保农民能够掌握最新的技术和知识。积极推动农村职业技能教育和远程技术培训，提高农民在电子商务、网络直播、普惠金融等方面的操作能力，培养具备文化素养、管理能力和操作技能的职业化农民。通过奖励或补贴的方式，提高农村学校的教学水平，强化初高中阶段教育，逐步实现农民职业技术教育的免费化。同时，扩大农村基础教育设施建设，提高农村优质教育资源的覆盖范围，逐步缩小城乡教育差距，为农村农民提供更多接受教育的机会和途径。

其次，农业科研机构、农业类大学、农业企业等相关主体可充分利用政府农业支持计划，建立完备的农技推广体系，并组织农民合作社，协助农户掌握必备的技术和信息。通过合作社的形式，农民能够共享资源信息，降低生产成本，开发市场渠道，提升经营效益。在农民专业合作社运营中，农业专家和科技特派员将发挥关键作用，有效了解和满足农民需求，识别生产经营中的问题，引导农民采用先进的农业技术和管理模式。这不仅能提高农民整体素质和农业合作组织的发展水平，还促进务农人群的参与感，深度挖掘农业创新潜力。

最后，需重视激发青少年对农产业的兴趣，积极鼓励和引导他们参与体验农业生产活动。以农业科技园区和农业产业基地建设为平台，充分借助农业资本、技术、产品等领域的交流与合作，加强对青年学生涉农意识的培养。通过这些平台，培养青少年学生的涉农热情，使他们在观念、学科知识、技术掌握等方面深刻认识到数字农业的前景，认识到乡村经济的巨大潜力和广阔前景。这种培养将有助于推动我国农村人才的培训和流动，为数字农业的发展注入潜在的力量。

2. 构建数字人才培养体系，打造数字科技人才培养基地

考虑到农业的发展状况，建设数字农业仍然迫切需要具备数字化场景应用能力的高素质人才。必须建立系统化的大数据人才培养体系，构建具有本地特色的农业人才培训实训平台，针对我国的典型农产品，结合该地农业的发展和关键农产业的布局，进行整体规划和设计，以满足数字农业的不断需求。

首先，需明确培养数字化农业人才的核心目标，整合学校、政府和企业三方资源，精准对接产业链的各个环节。实现对特色种植、精深加工、精准销售、品牌运营等方面的产供销专业人才的培养，为中小型农业企业和农户提供有力的人才支持。在人才培养过程中，需要有机结合理论知识、实践能力、生产经验以及科研探索。平衡"厚基础"与"强能力"的培养方式，旨在培养既具备扎实专业知识又能够解决实际问题的数字化农业人才，从而推动农业产业的持续发展和进步。

其次，为推动数字农业发展，需要整合农业专家学者、农业企业家、信息技术专家等多方资源。通过校内专家学者与社会师资力量的协同合作，实现优势互补与协同创新，建立"技术＋经验"的双轮驱动机制，设立一套完整的人才培养、实习实训、创新创业的教学课程。主要目标包括两大模块，一方面注重数字化流通、数字化智能技术应用的理论知识学习，另一方面关注数字化生产培训、农业基础设施运维等实操知识的学习。

鉴于农业领域的广泛覆盖和操作性特点，目前尚未有明确的标准化培养要求。因此，政府和相关机构需进行实地考察，协同讨论和制定培训计划。遵循"实验、实境体验、实际操作"这一培养路径，逐步提升学生的实践技能。同时，考虑到学生的个性化需求，应建立多层次、多元化的人才培育方向，以更好地满足数字农业领域的复杂和多变的需求。

为进一步扩大数字化人才队伍规模，需建设数字化人才培养基地，构建产教融合型"共同富裕"基地，并在基地设立符合农产品发展需求的特色课程。特色课程与农村特色产业建立长期的帮扶合作机制，有助于实现产教企深度融合，将高素质农民培养与对口就业紧密结合，巩固农业数字化人才培养基础。在数字化人才培养的基地内，必须加强对高级农业人才的吸引、培养及激励机制的综合整合。应构建一个以科技创新成果和推广效果为核心的人才评估体系和荣誉评定标准。通过提升奖励的吸引力，旨在吸纳一群在农业科技创新领域的领先人才，确保农业科技创新服务体系的顺畅发展。

最后，为了加速数字农业的进展，应当推动科技成果的转化，并完善其收益分配机制。我们的目标是实现核心技术的突破和科技资源的储备，同时建立现代农业技术、标准和服务的引领标杆。通过畅通农业科技创新成果的转化与推广路径，我们可以促进科技成果的广泛应用和推广。这些措施将对数字化人才培养基地的建设产生积极影响，从而推动农业科技创新的繁荣。

7.2.3　完善物流联盟全平台建设，促进数据高集成高效共享

1. 推动物流联盟有机联合，实行数据集成管理模式创新

在构建物流联盟平台时，物流公司应积极发展内部的互信和协作机制，这一机制应由联盟的领导或通过共同协商来确定协调和激励措施。在管理方面，基于共识和信任的原则，对于那些表现出良好合约履行的成员，应提升其权益和信誉度，以确保所有参与方的利益得到最大化的保障，并引导其价值取向。此外，联盟中的物流公司还应整合车载全球定位系统（GPS）、物联网（IoT）、智能传感器等技术工具，以确保能实时收集和传递动态的物流信息。例如，可以使用装有智能传感器的标准农产品共享托盘或物流周转箱来进行存储和运输的动态跟踪及逆向溯源。通过溯源码或电子标签，固定农产品物流信息，消费者在零售端或网络平台购买农产品后，可以利用手机应用程序或个人计算机终端，通过这些码或标签追踪农产品的整个运输过程。这些措施将提高物流联盟平台的效率，增进信息的透明度和农产品的可追溯性。

为加速推进物流联盟的智慧化建设，关键在于完善现代仓储和运输技术以及高效冷链技术。对于我第三方农产品仓储物流公司而言，应当强化数字化管理系统，采用高效节能的制冷设备和实时监控环境参数等措施，以提升物流运输中的温控效果，确保农产品的产品质量与安全。同时，公司还需加强现代化高新尖设备的应用，包括搬运设备、保管设备、识别与监控等，以及自动化仓储与分拣系统、智能仓储与调度等技术，以提高运输、存储和检索效率，降低运营成本，助力农产品仓储物流管理过程中的交易、运输、保管等流程的一体化。同时，各大物流公司应主动针对农产品建立"点对面联动"，由特定的物流公司共同提供综合服务，覆盖不同阶段和类别的农产品。通过提供更为独特高效的物流服务和缩短运输时

间，为中后期品牌形象建设提供原始积累。此外，这种协同合作模式还有助于调配和匹配处理资源以及运力资源，为物流行业的可持续发展提供有力助力。

通过物流联盟的便利，可以同时建立在线云仓储物流管理平台。一方面，可搭建信息监测预警系统，充分利用 GPS、GIS、温控体系等智能物流技术，实现对农产品温度、湿度全程可视化、可追溯监控。这能够及时采取措施处理生鲜农产品在流通过程中的异常状况，降低农产品损耗，提高供货商管理效率。另一方面，还可吸引相关仓储企业入驻联合，创新建立产地与销售地域的分仓系统。通过智能调配模块，根据客户物流成本最低、配送时间最短等不同物流需求，结合共同配送方的物流资源、能力禀赋、位置等经营状况，制定物流方案供客户选择。借助云物流共同配送平台，依据物流需求优化配置、调度和指挥物流资源，实现货物配送的提质增效，提升产品的商业价值。这一举措有助于通过先进的信息技术手段，实现更加智能、高效的仓储物流管理，推动整个农产品供应链的协同发展。

政府也应该积极引导和激励企业主动建立物流联盟，以提升配送运输的效率与质量。这样的举措能够让消费者作为全产业链的终端享受到更高品质的农产品，从而实现消费更加绿色和安心。

2. 推进信息共享平台建设，实现农产供应链价值增值

农产品企业应当积极提升大数据技术、5S 技术、物联网、人工智能等在信息共享领域的应用和贯彻，覆盖从全产业链前端的农产品种植或养殖环节的生产详情（包括生产环境、土壤、肥料、饲料等）、质检报告、原产地证书，延伸至销售终端，甚至包括追溯回流环节。

在构建共享追溯平台的阶段，解决现有区块链技术的盲点尤为关键。一方面，企业应当改进并完善长期规划，积极建立农产品追溯联盟链，不断缩小农产品追溯的颗粒度，确保信息真正公开透明，实现全产业链上下游节点的贯通。这有助于让全体参与者加速共同设计农产品信息共享平台的实施，推动 2021 年中央一号文件《中共中央 国务院关于全面推进乡村振兴加快农业农村现代化的意见》中提到的"推动新一代信息技术与农业生产经营深度融合"计划的快速实现，使农民能够跳脱传统单一的种植生产模式，实现跨区域的增收和获利。另一方面，企业应当明确追溯的本质是建立信任机制。为此，企业应以协议形式规定对农产品质量产生影响的所有相关节点，要求各自上传的数据真实可信，并愿意承担法律责任和商誉损失风险。此外，引入权威机构参与全流程监管和信息认证，以确保追溯信息的真实性，提高信息的可信度。

应当提高对信息共享平台使用农户所提问题的协助解决的及时性，并提升帮扶的针对性、提升性与全面性。需要对线上共享平台中包括各类农业新闻信息、国家政策法规信息、国家农业蔬菜品种信息、农业经济生产资料信息、农业技术信息、农业市场信息、气象服务信息及农业生活信息等碎片化、分散化的资讯进行有效整合，以便农户能够方便地在线上搜索资讯。同时，要健全在共享平台中内设的"专家信息系统"和专家数据库，及时解决农产品经营面临的问题，帮助农民解决农业生产及管理的问题。还需设立"新农人培育"精准化平台线上培训课程。通过大数据将平台上的农产品运营者根据专业水平、地域、经营品类等进行分类，针对同一类型的农产品运营者，以其人群特征定制化设计和推送培训课程，确保其能够充分吸收和理解课程内容，促使农户成为专业的新农人。同时，协助农户高效使用数字化设备，推出综合服务，以增效、增产、节能、环保为目标。信息共享平台的实现将引导农产品企业提升数字化生产力，实现产品到品牌的飞跃。这使广大农户和企业都能够享受到农业数字化的发展红利，提升农产品的市场竞争力和整体附加值，实现农产品供应链价值的增值。这也有助于抢占智慧农业及农产品品牌战略的高地，成为助推器，弥补农业经营中人口老龄化加剧、兼业化引起低效能高损失等问题。

7.2.4　加强政策引导与模式创新，推动农产品数字化营销

在互联网、大数据、云计算和物联网等技术驱动下，社会经济发展受到了数字经济时代的显著影响。面对这一变革，农业供应链实施数字化转型至关重要。此举不仅有助于提高农业生产的效率与品质，而且对于推动农业向高端发展至关重要。在应对数字化转型中出现的问题时，我们需拟定创新策略，加强政府在转型过程中的导向作用，并采用新型经营模式，

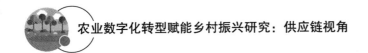

以促进农产品在数字化市场的销售。

1. 健全数字农业政策体系，提高政策监督标准力度

为了促进农业的高质量发展，首先需要对数字农业相关政策进行完善，以保障数字化在农业领域的有效应用。目前，中国不仅发布了相关的国家政策和法规，也实施了多项地方性政策，这些政策旨在促进数字农业的发展，并支持各农业区域建立较大规模的数字化农业体系。随着科技在社会经济发展中的持续进步，这些政策需要不断调整和优化，以增强其推动效果。在此背景下，政府应对数字农业的布局进行科学规划，确保大数据、物联网、云计算等信息技术与农业产业的紧密结合。地方政府部门应增加对数字农业的投资，鼓励社会资本的参与，以有效推动数字农业的高质量建设和发展。

除此之外，政府相关部门为了推动高效、易于管理的智慧农业项目，并实现规模效益，应提升监督水平。这包括在农产品生产过程中加强质量检查和技术交流，并在收获后进行成果评估。特别需要关注的是初级加工阶段的质量提升和损耗减少问题。当前，我国农产品加工行业在质量监管和技术规范方面存在诸多不足。作为先行者，需深入开展实地调研，与社会各界合作，加大科技投入。这包括研发如智能分拣机、重量信息采集器等先进设备以优化初级加工线。同时，应制定示范性和创新性的监督标准及管理模式。此外，重视金融政策的完善也至关重要，以确保农业发展过程中的合理资金需求得到满足。

2. 引导农产品管理模式创新，推广规模化经营理念

政府相关部门需深刻理解互联网技术在农产品管理中的关键作用，并从政策层面进行科学规划和指导。同时，各级政府领导应确保工作指令在不同部门的有效执行，并针对本地的农业经济发展状况，构建更加合理和科学的监督管理结构，以及匹配的绩效评估体系。坚持实事求是的管理原则，及时识别和分析农产品管理模式发展中的挑战，并细致总结。学习运用科技手段分析和解决问题，同时创新管理理念，以促进农产品管理的高效发展。

为实现此目标，一方面，政府和企业应着眼于利用人工智能和虚拟现实技术进行有效的质量检查和可视化监控产业布局，以实现生态区和农业区域的合理发展规划，旨在节约时间、劳力和资源。在经营模式上，应持续推动农业合作社的发展，宣传和实施规模化经营的理念，通过精确规划以降低生产成本。另一方面，可以借鉴产学研相结合的典型科技创新模式，将生产、专业学习、科研和品牌推广整合在一起，这不仅有助于激发年轻人对数字农业建设的热情，也能缓解农业劳动力老龄化和科研创新度低的问题。同时，这种方法能更有针对性地解决农产品在科技层面的具体困难。

3. 促成农企联动互通互利，引领农产品电商富农为民

在数字化农业的发展过程中，农户们也面临资金方面的挑战，这是一个不容忽视的问题。为此，政府应当促使企业与农户建立合作关系，共同创建一个集金融信息与电商市场于一体的智慧型平台。在这个平台上，应提供信用评估、贷款、融资、保险等多种金融服务，确保所有相关信息能够在线上实现互通。这样的设计不仅便利农户使用相关服务，还能拓展至理财领域，形成一个专属于农户的"财富聚集地"，确保资金的有效流通，减少农户在数字化农业发展过程中面临的资金短缺和设备维护等问题。

在电商市场方面，建立一个智能品牌（门店）管理中心是关键，它能为消费者提供交易保障，解决交易价格不公、用户体验不佳等售后问题。同时，这个中心也有助于农产品经营者实现线上线下的无缝对接，快速完成财务结算和交易，推广品牌，使电商交易更加直观，为其信用记录提供支持。这将进一步帮助实现富农梦。

4. 加强基础设施的建设，做好标准化和品牌化的推广

在当前农产品电子商务的发展过程中，基础设施的不完善为一个显现的弱点。社会的迅速发展和科技水平的提高导致了高科技设备在各个行业的广泛应用，显著提高了产业的整体生产效率并促进了各行业的发展。农产品电子商务行业也积极跟进这一趋势，引入了众多高科技设备和专业技术。但是，科技的快速发展同时也带来了相关设备和技术成本的增加，这导致了农产品电子商务行业在基础设施建设方面的相对落后。

首先，农产品电商行业目前面临着缺乏标准化、品牌化和专业化的问题，这些因素制约了其发展潜力。为了有效克服这些挑战，关键在于加强基础设施建设，并推行标准化与品牌化策略，以助力种植户和相关企业树立农产品的品牌形象，并强化品牌的市场推广。具体策略包括建设健全的信息网络环境，投资购置先进的技术设备。以计算机和其他关键硬件设施为基础，配合以网络信息交流平台等软件设施为核心，构筑高效的信息网络体系，提升数据共享和处理效率。此外，创建专业化的服务网站，通过互联网接入服务，并与运营商合作，共同推进农产品电商的进一步发展。

其次，通过强化基础设施和设备，以增进农产品电商企业之间的协作至关重要。这涉及统一规划产业发展，共同创建并管理具有独特特色和品牌的农产品形象。这种策略将有助于建立农产品的区域集群优势，提高在线知名度，进而促进农产品电商的发展。通过这样的集中管理和协作，可以更有效地推动整个农产品电商行业的成长与繁荣。

7.2.5　强化农产品科创能力，提升供应链数字化驱动力

习近平总书记强调："农业出路在现代化，农业现代化关键在科技进步。我们必须比以往任何时候都更加重视和依靠农业科技进步。"① 要使数字信息化技术成为农产品供应链改造和提升的关键力量，必须将其完全融入供应链的每个环节，包括农业生产、加工和物流等。在这样的融合中，数字技术的深度应用将促进供应链的转型升级。目前，我国正处于数字化改革的关键阶段，这一进程得到了国家和地方政府的集中关注，众多政策都旨在推动数字化发展。在当前的时代背景下，增强农产品的科技创新能力对于提高其供应链的数字化水平至关重要。通过这种增强，可以有效地提升整个供应链的效率和效益，从而推动农产品行业的整体发展。

1. 打造农业数字科创平台，攻关供应链数字化核心技术

应当致力于围绕农产品供应链，创新产业链布局，以产业发展的需求为核心，积极打造集农业和工业跨界融合的数字技术创新平台，构建集产业、学术、研究于一体的农产品数字化科技创新体系。此外，还需不断利用科技创新平台的优势，推动农业数字化领域的基础研究，确保资金和知

---

① 两会上的习近平之"三农"情怀 [EB/OL]. 中国网，2017 - 03 - 11. http：//www. china. com. cn/guoqing/node_7246943. htm.

识的稳定支持，以加强农业科研基础设施、精确定位的观测系统、资源和生态监测体系的建设。同时，应专注于农业数字化科技基础的前沿重点领域，加快突破一系列重大理论和实用工具方法。重点关注农产品的育种，提高耕地的质量，发展智慧型农业，提供先进的农业机械设备，并增加对农业绿色投入品的研发与创新，以此加速关键核心技术及产品的研发和创新。

为了适应农产品供应链数字化的趋势，不断完善其科技基础设施。这需要建立一系列农业科技创新平台，支持农林大学、海洋水产养殖研究所、亚热带作物研究所等机构的发展，使之成为领先的科技创新基地。

首先，需重视对科技创新平台的科研贡献率进行评估，建立一个合理的评价体系，并实施针对科研专项资金的支持。这需要加大财政投入，逐步提升农业科技领域的财政支持，保证农业科技投入的持续增长。此外，应强化对公益性农业科研机构和农业相关高等教育机构的资金支持，并加大对公益性农业科技项目的投入。这还意味着政府需提升对从事农业技术开发的农业科技企业、龙头企业、专业合作社的财政支持，同时为获得国家科技专项资金的项目提供相应的配套资金。这些措施将有利于平台的长期发展，并促进社会各界参与农业技术开发的建设。国家和地方政府的全力支持，以及政策计划的有效执行和实施，是科技创新平台顺利建设和持续健康发展的关键。首先，需要加强顶层策略规划，制订针对农产品数字化技术的详细攻关蓝图。这包括组织实行一系列科技项目，专注于农业专用传感器、农产品生长信息的获取和生产调控机理模型、农业智能装备和机器人等核心技术的突破。

其次，应以整个产业链为视角，强化农机装备的研发、制造和推广应用，加速国内智能农机技术的创新，特别是在精准作业、自动测产、智能组网等关键技术上取得突破，以促进智能农机的迅速发展。此外，需要完善管理体系，进一步优化围绕产业发展、项目立项、审批等方面的组织结构，明确责任分工，提升管理效率。

最后，建立有效的任务执行机制对于确保农业科技创新目标和计划的实施至关重要。可以成立专门的任务执行小组，负责监督和跟进科技创新工作。同时，还需及时调整策略，加强督导和问责。

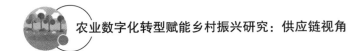

2. 建设高能科技创新团队，发挥人才优势提供智力支撑

面临的挑战在于顺畅地实施数字技术，构建一个数字化和信息化的农产品供应链。为此，必须建立一支高水平的农业科技创新团队，以明显增强农业科技人力资源。实现这个目标的关键在于采取多项措施，以吸引和培育顶尖的农业科技人才和行业领袖。

首先，可以通过提供有吸引力的薪酬和优越的工作环境，引进更多杰出人才参与农业科技创新工作。其次，通过建立健全的激励和培训体系，应激励和支持农业科技专业人员进行创新研究和技术突破。同时，通过加强农业科技创新项目的资金支持和管理，确保资金高效使用以及科研成果的应用转化。此外，应积极与国内外高校和研究机构合作，灵活引进知名的农业领域专家，同时培育本地专业人才，为农业科技人才创造更多发展机遇和平台。这将有效促进农业的发展。

其次，为了提升农产品供应链的数字化水平，还必须不断加强农业科技人才体系的建设。第一，通过合理规划和建设农业科研机构，应提升其农业科研的整体创新水平，尤其是加强农业科技创新的源头能力，以期在该领域实现更多显著的突破和进展。第二，应充分利用其农业科研院所的中坚和领导作用，支持这些机构在学科调整、资源配置、人才队伍构建及创新平台建设等方面进行改革和升级，使之成为顶级农业科技创新实体。第三，应支持民营农业科技研发机构的发展，并鼓励科技工作者创办各类科技企业，促进农业科技成果的转化应用，提高其实际效益。

最后，应在其现代农业的主要领域，依托本地的农业科研院所，建设一批人才结构合理、学术水平高、研究能力强的科研实验基地、关键实验室和工程技术中心。这些措施将有助于进一步提升农业科技领域的综合实力。

7.2.6 培育农产品领头羊企业，引领农业产业现代化发展

1. 鼓励科技企业转型升级，数字化赋能农业数字化转型

在市场驾驭及感知方面，科技企业表现出色，对促进农产品供应链的数字化转型以及激发农业数字化改造的热情起着至关重要的作用，创造出了一种新型的数字化生态，由大型科技企业引领，中小型科技企业则紧随其后。

首先，应当引导本地的大型科技公司，充分发挥其科技领先优势，主动将科技成果转化应用于农业生产的各个阶段。包括资源分配、生产过程及产品流通这三大环节，在其中推动农产品的数字化改革。借鉴阿里巴巴、腾讯等科技巨头以及京东、淘宝等电商巨头在农业数字化生产和销售方面的经验，应促使其农产品通过数字化连接生产与消费，从而有效加速农业的数字化转型。一方面，数字化转型的实施将带来信息共享，增强企业间的互动与学习，以知识和技术的外溢来促进农业全方位生产效率的提升。另一方面，通过降低不同地理区域资源转移的成本，使供应商和需求方能更有效地参与产品生产的各环节，促进协同创新模式的形成，从而提高企业的创新能力。

其次，应扩展农产品的数字化产业链，完善农业数字化转型的市场架构，激发各种规模的科技企业，特别是新型业态的中小型科技企业，积极参与农业的数字化改革，逐步构建企业集群共同体。一方面，数字化改革将助力农业企业更有效地处理和分析大量数据，优化生产流程和决策制定，提升资源利用率。另一方面，企业能够通过数字技术快速获得重要的市场信息，实施即时市场分析与预测，更深入地理解市场需求和竞争环境，进而调整产品策略和市场定位，减少市场风险。数字化生产和信息互动使得农业产业链的各个环节都能够根据掌握的市场趋势和最新动态，持续对产品和技术进行优化和更新，从而增强农业发展的核心竞争力。

最后，农业数字化转型的支持应延伸至金融科技企业，利用人工智能、区块链等先进金融技术手段。这些技术有助于减少金融信息的不对称性和信贷交易的成本，从而重塑农村金融市场的供应能力，为农产品的数字化转型提供坚实的金融支持。农业的数字化转型有利于提升农业经营主体的融资概率和信贷金额，增强农村地区互联网金融服务的精确性，进而缓解融资困难。一方面，金融科技的发展，以数字化为核心的新经济路径不断拓展，优化信贷资源配置的效率，使金融科技企业能更好地助力农业数字化转型，推动普惠金融的深化，提升整体生产率。另一方面，金融科技结合大数据、人工智能、云计算等技术，提供更有效的风险管理工具，实现生产过程的智能化和精细化，避免资源浪费，提高生产效率。

2. 培育数字农业龙头企业，引领供应链主体现代化发展

在农业科技创新领域中，龙头企业扮演着至关重要的领导和示范角色。通过对农产品产业链的有效整合，这些企业能够促进产业链各环节的分工深化，并推进标准化、专业化的发展，从而降低农产品的生产成本。作为农业产业化的先锋，龙头企业不仅能够推动农业的高质量发展，而且具备显著的带动和联动农业的效果，有助于推进现代农业的深化改革和发展。

在数字化改革的早期阶段，一些农业科技企业面临不少困境，例如数字化创新的成本问题、推动农业数字化改革的政策挑战等。很多农民对数字化的理解尚浅，对数字化在中国农业战略实施中的重要性不够清晰，这在一定程度上阻碍了农业数字化的转型和发展。在此背景下，龙头企业作为行业和产业的领军者，拥有显著的影响力和指引作用。与单纯依靠政策推动相比，利用龙头企业的引领效应促进其他农业科技企业的数字化创新，具有更深远的实际意义。

因此，应将重点放在培养一批技术先进的农业龙头企业，以提高它们的技术创新能力上。这包括积极发展一系列在农业领域内的国家级高新技术企业、省级科技型农业企业和市级农业科技创新企业。特别是那些具备自主创新能力和知名品牌的专业种子业龙头企业。同时，还应加强产业、学术界和研究机构之间的合作，支持小型农业企业的发展，并促进包括农业电子商务企业、农业合作社、家庭农场在内的科技型中小企业的成长。

应当集中关注各级别的龙头企业，尤其是那些具备发展潜力、市场竞争力和强大带动作用的关键企业，支持它们成为国家级重点龙头企业。一方面，政府应加强资源保障，为企业融资提供利息减免贷款和政府信用担保支持，构建农业保险体系，创建农企金融服务平台，增加财政专项资金以激励企业的创新活动，并将金融资源优先配置给相关农业企业。另一方面，政府应增强基础设施建设，促进数字经济更有效地服务于龙头企业，推动互联网与农业的深度融合，发展如"农业＋互联网""农业＋电商"等新型业态。

在各主导农产品产业中，政府应着重于培养一系列符合标准建设、具备科学生产管理、拥有坚实数字化基础、能够明显有示范作用且经济效益突出的创新实体。这将使它们成为农产品供应链数字化发展的复制性模板。一方面，需加强发掘高质量农业企业的努力，培育具有地方特色的优势产业相关企业，确保更多农民能分享到产业增值的收益。同时，支持重点产业集群的成长与扩大，建立农产品加工技术的研发体系和技术集成示范基地，并建设一个协同创新、资源共享、成果转化、信息咨询的服务平台。另一方面，政府应支持农业龙头企业协会的实际运作，发挥行业协会的桥梁作用，促进企业在产品开发、市场拓展、技术引进、人才培养等方面的深度合作。还需创建龙头企业的知名品牌，促进企业与产业的有效对接，为各类新型经营主体提供寻找机遇和市场开拓的支持。

参 考 文 献

[1] 白世贞，黄绍娟．数字经济赋能农产品供应链管理转型升级 [J]．商业经济研究，2021（19）：137-140．

[2] 边红彪．中国食品安全监管的进程智慧和经验 [J]．食品安全质量检测学报，2021，12（4）：7．

[3] 曹静，周亚林．人工智能对经济的影响研究进展 [J]．经济学动态，2018（1）：103-115．

[4] 曹蕾．数字技术提升乡村治理质量研究 [J]．村委主任，2024（3）：16-18．

[5] 陈春花，刘祯．中国管理实践研究评价的维度——实践导向与创新导向 [J]．管理学报，2011，8（5）：636．

[6] 陈登源，王赣闽．数字技术与乡村振兴深度融合：内在逻辑、现实困境、提升路径 [J]．石河子大学学报（哲学社会科学版），2023，37（1）：31-36．

[7] 陈久美，刘志迎．基于产品生命周期的二元创新与商业模式动态匹配——多案例比较研究 [J]．管理案例研究与评论，2018，11（6）：592-611．

[8] 陈丽琴，张新政．乡村数字治理：何以可能与何以提升——基于4个典型案例的分析 [J]．山东行政学院学报，2023（6）：114-121．

[9] 陈全，邓倩妮．云计算及其关键技术 [J]．计算机应用，2009，29（9）：2562-2567．

[10] 陈雪娇．乡村振兴战略背景下家庭农场发展现状及对策思考 [J]．农业工程技术，2021，41（27）：77-78．

[11] 程慧，贾广宇．乡村振兴背景下农民合作社参与乡村治理的创新路径研究 [J]．南昌师范学院学报，2022，43（4）：13-20．

［12］戴美想. 基于区块链技术的企业供应链管理［J］. 中国商论，2021（16）：105 – 107.

［13］邓悦，吴忠邦，邱欢，罗连发. 农业领域企业家精神如何促进新型农业经营主体发展——以农民合作社为例［J］. 中国农村观察，2024（3）：62 – 79.

［14］冯献，李瑾，崔凯. 乡村治理数字化：现状、需求与对策研究［J］. 电子政务，2020（6）：73 – 85.

［15］高梅玲. 数字技术赋能乡村治理的实现路径研究——以启东市 H 村为例［J］. 农村经济与科技，2023，34（21）：194 – 197.

［16］龚勤林. 论产业链构建与城乡统筹发展［J］. 经济学家，2004（3）：121 – 123.

［17］谷彦芳，常婷. 数字经济助推乡村振兴：逻辑机理、现实障碍与实现路径［J］. 当代农村财经，2023（10）：20 – 25.

［18］郭苏豫. 数字金融赋能农业高质量发展策略研究［J］. 价格理论与实践，2021（12）：102 – 105.

［19］黄振辉. 表演式抗争：景观、挑战与发生机理——基于珠江三角洲典型案例研究［J］. 开放时代，2011（2）：71 – 84.

［20］简冠群，苗雨欣. 数字经济赋能传统制造业供应链韧性研究［J］. 对外经贸，2024（2）：33 – 36.

［21］江小涓，靳景. 数字技术提升经济效率：服务分工，产业协同和数实孪生［J］. 管理世界，2022，38（12）：9 – 25.

［22］黎家成. 数字技术驱动乡村振兴的作用机理、现实省思与实现路径［J］. 湖北经济学院学报（人文社会科学版），2023，20（6）：28 – 32.

［23］李崇峰. 乡村振兴战略下小农户与现代农业发展有机衔接的路径探析——以大连为例［J］. 农业经济，2022（6）：37 – 39.

［24］李国英. "互联网＋"背景下我国现代农业产业链及商业模式解构［J］. 农村经济，2015（9）：29 – 33.

［25］李鸿冠. 农村冷链物流所面临的困境及其对策探析——基于中央一号文件的视角［J］. 宁德师范学院学报（哲学社会科学版），2020（2）：75 – 78.

［26］李健.数字技术赋能乡村振兴的内在机理与政策创新［J］.经济体制改革，2022（3）：77-83.

［27］李健.数字经济助力农业产业链供应链现代化：理论机制与创新路径［J］.经济体制改革，2023（3）：80-88.

［28］李映祥，张华，滕飞，王利民，季富华.遥感技术农业资源台账建设应用潜力分析［J］.中国农业资源与区划，2022，43（11）：145-154.

［29］李玉玲.乡村振兴背景下农民合作社高质量发展存在问题及对策研究——以天水市清水县为例［J］.智慧农业导刊，2022，2（11）：122-124.

［30］李煜.数字技术赋能乡村产业振兴的路径探赜［J］.信息系统工程，2024（3）：120-123.

［31］连茜平.新型农业经营主体的冷链物流发展策略［J］.农业经济，2021（11）：132-134.

［32］廖祥六.乡村振兴背景下"一村多名大学生计划"现代农业技术专业人才培养方案改革探索与实践——以黄冈职业技术学院为例［J］.中国管理信息化，2023，26（23）：208-212.

［33］刘兵.在乡村振兴中促进小农户和现代农业发展有机衔接［J］.农业经济，2022（10）：74-75.

［34］刘凤霞.乡村振兴背景下党支部领办合作社的实现路径［J］.农业经济，2023（6）：104-105.

［35］刘庆贤，肖洪钧，郑文全.案例研究方法严谨性评估框架构建研究［J］.科技与管理，2009，11（6）：32-35，43.

［36］刘运青，戴泽坤，武亦婷.中国数字乡村高质量建设实现路径与地区差异性——来自数字乡村百强县的组态分析［J］.现代财经（天津财经大学学报），2024，44（4）：20-35.

［37］卢筱磊，邱靖.乡村振兴背景下地方农林院校现代农业人才培养质量的影响因素研究［J］.云南农业大学学报（社会科学），2023，17（1）：18-24.

［38］罗千峰，张利庠.农产品冷链物流高质量发展的理论阐释与实现路径［J］.中国流通经济，2021，35（11）：3-11.

[39] 马翠平. 电子商务背景下农贸市场销售模式改革 [J]. 商业时代, 2018.

[40] 马祖军, 王一然. 考虑生鲜农产品"最先一公里"损耗的预冷站选址定容 [J]. 中国管理科学, 2024, 32 (2): 315 - 323.

[41] 毛春合, 刘树. 数字赋能视域下乡村产业振兴的内在逻辑与创新路径 [J]. 石家庄铁道大学学报 (社会科学版), 2024, 18 (1): 43 - 51.

[42] 孟小峰, 慈祥. 大数据管理: 概念、技术与挑战 [J]. 计算机研究与发展, 2013, 50 (1): 146 - 169.

[43] 宁家骏. "互联网 +" 行动计划的实施背景、内涵及主要内容 [J]. 电子政务, 2015 (6): 32 - 38.

[44] 齐彦丽, 周一青, 刘玲, 田霖, 石晶林. 融合移动边缘计算的未来 5G 移动通信网络 [J]. 计算机研究与发展, 2018, 55 (3): 478 - 486.

[45] 尚玉霜. 乡村振兴背景下探索农村集体经济发展路径的实践研究——基于古田县党支部领办合作社模式考察 [J]. 现代化农业, 2023 (1): 75 - 77.

[46] 沈费伟, 方颖峰. 社会资本参与数字乡村建设的实践逻辑与优化路径 [J]. 电子政务, 2024 (7): 1 - 13.

[47] 速水佑次郎, 神门善久. 发展经济学: 从贫困到富裕 [M]. 北京: 社会科学文献出版社, 2009.

[48] 滕桂法. 乡村服务业数字化转型的模式与路径——评王素贞、朱曼莉专著《人工智能驱动乡村新型服务业发展研究》 [J]. 世界农业, 2022 (4): 132.

[49] 汪大兰, 左小明. 基于区块链技术的制造业企业供应链管理研究 [J]. 中外企业文化, 2022 (11): 94 - 96.

[50] 汪旭晖, 张其林. 基于物联网的生鲜农产品冷链物流体系构建: 框架、机理与路径 [J]. 南京农业大学学报 (社会科学版), 2016, 16 (1): 31 - 41, 163.

[51] 王桂荣. 数字经济赋能乡村振兴的现实基础和实践路径探讨 [J]. 南方农业, 2023, 17 (22): 169 - 171, 178.

[52] 王建华, 布玉婷, 王舒. 消费者生鲜农产品购买渠道迁徙意愿

及其影响机理 [J]．南京农业大学学报（社会科学版），2022，22（2）：171 – 182．

[53] 王梦茜．乡村振兴背景下现代农业人才培养路径 [J]．农业经济，2023（10）：103 – 104．

[54] 王染，杜红梅．农村基础设施、技术受惠与农村产业现代化 [J]．农业经济与管理，2023（4）：65 – 75．

[55] 王欣，程秋萍，徐晨颖，胡东妹，陆佳萍．乡村振兴战略背景下嘉兴市家庭农场发展路径 [J]．乡村科技，2020（1）：30 – 31．

[56] 王新波，陈祖海．数字治理赋能乡村高质量发展：现实困境与突破策略——基于浙江省 D 市的案例分析 [J]．中南民族大学学报（人文社会科学版），2024，44（8）：1 – 10．

[57] 温群旺．数字乡村促进农民增收的机理分析 [D]．荆州：长江大学，2023．

[58] 吴高臣，刘爽．实践导向：案例教学法研究 [J]．黑龙江高教研究，2011（12）：178 – 181．

[59] 吴重庆，张慧鹏．小农与乡村振兴——现代农业产业分工体系中小农户的结构性困境与出路 [J]．南京农业大学学报（社会科学版），2019，19（1）：13 – 24，163．

[60] 武焱．乡村振兴背景下家庭农场绿色生产制度供给及优化路径——基于政策法律文本量化分析 [J]．经济问题，2024（1）：99 – 104．

[61] 夏显力，陈哲，张慧利，赵敏娟．农业高质量发展：数字赋能与实现路径 [J]．中国农村经济，2019（12）：2 – 15．

[62] 肖涵，付裕琳．智慧农业发展的实践逻辑与优化策略——基于 Q 村丘陵山地数智化无人果园的案例考察 [J]．西北农林科技大学学报（社会科学版），2024，24（3）：58 – 65．

[63] 谢国根，蒋诗泉，赵春艳．数字技术促进乡村振兴发展的机制及路径研究——基于中介效应模型和门槛效应模型的检验 [J]．河南科技学院学报，2023，43（9）：17 – 29．

[64] 谢炜，赵烁．乡村振兴视域下农民合作社嵌入基层治理的三重路径 [J]．农村经济，2022（7）：54 – 64．

［65］徐畅，范体军，徐若芬，唐跃武．检查制度下可追溯食品供应链安全努力决策［J］．管理工程学报，2022，36（3）：245－253．

［66］许春瑶．数字经济助力乡村振兴的路径探析［J］．农村经济与科技，2022，33（24）：14－16．

［67］闫梅．案例研究方法的科学性及实现问题［J］．武汉科技大学学报（社会科学版），2012，14（2）：204－207．

［68］杨丹，程丹，邓明艳．从全面脱贫到乡村振兴：合作社的跨期贫困治理逻辑——基于是否脱贫摘帽区的多案例比较分析［J］．农业经济问题，2023（8）：60－72．

［69］杨汭，罗永泰．面向新农村建设的农业社会化服务体系［J］．科学管理研究，2006（6）：118－121．

［70］杨正勇，侯熙格．食品可追溯体系及其主体行为的演化博弈分析［J］．山东社会科学，2016（4）：6．

［71］叶飞，黄建辉，林强．资金约束下订单农业供应链中的农户最优决策［J］．系统工程理论与实践，2017，37（6）：1467－1478．

［72］殷浩栋，霍鹏，汪三贵．农业农村数字化转型：现实表征、影响机理与推进策略［J］．改革，2020（12）：48－56．

［73］尹瑶，叶敬忠．新零售背景下小农户对接大市场的路径实践——以"盒马村"为例［J］．中国农业大学学报（社会科学版），2024：1－22．

［74］袁峰，李清蕾，邱爱莲．基于产品数字孪生体的智能制造价值链协同研发框架构建［J］．科技管理研究，2024，44（2）：98－105．

［75］张路．博弈视角下区块链驱动供应链金融创新研究［J］．经济问题，2019（4）：48－54．

［76］张鸣，凌云．数字普惠金融助力乡村振兴对策思考［J］．工程经济，2023，33（12）：74－80．

［77］张祺午．加快现代农业人才培养做好乡村振兴大文章［J］．职业技术教育，2020，41（15）：1．

［78］张树山，谷城，张佩雯，董旭达．智慧物流赋能供应链韧性提升：理论与经验证据［J］．中国软科学，2023（11）：54－65．

［79］张晓林，罗永泰．基于全产业链的农产品流通困局与流通体系

建设研究 [J]. 商业经济与管理, 2012 (12)：16-22.

[80] 张勇, 周道平, 牛群. 数字经济时代下体育用品制造业供应链韧性提升的路径研究 [J]. 体育学研究, 2024, 38 (1)：24-34.

[81] 张有望. 蔬菜产销地批发市场间的价格传递效应研究——基于山东寿光至北京蔬菜流通的考察 [J]. 北京工商大学学报 (社会科学版), 2016, 31 (6)：26-33.

[82] 张振. 蔬菜流通主体发展问题研究——基于山东、上海、海南、北京调研 [J]. 经济研究参考, 2014 (62)：13-19.

[83] 赵静. 数字经济赋能乡村振兴的内在机理与实现路径 [J]. 山东农业工程学院学报, 2023, 40 (12)：68-72.

[84] 郑琛誉, 李先国, 张新圣. 我国农产品现代流通体系构建存在的问题及对策 [J]. 经济纵横, 2018 (4)：125-128.

[85] 郑琪. 乡村振兴背景下农村家庭农场发展现状及对策 [J]. 农业工程技术, 2021, 41 (36)：102-103.

[86] 郑永君, 王美娜, 李卓. 复合经纪机制：乡村振兴中基层治理结构的形塑——基于湖北省 B 镇土地股份合作社的运作实践 [J]. 农业经济问题, 2021 (5)：12.

[87] 周丽娟, 朱成燕. 数智赋能农村协商治理的实践路径——基于衡南县 D 村 "人工智能＋屋场恳谈" 的社会实验 [J]. 华中农业大学学报 (社会科学版), 2024 (3)：202-212.

[88] 住晓莉. 数字经济推动乡村振兴的困境与路径分析 [J]. 哈尔滨职业技术学院学报, 2023 (4)：122-124.

[89] Abhayawansa Subhash, Adams Carol A, Neesham Cristina. Accountability and governance in pursuit of Sustainable Development Goals：Conceptualising how governments create value [J]. Accounting, Auditing & Accountability Journal, 2021, 34 (4)：923-945.

[90] Addo-Tenkorang R., Helo P. T., Kantola J. Concurrent enterprise：A conceptual framework for enterprise supply-chain network activities [J]. Enterprise Information Systems, 2017, 11 (4)：474-511.

[91] Agapaki E., Brilakis I. CLOI：An Automated Benchmark Frame-

work for Generating Geometric Digital Twins of Industrial Facilities [J]. Journal of Construction Engineering and Management, 2021, 147 (11): 18.

[92] Al Dirani Aliaa, Abebe Gumataw Kifle, Bahn Rachel A, Martiniello Giuliano, Bashour Isam. Exploring climate change adaptation practices and household food security in the Middle Eastern context: A case of small family farms in Central Bekaa, Lebanon [J]. Food Security, 2021, 13 (4): 1029 – 1047.

[93] Albizua Amaia, Bennett Elena, Pascual Unai, Larocque Guillaume. The role of the social network structure on the spread of intensive agriculture: An example from Navarre, Spain [J]. Regional environmental change, 2020, 20: 1 – 16.

[94] Ali Akhter, Sharif Muhammad. Impact of farmer field schools on adoption of integrated pest management practices among cotton farmers in Pakistan [J]. Journal of the Asia pacific economy, 2012, 17 (3): 498 – 513.

[95] Aljohani R., Bushnag A., Alessa A. AI – Based Intrusion Detection for a Secure Internet of Things (IoT) [J]. Journal of Network and Systems Management, 2024, 32 (3): 40.

[96] Alvarez – Cuadrado Francisco, Van Long Ngo, Poschke Markus. Capital – labor substitution, structural change, and growth [J]. Theoretical Economics, 2017, 12 (3): 1229 – 1266.

[97] Attaran Mohsen, Attaran Sharmin, Celik Bilge Gokhan. Revolutionizing Agriculture Through Digital Twins [J]. Encyclopedia of Information Science and Technology, Sixth Edition, 2025: 1 – 14.

[98] Badia – Melis R, Mc Carthy U, Ruiz – Garcia L, Garcia – Hierro J, Villalba JI Robla. New trends in cold chain monitoring applications – A review [J]. Food Control, 2018, 86: 170 – 182.

[99] Bamakan Seyed Mojtaba Hosseini, Moghaddam Shima Ghasemzadeh, Manshadi Sajedeh Dehghan. Blockchain – enabled pharmaceutical cold chain: Applications, key challenges, and future trends [J]. Journal of Cleaner Production, 2021, 302: 127021.

［100］ Bandiera Oriana, Rasul Imran. Social networks and technology adoption in northern Mozambique ［J］. The economic journal, 2006, 116 (514): 869 – 902.

［101］ Barham Bradford L, Chavas Jean – Paul, Fitz Dylan, Salas Vanessa Ríos, Schechter Laura. The roles of risk and ambiguity in technology adoption ［J］. Journal of Economic Behavior & Organization, 2014, 97: 204 – 218.

［102］ Bei Wentao, Zhou Zihao. Cold Chain Logistics Model of Agricultural Products Based on Embedded System and Block Chain ［J］. International Journal of Early Childhood Special Education (INT – JECSE), 2021, 30 (2): 286.

［103］ Best Bernadette, Miller Kristel, McAdam Rodney, Maalaoui Adnane. Business model innovation within SPOs: Exploring the antecedents and mechanisms facilitating multi – level value co – creation within a value – network ［J］. Journal of Business Research, 2022, 141: 475 – 494.

［104］ Bhutia D, Mula G. Marketing Strategies and Constraints Perceived by Farmers in Adoption of Organic Ginger Cultivation – A case study in Hill Zone of West Bengal ［J］. International Journal of Agriculture Sciences, ISSN, 2022: 0975 – 3710.

［105］ Bidar Reihaneh, Barros Alistair, Watson Jason. Co – creation of services: an online network perspective ［J］. Internet Research, 2022, 32 (3): 897 – 915.

［106］ Binmore Ken, Samuelson Larry. An economist's perspective on the evolution of norms ［J］. Journal of Institutional and Theoretical Economics (JITE)/Zeitschrift für die gesamte Staatswissenschaft, 1994: 45 – 63.

［107］ Binmore Kenneth George. Game theory and the social contract: just playing ［C］. MIT press, 1994.

［108］ Blaschke Michael, Riss Uwe, Haki Kazem, Aier Stephan. Design principles for digital value co – creation networks: A service – dominant logic perspective ［J］. Electronic Markets, 2019, 29 (3): 443 – 472.

［109］ Booij Adam S, Van Praag Bernard MS, Van De Kuilen Gijs. A

parametric analysis of prospect theory's functionals for the general population [J]. Theory and Decision, 2010, 68: 115 – 148.

[110] Bosona Techane, Gebresenbet Girma. Food traceability as an integral part of logistics management in food and agricultural supply chain [J]. Food Control, 2013, 33 (1): 32 – 48.

[111] Cao X. Z., Yan M. Y., Wen J. Exploring the Level and Influencing Factors of Digital Village Development in China: Insights and Recommendations [J]. Sustainability, 2023, 15 (13): 24.

[112] Chen L., Yang J., Lu Q. C. Guest editorial: Digital innovation and transformation in built asset and facility management [J]. Journal of Facilities Management, 2022, 20 (3): 325.

[113] Chohan Sohail Raza, Hu Guangwei. Success factors influencing citizens' adoption of IoT service orchestration for public value creation in smart government [J]. Ieee Access, 2020, 8: 208427 – 208448.

[114] Choi Yoon Jin, Kim Hee Woong. Exploring the issues for the success of multichannel network businesses in Korea [J]. Journal of Global Information Management (JGIM), 2020, 28 (2): 90 – 110.

[115] Chou Hsinhui, Tsai Fusheng. Technology – enabled mobilization in the emergence of a value co – creating ecosystem [J]. Journal of Organizational and End User Computing (JOEUC), 2022, 34 (1): 1 – 17.

[116] Cui Herui, Zhao Tian, Tao Peijun. Evolutionary Game Study on the Development of Green Agriculture in China Based on Ambidexterity Theory Perspective [J]. Polish Journal of Environmental Studies, 2019, 28 (3).

[117] Cui Miao, Pan Shan L, Newell Sue, Cui Lili. Strategy, resource orchestration and e – commerce enabled social innovation in Rural China [J]. The Journal of Strategic Information Systems, 2017, 26 (1): 3 – 21.

[118] de Sainte Marie Christine. Rethinking agri – environmental schemes. A result – oriented approach to the management of species – rich grasslands in France [J]. Journal of Environmental Planning and Management, 2014, 57 (5): 704 – 719.

［119］ Dolev S. , Liber M. Towards self – stabilizing blockchain, reconstructing totally erased blockchain ［J］. Information and Computation, 2022, 285: 25.

［120］ Düdder B. , Fomin V. , Gürpinar T. , Henke M. , Iqbal M. , Janavicien V. , Matulevicius R. , Straub N. , Wu H. Q. Interdisciplinary Blockchain Education: Utilizing Blockchain Technology From Various Perspectives ［J］. Frontiers in Blockchain, 2021, 3.

［121］ Eisenhardt Kathleen M, Graebner Melissa E. Theory building from cases: Opportunities and challenges ［J］. Academy of management journal, 2007, 50 (1): 25 – 32.

［122］ Eisenhardt Kathleen M. Building theories from case study research ［J］. Academy of management review, 1989, 14 (4): 532 – 550.

［123］ Eisenhardt Kathleen M. What is the Eisenhardt Method, really? ［J］. Strategic Organization, 2021, 19 (1): 147 – 160.

［124］ Fan Shenggan, Pardey Philip G. Research, productivity, and output growth in Chinese agriculture ［J］. Journal of Development Economics, 1997, 53 (1): 115 – 137.

［125］ Friedman Daniel. On economic applications of evolutionary game theory ［J］. Journal of evolutionary economics, 1998, 8: 15 – 43.

［126］ Gang Z. , Ying – Bao Y. , Xu B. , Qi – Yuan P. On the topological properties of urban complex supply chain network of agricultural products in mainland China ［J］. Transportation Letters, 2015, 7 (4): 188 – 195.

［127］ Gomm M. L. Supply chain finance: applying finance theory to supply chain management to enhance finance in supply chains ［J］. International Journal of Logistics – Research and Applications, 2010, 13 (2): 133 – 142.

［128］ Guo Hongpeng, Sun Xiangnan, Pan Chulin, Xu Shuang, Yan Nan. The sustainability of fresh agricultural produce live broadcast development: influence on consumer purchase intentions based on live broadcast characteristics ［J］. Sustainability, 2022, 14 (12): 7159.

［129］ Guo P. F. , Zhang F. F. , Wang H. Y. , Qin F. Suitability Eval-

uation and Layout Optimization of the Spatial Distribution of Rural Residential Areas [J]. Sustainability, 2020, 12 (6): 15.

[130] Hebert C., Di Cerbo F. Secure blockchain in the enterprise: A methodology [J]. Pervasive and Mobile Computing, 2019, 59: 14.

[131] Herold David M, Marzantowicz Łukasz. Supply chain responses to global disruptions and its ripple effects: an institutional complexity perspective [J]. Operations Management Research, 2023, 16 (4): 2213 – 2224.

[132] Hinings Bob. Connections between institutional logics and organizational culture [J]. Journal of Management Inquiry, 2012, 21 (1): 98 – 101.

[133] Huberman A. Qualitative data analysis a methods sourcebook [J]. 2014.

[134] Jain A., Jain C. Blockchain hysteria: Adding "blockchain" to company's name [J]. Economics Letters, 2019, 181: 178 – 181.

[135] Jang K. B., Baek C. H., Woo T. H. Climate resilience analysis of nuclear energy by big data associated with Internet of Things (IoT) [J]. Annals of Nuclear Energy, 2024, 205: 6.

[136] Khan H. U., Abbas M., Khan F., Nazir S., Binbusayyis A., Alabdultif A., Taegkeun W. Multi – criteria decision – making methods for the evaluation of the social internet of things for the potential of defining human behaviors [J]. Computers in Human Behavior, 2024, 157: 13.

[137] Koundouri Phoebe, Nauges Céline, Tzouvelekas Vangelis. Technology adoption under production uncertainty: Theory and application to irrigation technology [J]. American Journal of Agricultural Economics, 2006, 88 (3): 657 – 670.

[138] Lashgarara Farhad, Mohammadi Roya, Najafabadi Maryam Omidi. Identifying appropriate information and communication technology (ICT) in improving marketing of agricultural products in Garmsar City, Iran [J]. African Journal of Biotechnology, 2011, 10 (55): 11537 – 11540.

[139] Lazic A., Milic S., Vukmirovic D. The Future of Electronic Commerce in the IoT Environment [J]. Journal of Theoretical and Applied Electron-

ic Commerce Research，2024，19（1）：172 –187.

[140] Li Baoxia, Hu He. Logistics model based on agricultural product transportation [J]. Agro Food Industry Ili – Tech, 2017, 28（1）：3370 – 3373.

[141] Li Xiao Jie, Li Xiang. Perception effect in evolutionary vaccination game under prospect – theoretic approach [J]. IEEE Transactions on Computational Social Systems, 2020, 7（2）：329 –338.

[142] Li Xinyi, Wang Xiong, Song Xiaoqing. Impacts of agricultural capitalization on regional paddy field change：A production – factor substitution perspective [J]. International Journal of Environmental Research and Public Health, 2021, 18（4）：1729.

[143] Li Zhiyuan, Sun Xue, Pan Wenbin, Yu Yongdi. Research on Cold Chain Logistics Credit Mechanism Based on Blockchain under Computer Big Data and Internet of Things [C] //2022 IEEE International Conference on Electrical Engineering, Big Data and Algorithms（EEBDA）. IEEE, 2022：649 – 653.

[144] Liczmańska – Kopcewicz Katarzyna, Mizera Katarzyna, Pypłacz Paula. Corporate social responsibility and sustainable development for creating value for FMCG sector enterprises [J]. Sustainability, 2019, 11（20）：5808.

[145] Liu P, Wang S. Evolutionary Game Analysis of Cold Chain Logistics Outsourcing of Fresh Food Enterprises With Operating Risks [J]. IEEE Access, 2020（8）：127094 – 127103.

[146] Liu Tongfang. Strategic Thinking on Advancing Socialism with Chinese Characteristics on All Fronts in the New Era—Studying the Spirit of the 20th National Congress of the Communist Party of China [J]. Frontiers of Philosophy in China, 2022, 17（4）：449 –470.

[147] Loisel Julie, Duret Steven, Cornuéjols Antoine, Cagnon Dominique, Tardet Margot, Derens – Bertheau Evelyne, Laguerre Onrawee. Cold chain break detection and analysis：Can machine learning help? [J]. Trends in Food Science & Technology, 2021, 112：391 –399.

[148] Lyu R. , Arisian S. , Li Z. T. , Taskhiri M. S. , Mavi R. K. The role of agricultural biomass in supply chain decarbonization [J]. Annals of Operations Research, 2024: 39.

[149] Ma Zhiqiang, Chen Jiajia, Tian Gang, Gong Yu, Guo Benhai, Cheng Faxin. Regulations on the corporate social irresponsibility in the supply chain under the multiparty game: Taking China's organic food supply chain as an example [J]. Journal of Cleaner Production, 2021, 317: 128459.

[150] Mailath George J. Do people play Nash equilibrium? Lessons from evolutionary game theory [J]. Journal of Economic Literature, 1998, 36 (3): 1347 – 1374.

[151] Marchant Santiago Carla, Rodriguez Diaz Paulina, Morales – Salinas Luis, Paz Betancourt Liliana, Ortega Fernandez Luis. Practices and strategies for adaptation to climate variability in family farming. An analysis of cases of rural communities in the andes mountains of colombia and Chile [J]. Agriculture, 2021, 11 (11): 1096.

[152] Medina E. , Caniato F. , Moretto A. Framing Sustainable Supply Chain Finance: How can supply chain sustainability practices and supply chain finance solutions be integrated? [J]. Journal of Purchasing and Supply Management, 2023, 29 (3): 34.

[153] Melesse Tsega Y, Franciosi Chiara, Di Pasquale Valentina, Riemma Stefano. Analyzing the Implementation of Digital Twins in the Agri – Food Supply Chain [J]. Logistics, 2023, 7 (2): 33.

[154] Nowak M. A. , Sigmund K. Evolutionary dynamics of biological games [J]. Science, 2004, 303 (5659): 793 –799.

[155] Ouf K. Analysis of the problems existing in the development of grape industry in Xinjiang and their countermeasures [J]. Group Economy, 2007 (15): 158 –159.

[156] Peng Peng, Zou Lei, Chen Lei, Zhao Dongyan. Adaptive distributed RDF graph fragmentation and allocation based on query workload [J]. IEEE Transactions on Knowledge and Data Engineering, 2018, 31 (4): 670 –685.

[157] Ranjan Ram. Challenges to farm produce marketing: A model of bargaining between farmers and middlemen under risk [J]. Journal of Agricultural and Resource Economics, 2017: 386 – 405.

[158] Raut Rakesh D, Gardas Bhaskar B, Narwane Vaibhav S, Narkhede Balkrishna E. Improvement in the food losses in fruits and vegetable supply chain – a perspective of cold third – party logistics approach [J]. Operations research perspectives, 2019, 6: 100117.

[159] Ravi Rahul, Hong Youna. Firm opacity and financial market information asymmetry [J]. Journal of Empirical Finance, 2014, 25: 83 – 94.

[160] Reardon Thomas. The hidden middle: The quiet revolution in the midstream of agrifood value chains in developing countries [J]. Oxford Review of Economic Policy, 2015, 31 (1): 45 – 63.

[161] Rogerson Michael, Parry Glenn C. Blockchain: Case studies in food supply chain visibility [J]. Supply Chain Management: An International Journal, 2020, 25 (5): 601 – 614.

[162] Scapens Robert W. Researching management accounting practice: The role of case study methods [J]. The British accounting review, 1990, 22 (3): 259 – 281.

[163] Sipola Tuomo, Kokkonen Tero, Puura Markku, Riuttanen Kalle – Eemeli, Pitkäniemi Kari, Juutilainen Elina, Kontio Teemu. Digital Twin of Food Supply Chain for Cyber Exercises [J]. Applied Sciences, 2023, 13 (12): 7138.

[164] Sirmon David G, Hitt Michael A, Ireland R Duane. Managing firm resources in dynamic environments to create value: Looking inside the black box [J]. Academy of management review, 2007, 32 (1): 273 – 292.

[165] Solow Robert M. A contribution to the theory of economic growth [J]. The quarterly journal of economics, 1956, 70 (1): 65 – 94.

[166] Song L A, Luo Y Q, Chang Z X, Jin C H, Nicolas M. Blockchain Adoption in Agricultural Supply Chain for Better Sustainability: A Game Theory Perspective [J]. Sustainability, 2022, 14 (3): 21.

［167］ Song Yinghua, Shen Ningzhou, Liu Dan. Evolutionary game and intelligent simulation of food safety information disclosure oriented to traceability system ［J］. Journal of Intelligent & Fuzzy Systems, 2018, 35 (3): 2657 – 2665.

［168］ Sun Xu, Shu Kunliang 2023. Application research of perception data fusion system of agricultural product supply chain based on Internet of things (Vol 2021, 138, 2021) (Retraction of Vol 2021, art no 138, 2021) ［M］. Springer One New York Plaza, Suite 4600, New York, Ny, United States.

［169］ Tang Ying, Chen Menghan. The impact of agricultural digitization on the high – quality development of agriculture: An empirical test based on provincial panel data ［J］. Land, 2022, 11 (12): 2152.

［170］ Thompson Fred, Rizova Polly. Understanding and creating public value: Business is the engine, government the flywheel (and also the regulator) ［J］. Public Management Review, 2015, 17 (4): 565 –586.

［171］ Vis Barbara. Prospect theory and political decision making ［J］. Political Studies Review, 2011, 9 (3): 334 – 343.

［172］ Wang Cong, Li Zhen, Wang Tan, Xu Xianbao, Zhang Xiaoshuan, Li Daoliang. Intelligent fish farm—the future of aquaculture ［J］. Aquaculture International, 2021: 1 –31.

［173］ Wang Jingjing, Zhang Yan, Mustafa Zeeshan, Canavari Maurizio. Changes in agri – food export competitiveness based on the sophistication analysis: The case of Xinjiang, China ［J］. Sustainability, 2022a, 14 (23): 15729.

［174］ Wang J., Li H. C., Wang X. C. How the Evolution of Water Transportation Conditions and Port Throughput Affected Agricultural Products Logistics Industry ［J］. Journal of Coastal Research, 2020: 328 – 333.

［175］ Wang Pan, Liu Di. Why are farmers reluctant to sell: Evidence from rural China ［J］. Agriculture, 2023, 13 (4): 814.

［176］ Wang W. K., Cao Q. L., Liu Y., Zhou C., Jiao Q. H., Mangla S. K. Risk management of green supply chains for agricultural products based on social network evaluation framework ［J］. Business Strategy and the

Environment，2024：22.

［177］Wang Yan，Zuo Lingling，Qian Shujing. Green – biased technical change and its influencing factors of agriculture industry：empirical evidence at the provincial level in China ［J］. International Journal of Environmental Research and Public Health，2022b，19（23）：16369.

［178］Wu A. X. ，Zhang Y. H. ，Zhu J. H. ，Zhao Q. X. ，Zhang Y. Hierarchal Bilateral Access Control With Constant Size Ciphertexts for Mobile Cloud Computing ［J］. Ieee Transactions on Cloud Computing，2024，12（2）：659 – 670.

［179］Wysel Matthew，Baker Derek，Billingsley William. Data sharing platforms：How value is created from agricultural data ［J］. Agricultural Systems，2021，193：103241.

［180］Xu L. ，Markus I. ，Subhod I. ，Nayab N. Blockchain – based access control for enterprise blockchain applications ［J］. International Journal of Network Management，2020，30（5）：12.

［181］Xu Nai Ru，Cai Zhengqun. Research on the mechanism of cold chain logistics subsidy ［J］. Journal of Chemistry，2020.

［182］Xu Yonghui，Deng Hongtu. Green total factor productivity in Chinese cities：Measurement and causal analysis within a new structural economics framework ［J］. Journal of Innovation & Knowledge，2022，7（4）：100235.

［183］Yang Xinting，Qian Jianping，Li Jie，Ji Zeng tao，Fan Bei lei，Xing Bin，Li Wen yong. A real – time agro – food authentication and supervision system on a novel code for improving traceability credibility ［J］. Food Control，2016a，66：17 – 26.

［184］Yang Yating，Iqbal Usman，Chen Ya Mei，Su Shyi，Chang Yao Mao，Handa Yujiro，Lin Neng Pai，Hsu Yi Hsin Elsa. Co – creating value through demand and supply integration in senior industry—observations on 33 senior enterprises in Taiwan ［J］. International Journal for Quality in Health Care，2016b，28（4）：497 – 501.

［185］Yang Y. ，Yao G. X. Fresh – Keeping Decision and Coordination of

Fresh Agricultural Product Supply Chain Considering Carbon Cap – and – Trade under Different Dominance [J]. Journal of Systems Science and Systems Engineering, 2024, 33 (1): 30 –51.

[186] Yi F. M., Yao L. H., Sun Y. C., Cai Y. E – commerce participation, digital finance and farmers' income [J]. China Agricultural Economic Review, 2023, 15 (4): 833 –852.

[187] Yi Sun. E – commerce strategy for agricultural product transaction market based on information asymmetry [J]. Agro Food Industry Hi – Tech, 2016, 27 (6): 138 – 143.

[188] Yu Fan. Research on the Construction of Cold Chain Logistics System Based on the Perspective of Blockchain [J]. Journal of Frontiers in Educational Research, 2021, 1 (3): 140 – 144.

[189] Yuanpeng D, Zhen G, Heng Z. Research and application prospect of grape rootstock [J]. Deciduous Fruits, 2020, 52 (6): 4 –7.

[190] Zeng Hui, Dhiman Gaurav, Sharma Ashutosh, Sharma Amit, Tselykh Alexey. An IoT and Blockchain – based approach for the smart water management system in agriculture [J]. Expert Systems, 2023, 40 (4): e12892.

[191] Zhang Hao, Qiu Bin, Zhang Keming. A new risk assessment model for agricultural products cold chain logistics [J]. Industrial Management & Data Systems, 2017, 117 (9): 1800 –1816.

[192] Zhang Jinghan, Cao Wujun, Park Minyoung. Reliability analysis and optimization of cold chain distribution system for fresh agricultural products [J]. Sustainability, 2019, 11 (13): 3618.

[193] Zhang Xinghua, Sun Yongjie, Sun Yongxin. Research on cold chain logistics traceability system of fresh agricultural products based on blockchain [J]. Computational intelligence and neuroscience, 2022.

[194] Zhang Z W, Xue Y J, Li J X, Gong L M, Wang L. Supply Chain Logistics Information Collaboration Strategy Based on Evolutionary Game Theory [J]. IEEE Access, 2020 (8): 46102 –46120.

［195］Zhao Le, Yu Qiongfen, Li Ming, Wang Yunfeng, Li Guoliang, Sun Shengnan, Fan Jie, Liu Yali. A review of the innovative application of phase change materials to cold – chain logistics for agricultural product storage ［J］. Journal of Molecular Liquids, 2022, 365: 120088.

［196］Zhou Zhiqiang, Liu Wenyan, Wang Huilin, Yang Jingyu. The impact of environmental regulation on agricultural productivity: From the perspective of digital transformation ［J］. International Journal of Environmental Research and Public Health, 2022, 19 (17): 10794.

［197］Zhu Qian, Li Yazhuo. Agricultural research recommendation algorithm based on consumer preference model of e – commerce ［J］. Future Generation Computer Systems, 2018, 88: 151 – 155.

［198］Zhu Shu, Xu Xin, Ren Xiaojing, Sun Tianhua, Oxley Les, Rae Allan, Ma Hengyun. Modeling technological bias and factor input behavior in China's wheat production sector ［J］. Economic Modelling, 2016, 53: 245 – 253.

［199］Zhu X. F. The Role of Agricultural Product Logistics Supply Chain In Agricultural Economic Development In The Context of Big Data And In – Depth Learning ［J］. International Journal of Innovative Computing Information and Control, 2024, 20 (2): 525 – 540.